Es gibt Suchterkrankungen, die in unserer Leistungsgesellschaft sofort auffallen, weil die Süchtigen nicht mehr mithalten können: Alkohol und Heroin zum Beispiel. Andere Süchte stehen einer Teilnahme am Arbeitsleben lange Zeit zumindest nicht im Wege: Nikotin und Kokain wären hier etwa zu nennen. Aber nur eine Sucht tarnt sich als das perfekte »Funktionieren«: die Arbeitssucht.

Alle Workaholics haben einmal fast ganz normal angefangen: Ausnahmsweise einmal Arbeit mit nach Hause oder in den Urlaub nehmen, in schlaflosen Nächten die Probleme des Schreibtischs wälzen, die Mittagspause wegen Arbeitsbelastung ausfallen lassen, den Urlaub verkürzen etc. Der Übergang zur krankhaften Sucht mit zunehmender Abkapselung, wahnhaftsinnlosem Arbeiten und schweren psychischen Störungen ist schleichend – eben weil wir alle kein gesundes Arbeitsverhalten mehr kennen und mit dem Phänomen der Arbeitssucht allenfalls kokettierend umgehen. Minister und Manager fühlen sich keineswegs beleidigt, sondern eher geschmeichelt, wenn sie öffentlich als »Workaholics« bezeichnet werden. Wenn die Krankheit einmal offensichtlich ist, sind die Patienten allerdings keine Effizienzwunder mehr – im Gegenteil: Das Bunkern unerledigter Vorgänge, die Unfähigkeit, zu delegieren und Überlastungen rechtzeitig zu melden und das immer schnellere Strampeln im Hamsterrad können eine Firma in ernsthafte Schwierigkeiten bringen – zumal Arbeitssüchtige oft in verantwortungsvolle Positionen aufsteigen, bevor erkannt wird, daß sie krank sind.

Rainer Schwochows Buch gibt Hinweise zum Erkennen der ersten Anzeichen, untersucht die Motive, Erscheinungsbilder und Folgen der Arbeitssucht und präsentiert Wege zur Hilfe und Selbsthilfe. Mit einem Selbsttest und einem Adressenanteil.

Rainer Schwochow, geboren 1952, ist freier Hörfunkjournalist und lebt in Hannover.

Rainer Schwochow

Wenn Arbeit zur Sucht wird

Rat und Hilfe für Workaholics

Mit einem neuen Vorwort des Autors

Fischer Taschenbuch Verlag

Für Heide

Alle Berichte in diesem Buch basieren auf Interviews, die mit den betreffenden Personen geführt wurden. Namen und Einzelheiten wurden insoweit geändert, als es dem Schutz der Identität der Interviewpartner diente.

Aktualisierte Ausgabe
Veröffentlicht im Fischer Taschenbuch Verlag GmbH,
Frankfurt am Main, Juli 1999

Lizenzausgabe mit freundlicher Genehmigung
des Christoph Links Verlags, Berlin.
Die Originalausgabe erschien 1997 unter dem Titel
›Workaholics. Wenn Arbeit zur Sucht wird‹
im Christoph Links Verlag.

Druck und Bindung: Clausen & Bosse, Leck
Printed in Germany
ISBN 3-596-14008-0

Inhalt

Vorwort zur Taschenbuchausgabe

Nach Erscheinen der Originalausgabe dieses Buchs erreichten mich etliche Anfragen aus Redaktionsstuben. Sie kamen vor allem von Hörfunk und Fernsehen. Einige Journalisten baten um sachbezogene Interviews, andere, und das waren weit mehr, fragten nach Telefonnummern und Adressen von »Betroffenen«. Sie suchten Menschen für ihre Talkshows und ähnliche Sendungen, in denen psychische Probleme von Menschen vermarktet werden. (Wünsche dieser Art konnte ich aus prinzipiellen Gründen nicht erfüllen, da ich allen Interviewpartnern für dieses Buch Anonymität zugesichert hatte.)

Rückmeldungen und Anfragen von Arbeitssüchtigen oder deren Angehörigen bekam ich dagegen weit weniger.

Die Reaktionen auf das Buch spiegeln den Umgang mit der Arbeitssucht wider: Einige Fachleute (Psychologen und Soziologen) untersuchen das Phänomen wissenschaftlich, in den Medien wird es in erster Linie unter Boulevardaspekten verwertet, frei nach dem Motto: Ist Arbeitssucht tatsächlich eine Krankheit oder nur die Flucht des Ehemanns vor seiner Frau? In der ernsthaften, öffentlichen Diskussion ist das Thema so gut wie nicht zu finden. Und die Betroffenen wollen nicht erkannt werden.

Mit der Taschenbuchausgabe verbinde ich die Hoffnung, das Thema Arbeitssucht, das meines Erachtens an Bedeutung gewinnen wird, weiter zu popularisieren.

Warum wird es an Bedeutung gewinnen?

1. Die Angst vor der Arbeitslosigkeit erhöht den Druck, dem sich viele Menschen ausgesetzt sehen. Nach neuesten Untersuchungen an der Universität Hannover nimmt die Zahl derer zu, die sich immer mehr auf ihre Arbeit konzentrieren, die in Gedanken fast nur noch mit Arbeit beschäftigt sind, die Überstunden und familienfeindliche Arbeitszeiten in Kauf nehmen. Sie tun das, weil sie ihren Arbeitsplatz behalten wollen. Obwohl sie von ihrer individuellen Persönlichkeitsstruktur her

nicht unbedingt anfällig für süchtiges Arbeiten sind, geraten sie in den Kreis der Gefährdeten. Wer aber die aufkommenden Probleme frühzeitig wahrnimmt, kann der Herausforderung besser begegnen. Er kann überlegter Entscheidungen treffen, die ihn vor Arbeitssucht bewahren.

2. »Arbeit für alle!« Diese Forderung stand zu Beginn des industriellen Zeitalters auf den Fahnen der Arbeitervereine. Heute zählt die OECD 36 Millionen Arbeitslose allein in den Industrienationen. Der traditionellen Ökonomie gehen die Antworten auf die Herausforderung der Massenarbeitslosigkeit aus. Mit vermeintlichen Allheilmitteln à la »Mehr Wachstum und Niedriglöhne« ist das Problem auf Dauer nicht mehr zu lösen. Wenn die utopische Forderung der Arbeiterbewegung Bestand haben soll, dann gibt es nur einen Weg: Die Suche nach einem neuen Verständnis von Arbeit als Grundlage einer solidarischen Gesellschaft. Von einer bezahlten Vollbeschäftigung über 45 Berufsjahre hinweg sprechen nur noch Politiker, die so alt sind, daß sie selbst keine Zukunftsvisionen mehr brauchen.

Erfreulicher Weise ist in den vergangenen Jahren eine Diskussion über die Zukunft der Arbeit und der Arbeitsgesellschaft in Gang gekommen. Soziologen, Ökonomen, Philosophen und einzelne Politiker suchen nach Zukunftsentwürfen abseits eingefahrener Denkmuster. Lebensarbeitszeitkonten zum Beispiel bedeuten für viele Menschen weniger Arbeitszeit als bisher. Ein weiteres Modell ist die Kombination aus staatlich gesicherter Grundbeschäftigung zur Existenzsicherung, Arbeit im privatwirtschaftlich organisierten Sektor und unbezahlter Bürgerarbeit.

Alle Entwürfen gemeinsam ist, daß sie zwangsläufig zu einer Neubestimmung des Stellenwertes von Arbeit im Leben des Einzelnen führen müssen. Vor diesem Hintergrund bekommt das Thema Arbeitssucht eine positiv in die Zukunft reichende Bedeutung: Der Mangel an Arbeit im traditionellen Sinn muß nicht nur als Bedrohung, sondern kann auch als Chance auf ein verändertes Wertesystem und neue Möglichkeiten der Lebensgestaltung begriffen werden. Vielleicht gibt dieses Buch einige Anregungen dazu.

Hannover, im November 1998

Einleitung

Hamburg, 20 Uhr, ARD-Tagesschau: Ein langjähriges Mitglied der Bundesregierung erklärt vor laufender Kamera, er sei suchtkrank. In seinem Gesicht keine Spur von reuevoller Leidensmiene, nein, lachend, geradezu in Siegerpose, sendet er seine Nachricht in die deutschen Wohnstuben.

Der Mann ist erledigt. Postwendend befördert man ihn in den Ruhestand, eine dürre Pressemitteilung der Regierung teilt am folgenden Tag etwas von gesundheitlichen Problemen mit. Das Regierungslager bemüht sich hektisch, den Vorfall und die Person aus dem öffentlichen Gedächtnis zu streichen.

Natürlich hat diese Szene so nie stattgefunden. Es ist zwar ein offenes Geheimnis, daß eine Reihe der im Parlament sitzenden Volksvertreter durchaus ihre Probleme mit Alkohol, Nikotin oder anderen Suchtmitteln haben. Dies aber öffentlich und ohne Reue zuzugeben, hieße politischen Selbstmord zu begehen.

Wie aber steht es mit der Arbeitssucht? Vom heutigen UN-Direktor Töpfer wird berichtet, daß er die Bezeichnung »workaholic« nicht ohne Stolz für sich in Anspruch nimmt. Edzard Reuter, der abgelöste Daimler-Benz-Chef, verstand es als einen Ausdruck von Tugend, als man ihm dieses Etikett anklebte. Das *Manager Magazin* schrieb im März 1994: »Tag und Nacht ist Friedrich Hennemann (57) im Einsatz. Seinen Mitarbeitern auf der Chefetage der Bremer Vulkan Verbund AG verlangt er dasselbe Pensum ab. Sein Verschleiß an Chefsekretärinnen ist so hoch, daß er im Hause kaum noch Freiwillige findet. Krankheit und Urlaub kennt er kaum. Als es seiner Frau im vergangenen Jahr endlich einmal gelungen war, ihn auf eine zweiwöchige Kreuzfahrt mit der ›Queen Elizabeth 2‹ zu locken, kam er so bleich zurück, wie er in See gestochen war. Mit Faxgerät und Telephon hatte er sich unter Deck eingenistet. Doch der Lenker des zweitgrößten europäischen Werkverbunds ist nicht nur ein Workaholic, sondern auch ein Genie.« Ob das wirtschaftliche Desaster des Werftenverbundes im Jahr 1996 auch das Arbeitsergebnis eines Mannes ist, der schlicht die Kontrolle über seine Arbeit verloren hat, kann hier nicht geklärt werden. Ganz deutlich aber weist dieser Artikel, der Hennemann als einen der erfolgreichsten Manager des Jahres 1994 preist, auf den höchst fragwürdigen Gebrauch eines Modewortes hin.

Das aus dem Amerikanischen stammende Wort »workaholic« wird heute in der deutschen Übersetzung mit »Arbeitssüchtiger« wiedergegeben. Eine sehr ungenaue Übertragung, denn der »alkoholic« – Alkoholiker – ist darin nicht mehr zu finden. Daß Sucht eine Krankheit ist, darüber sind sich Mediziner, Psychologen und selbst Politiker heute weitgehend einig. Wenngleich es in der öffentlichen Wahrnehmung und Bewertung der Süchte gravierende Unterschiede gibt, so setzt sich heute mehr und mehr die Erkenntnis durch, daß Arbeitssucht für die betroffenen Menschen eine ernste Gefahr ist, die durchaus tödlich enden kann. Doch es geht nicht darum, Menschen, die unter Arbeitssucht leiden, als »krankhafte, abnorme Fälle« zu betrachten. Es sind ganz normale Menschen, die fast jeder in seinem alltäglichen Umfeld finden wird.

Gerade in einer Zeit, in der immer mehr Menschen froh sind, wenn sie überhaupt Arbeit haben, drohen das Nachdenken und die kritische Reflexion des Wertes von Arbeit zum Luxus ausgewählter Wissenschaftler zu werden. Aber weil bezahlte und bezahlbare Arbeit bereits heute zur gesellschaftlichen Mangelware geworden ist, wäre ein blindes Weiterarbeiten bis zum Umfallen nicht nur von vielleicht tödlicher Konsequenz für den einzelnen, sondern letztlich für die ganze Gesellschaft. Es geht bei der Darstellung von »süchtigen Karrieren« nicht um die Stigmatisierung dieser Menschen, sondern um Sensibilisierung im eigenen Umgang mit Arbeit.

Besessen von Arbeit

Es war Silvester, in der Nacht der guten Vorsätze: Dieses Jahr, ganz bestimmt, werde ich mindestens drei meiner Freunde besuchen. Ein bis zwei Jahre ist es her, seit wir uns das letztemal gesehen haben. So kann man keine Freundschaft pflegen. Wir müssen endlich mal wieder reden.

Inzwischen ist November. Es blieb beim guten Vorsatz. Irgendwie paßte es nie. Immer kam etwas dazwischen: eine wichtige Reise, ein wichtiger Termin, eine ganz wichtige Arbeit. Und dann, als ich mir endlich ein Wochenende freigehalten hatte, da war der eine im Kurzurlaub, der nächste mußte arbeiten, und der dritte war zu einem Wochenendseminar. Die Umstände sind eben so. Sehen wir uns halt später.

Unsere Telefonate ähneln sich. Wieder soviel Arbeit, immer dieser Streß, es ist grausam und so weiter, na, du weißt ja. Am Ende der Spruch: Man kann ja froh sein! Besser zuviel Arbeit als gar keine! Manchmal nervt mich diese Floskel. Wer bestimmt eigentlich, wieviel wir arbeiten? Sind es immer äußere Zwänge? Oder sind es Zwänge, die wir uns selbst schaffen? Unvermeidbar lande ich bei dem Schlagwort »Workaholic«. Ein Modewort. Klingt schick.

Bin ich einer? Sind es meine Freunde? Sind wir auf dem Weg, eine Gesellschaft freiwilliger oder erzwungener Workaholics zu werden? Ich suche Literatur, die ich zu dem Thema finden kann. Keine große Ausbeute. Die Bücher beschreiben die Arbeitssucht als Phänomen. Ich erfahre kaum etwas über die Menschen, ich bekomme »Fallbeispiele« vorgeführt. Damit rückt das Problem weit weg von mir und meinem Alltag. Wo ist die Grenze? Wer ist schon arbeitssüchtig? Wer noch nicht? Ich will arbeitswütige Menschen kennenlernen und ihre Geschichte, ihre Erfahrungen und ihre Sicht auf das eigene Leben.

Am Beginn steht die Frage: Wie finde ich Menschen, die arbeitssüchtig sind? Ungern möchte ich zuerst Freunde und Bekannte analysieren. Zu groß ist die Gefahr, eigene Beobachtungen nur bestätigen zu wollen. Ich frage eine befreundete Psychologin. Suchtpatienten hat sie einige, aber Arbeitssüchtige? Nein. Sämtliche Anfragen bei den bekannten Suchtberatungsstellen bleiben ohne Erfolg. Im besten Fall hat man dort von Arbeitssucht gehört. Aber sich selbst damit beschäftigt oder gar Ratsuchende kennengelernt? Fehlanzeige. Bei meiner Recherche finde ich in einer alten Tageszeitung den Hinweis auf eine Selbsthilfegruppe in Bremen. Die Kontaktaufnahme ist schwierig. Unter der betreffenden Telefonnummer meldet sich Peter. Ich trage mein Anliegen vor. Das Mißtrauen ist groß, die Anonymität strengstes Gebot der Selbsthilfegruppen. Peter verweist mich an eine zentrale Kontaktadresse. Dort soll ich meinen Wunsch schriftlich vortragen, gegebenenfalls werde man mir Gesprächspartner vermitteln. Nach wenigen Tagen erhalte ich Antwort. In zwei Wochen findet ein Bundestreffen der Selbsthilfegruppen statt. Sofern die Vorbereitungsgruppe des Treffens einverstanden sei, könne ich dort zu einem offenen Informationsmeeting kommen.

Neugierig geworden registriere ich, daß die strengen Regeln der Anonymität in einem krassen Widerspruch zum Verhalten der Menschen stehen, die sich öffentlich als Workaholics präsentieren.

Was hat es damit auf sich?

Endlich sind alle Hürden genommen. Ich fahre nach Böblingen bei Stuttgart. Das Treffen findet unauffällig in Kirchenräumen statt. Etwa 50 Personen aus ganz Deutschland sind zu dem Erfahrungsaustausch gekommen. Frauen und Männer zwischen 25 und 55 Jahren. Sie tragen Jeans, karierte Hemden, legere Pullover. Offensichtlich ist keiner jener Menschen angereist, die, mit Handy, Laptop und Designerbrille ausgestattet, unentwegt durchs Fernsehen in unsere Wohnzimmer hineinlächeln und ihre Geschäftigkeit demonstrieren. Sie prägten das Bild, das ich bisher von einem Arbeitssüchtigen hatte: der vielbeschäftigte Manager oder Jungbanker, der morgens um 6 Uhr in Hamburg aufsteht, um 9 Uhr in Berlin in einer Konferenz sitzt, zwischendurch mit einem Geschäftspartner in Übersee telefoniert und nebenbei noch Anweisungen für die Sekretärin in das Diktiergerät spricht. Einer, der mittags nach London fliegt, auf einer

Pressekonferenz die unerwarteten Umsatzsteigerungen seines Unternehmens verkündet und abends an einem Geschäftsessen in München teilnimmt. Erst später, im Verlauf meiner Recherchen, erfahre ich, warum diese Erfolgsmenschen in Selbsthilfegruppen nicht zu finden sind.

Hier jedenfalls sitzen ganz »normale« Leute: Angestellte aus Behörden, Selbständige, Ingenieure, Hausfrauen, Studenten. Einige geben mir ihre Adressen. Sie sind gern zu einem Gespräch bereit. Andere lehnen ab: Sie haben Angst vor beruflichen Nachteilen, wenn ihre Sucht öffentlich wird. Zum Beispiel Harald, der als leitender Angestellter in der Verwaltung einer süddeutschen Kleinstadt arbeitet. Oder Gerhard, ein selbständiger Handwerker. Er hat ein besonderes Problem, von dem seine Kunden nichts erfahren sollen: Bevor er wie ein Besessener zu arbeiten begann, war er vom Alkohol abhängig. Er kämpfte gegen seine Alkoholsucht, indem er sich in Arbeit stürzte. Aus Angst vor der Flasche arbeitet er jetzt abends so lange, bis ihm die Augen zufallen. Dann geht er sofort schlafen. Ein Herzinfarkt vor einem halben Jahr hat ihn aufgeschreckt. Er ist 39 Jahre alt und weiß, daß er so nicht weitermachen kann.

Wenige Tage später fahre ich in eine westdeutsche Großstadt. Hier bin ich mit Wolfram verabredet. Außer seinem Vornamen weiß ich nichts über ihn. Wir treffen uns dort, wo die Selbsthilfegruppe ihre wöchentlichen Meetings abhält. Das war die Bedingung für das Treffen: Keine Nachnamen, keine Privatadressen sollen öffentlich werden.

Wolfram (44) beginnt zu erzählen:

»Ich war vor zwei Jahren wegen psychischer Schwierigkeiten, wegen starker Versagensängste, in einer psychosomatischen Klinik. Dort hat man bei mir Arbeitssucht diagnostiziert. Ich wußte mit dem Begriff nichts anzufangen. Ich hab das als etwas Positives angesehen. Ich hab mich auch besser gefühlt als die anderen Patienten mit einem anderen Krankheitsbild. Ich dachte, das ist ja bei mir alles gar nicht so schlimm. Bis wir in der Therapie auf Ursachen zu sprechen gekommen sind. Da ist mir klargeworden, daß es keine bessere und keine schlechtere Sucht gibt. Aber, vielleicht beginne ich lieber von vorn.

Mein Vater war Friedhofsgärtner, meine Mutter Reinemachefrau. Mein Bruder hatte mit eineinhalb Jahren nach einer Krankheit das Gehör verloren. Weil wir finanziell nicht so gut gestellt waren – wir hatten ein Haus gebaut –, mußten wir die oberste Etage vermieten. Außerdem lebten Großmutter und ein Vetter noch bei uns. Der war auch behindert, schwer kriegsverletzt. Es war manchmal unerträglich bei uns zu Hause. Phasenweise haben meine Eltern versucht, ihre Schwierigkeiten mit Alkohol zu betäuben. Sie haben sehr darunter gelitten, daß mein Bruder behindert war. Und ich hab den Eindruck gehabt, als Jugendlicher und in der Schule, daß meine Eltern von mir erwarten, daß ich das, was mein Bruder aufgrund seiner Behinderung nicht schaffen konnte, irgendwie wettmache. Der oberste Satz zu Hause war: Mach uns keine Schande, und: Du sollst es besser haben als wir. Sieh zu, daß keiner was Negatives über dich sagen kann. Autoritäten, die waren das Größte, und die hatten immer recht, da hat man sich zu beugen, so hab ich das gelernt. Ich hab irgendwie den Eindruck gewonnen, wenn ich Leistung bringe, daß ich dann auch ein guter Mensch bin. Ich hab dann in allen möglichen Bereichen immer versucht, der Beste zu sein. In der Schule, beim Sport, ich hab auch verschiedene Musikinstrumente erlernt. Also meine Eltern haben mir suggeriert, es wäre ganz schön, wenn ich das machen würde. Und dann hab ich Querflöte, Posaune und Akkordeon gelernt. Als ich meinen Beruf gelernt habe – ich bin Beamter –, da hab ich in der Verwaltungsschule einen extremen Ehrgeiz an den Tag gelegt, um möglichst gut abzuschneiden. Ich hatte immer Angst, daß ich es vielleicht nicht schaffen würde, überhaupt die Schule zu absolvieren. Die erste Prüfung hab ich als Bester meines Lehrgangs geschafft und hatte dann den Ansporn, den zweiten Lehrgang genausogut zu machen. Hab da schon 'ne unheimliche Arbeitsintensität entwickelt, um meinen eigenen Ansprüchen gerecht zu werden. Ich war sogar Klassenbester, habe aber, kurz bevor ich die Prüfung gemacht habe, mit anderen Kollegen zusammen einen Betrugsversuch unternommen, um an die Prüfungsthemen zu kommen. Deshalb bin ich der Schule verwiesen worden, konnte die Prüfung aber später nachholen. Nach dem Abschluß hab ich auch gleich eine Arbeit gefunden, als Verwaltungsbeamter. Die ersten zwei Jahre war ich unheimlich glücklich und hab gedacht, ich sei ohne jegliche Probleme. Bis mein damaliger Vorgesetzter gestorben ist und ich dessen Funktion übernommen habe, die Amtsleitung vom Sozialamt. Ich hab darüber nicht groß nachgedacht, als Beamter ist das der normale Weg, und so wie es meine Eltern mir beigebracht hatten, sei strebsam und fleißig, dann wirst du es besser haben als wir, so lief das. Nach einiger Zeit hab ich dort starke Ängste bekommen, konnte sie aber nicht festmachen an konkreten Dingen. Bis ich daraufgekommen bin, daß vielleicht der Umgang mit viel Geld der Grund ist und mein Zweifel, ob ich gerecht bin gegenüber den Leuten, den Hilfesuchenden, ob ich diesen Ansprüchen genügen kann, daß da meine Ängste und Zweifel herkommen. Ich hab mich dann versetzen lassen zu einem anderen Amt, die Probleme sind aber nicht erledigt gewesen, sondern mehr geworden. Die Angst wurde immer größer, mein Selbstbewußtsein immer geringer, und ich hab versucht, das mit Arbeit auszugleichen. Also, normale 38- oder damals 40-Stunden-Woche hat für mich nicht existiert. Ich hab auch am Wochenende gearbeitet, weil ich einfach das Gefühl brauchte, ich tu alles, was ich kann, mehr kann ich nicht tun. Und das muß doch wohl reichen, um da jetzt irgendwie den Ansprüchen gerecht zu werden. Und rein formal, von außen her gesehen, bin ich wohl auch den Ansprüchen gerecht geworden, aber nie den Ansprüchen, die ich an mich selbst gestellt habe. Ich habe hervorragende Beurteilungen bekommen, aber ich war mit mir selbst nie zufrieden und hatte das Gefühl, ich hab die Leute, die mich beurteilt haben, im Prinzip getäuscht. Die wissen gar nicht, was mit mir los ist. Ich verkaufe mich zwar nach außen gut, in Wirklichkeit aber hab ich ganz viele Mängel. Die Angst, daß diese Mängel an den Tag treten, hat sich dann so gesteigert, daß ich es irgendwann nicht mehr ausgehalten habe. Das ging einher mit schlimmen körperlichen Beschwerden. Ich hatte in der linken Körperhälfte kein Gefühl mehr, es war so, als ob die mir gar nicht gehörte. Meine Koordinationsfähigkeit für die linke Seite war total gestört. Da hab ich Angst bekommen und bin sofort zum normalen Hausarzt, EKG und so weiter, doch alles war in Ordnung. Der hat mich zu einer Neurologin geschickt, und die hat mir zuerst mal Beruhigungstabletten verschrieben und Psychopharmaka. Aber es ist nicht besser geworden. Irgendwann war die Angst so groß, daß ich sie einfach nicht ertragen wollte, und ich hab gedacht, ja, jetzt mußt du in die Klinik gehen, dann kommst du als gesunder Mensch wieder raus. Aber das war nicht so. Ich war auf 'ner Insel der Glückseligen. Und nachher, als ich wieder in die Realität kam, war alles wie vorher. Weil der Rahmen zu geschützt war, also der Raum in der Klinik, der war wie eine Käseglocke. Ich war so behütet. Draußen ist es halt anders.

In der Klinik fand vor allem Gruppentherapie statt. Und die Arbeit im sogenannten 12-Schritte-Programm. Dort waren alle möglichen Selbsthilfegruppen, die nach diesem Programm gearbeitet haben. Ich hab das so empfunden: Jeder hat ein Etikett bekommen. Du bist eßsüchtig, du bist arbeitssüchtig, du bist beziehungssüchtig. Es gab keine spezielle Gruppe nur für Arbeitssüchtige oder nur für Alkoholiker oder nur für Eßsüchtige, sondern es war bunt durcheinandergemischt. Nur in den Meetings der Selbsthilfegruppen, die auch in der Klinik stattfanden und von der Klinikleitung sehr unterstützt wurden, dort war man unter sich. Also unter den gleichartig Betroffenen. Ob das immer gut war, da hab ich heute meine Zweifel.

Ich hatte so sehr den Wunsch, gesund zu werden, daß ich alles gemacht habe, wovon ich dachte, daß es meiner Gesundung förderlich ist. Ich bin morgens in aller Herrgottsfrühe aufgestanden, bin gejoggt, anschließend geschwommen, ich hab jede Veranstaltung, jede Gruppe, die es überhaupt gab in der Klinik, mitgemacht. Das war ein volles Programm von morgens halb sechs bis abends um zehn. Bis ich körperlich total erschöpft war. Wenn ich Freizeit hatte, dann bin ich wandern gegangen. Ich hab das ganz exzessiv gemacht. Ich hab gedacht, du mußt jetzt alles tun, das ist vielleicht die einzige Gelegenheit im Leben, die du noch hast, um wieder gesund zu werden. Dabei hab ich den größten Fehler gemacht, denn ich hätte mir besser Ruhe gönnen und mal in mich reinhören sollen. Aber ich hab es nicht gemacht, und den Ärzten ist es wohl nicht aufgefallen. Mir ist es erst klargeworden, als ich draußen war, aber da war es zu spät.

Ich gehe jetzt regelmäßig zur Psychotherapeutin und außerdem hier in die Selbsthilfegruppe. Aber es geht nur sehr langsam voran bei mir, wenn überhaupt. Ich hab heute noch ständig mit diesen Ängsten zu kämpfen. Und als ich aus der Klinik kam, ist mir mein Tätigkeitsdrang aufgefallen, nicht nur, was die Arbeit angeht, sondern auch zu Hause. Ich kann zu Hause oder konnte bis vor kurzem auch am Wochenende nicht einfach mal so 'ne Stunde nur so dasitzen. Ich mußte immer etwas – ich sag mal in Anführungsstrichen – Vernünftiges, etwas Sinnvolles tun. Ich hab zum Beispiel gelesen, aber keine Romane mehr, wie früher, sondern ich hab Fachbücher gelesen, und wenn ich Sport gemacht habe, dann immer unter dem Aspekt, ich muß etwas für meinen Körper tun, weil ich mich sowieso überarbeite, da muß ich zumindest dafür sorgen, daß mein Körper weiter funktioniert. Alles hab ich irgendwie funktional gesehen. Heute kann ich etwas besser damit umgehen, aber ich bin lange nicht soweit, wie ich sein möchte. Einfach jetzt nur mal so Blödsinn machen oder etwas Lustiges oder so, das – ja, das ist nicht meins. Ich glaube, für meine Ehe ist das auch nicht so gut. Das ist mir aber auch erst nach der Klinik aufgegangen. Da dachte ich, nur gut, daß wir keine Kinder haben. Meine Frau ist zwar mehrmals schwanger gewesen, sie konnte die Kinder allerdings nicht austragen. Und ich war letztlich im nachhinein froh, daß es nicht zu einer Geburt gekommen ist. Schon während ihrer Schwangerschaft hatte ich Angst, kein guter Vater zu sein, und vor allen Dingen fürchtete ich, daß ich diese Angst, die so von mir Besitz ergriffen hatte, daß ich die auf die Kinder übertrage. Und das wäre für mich etwas ganz Schreckliches, wenn ich wüßte, daß ein Kind so wird wie ich.

Mein normaler Alltag sieht in der Regel so aus, daß ich morgens relativ spät im Büro beginne, so gegen 8 Uhr. Das Ende ist dann unter Umständen abends offen. Das hängt auch damit zusammen, daß ich oft zu Sitzungen gehe, und da kann es ohne weiteres sein, daß ich bis 22 Uhr oder darüber hinaus arbeiten muß. Ich bleibe so lange, bis alle Aufgaben erledigt sind, das Dienstende spielt keine Rolle. Es gibt ja auch Dinge, die müssen termingebunden erledigt werden. Dann ist für mich das Ziel, den Termin auf jeden Fall einzuhalten und die Sache perfekt zu erledigen. Damit mir ja keiner irgendwie was am Zeug flicken kann. Wahnsinnig große Angst hab ich vor unseren Kommunalpolitikern. Da in den Sitzungen irgendwie vorgeführt zu werden, wenn hinten Zuhörer sitzen, blöd dazustehen oder auf Fehler hingewiesen zu werden, davor hab ich enorme Angst. Da sitze ich grundsätzlich bis unmittelbar vor der Sitzung an der Vorbereitung.

Es kommt auch häufig vor, daß ich keine Mittagspause mache, nichts esse, von morgens bis abends durchmache. Auch in dem Bewußtsein, daß das völliger Blödsinn ist, daß es schädlich ist und daß es viel sinnvoller wäre, eine Pause einzulegen, weil sich dann auch Körper und Geist regenerieren können und ich vielleicht auch 'ne gewisse Kreativität wieder reinkriege. Aber ich arbeite dann so zwanghaft, daß ich einfach keine Pause machen kann. Ich hab das versucht, ich hab mir einen Wecker gekauft – hört sich gut an für einen Beamten –, habe den Wecker gestellt, damit ich Mittagspause mache, der Wecker ist abgelaufen, und ich hab jedesmal eine Erklärung gefunden, warum ich weiterarbeite. Heute mach ich mir den Streß nicht mehr. Wenn es so ist, dann ist es so, dann arbeite ich eben durch. Seit einiger Zeit hab ich eine Vereinbarung mit einem Kollegen, daß wir zusammen mittags essen gehen. Aber wenn ich richtig unter Druck bin, wenn ich 'ne Sache fertighaben will, geh ich natürlich auch nicht mit. Dabei kommt der Druck oft gar nicht von außen, der Druck kommt aus mir selber. Ich kann machen, was ich will, ich bin nie gut genug. Und das ist schrecklich. Wenn ich ein ganz schlechtes Gewissen hab, dann nehme ich mir die Arbeit mit nach Hause und arbeite samstags. Ich warte, bis meine Frau – die ist auch berufstätig – das Haus verlassen hat, denn sonst bekomme ich großen Ärger mit ihr, und in dem Augenblick, wo sie weg ist, packe ich die Sachen aus und fange an zu arbeiten, bis sie wiederkommt. Das beruhigt mich irgendwie, es gibt mir das Gefühl, ich tue wenigstens alles, was ich kann, um zu genügen.

Wenn ich am Abend nach Hause komme, bin ich in der Regel körperlich erschöpft. Zu irgendwelchen Freizeitaktivitäten oder irgendwie noch was mit meiner Frau zu unternehmen, dazu fehlt mir die Lust. Wir gehen dann höchstens noch mal in unserem Dorf ein bißchen spazieren, und dann versuche ich so schnell wie möglich ins Bett zu kommen, damit ich mich ausruhen kann und am nächsten Tag wieder fit bin. Fernsehen interessiert mich nicht, und ganz selten trinken wir in der Gaststätte mal ein Bier. Schon wenn ich an den nächsten Tag denke und daß ich dann womöglich nicht gut drauf bin, dann gehe ich lieber gleich nach Hause.

Meine Frau hat bis vor kurzem versucht, mit aller Vehemenz zu verhindern, daß ich mich selbst kaputtmache. Mittlerweile hat sie eingesehen, daß sie es nicht verhindern kann. Von daher ist es ihr mehr oder weniger auch egal, wenn ich samstags arbeite. Sie schüttelt nur noch den Kopf und sagt, mußt du selber wissen. Früher gab es da massiven Ärger, sie hat dann gesagt, das bringt dir nichts, laß es doch sein, es wäre viel sinnvoller, wenn du mal nichts tun würdest, dann kannst du am Montag wieder viel besser arbeiten. Aber das geht nicht in mich rein, obwohl – das ist das Schlimme –, vom Verstand her ist es klar, und trotzdem ist es irgendwie ein richtiger Zwang. Ich kann mir vorstellen, beim Alkoholiker ist es genauso. Ich muß irgendwas machen, sonst hab ich ein furchtbar schlechtes Gewissen. Augenblicklich bin ich krank geschrieben für zwei Tage, und ich konnte nur mit Mühe und Not zu Hause bleiben. Das ist für mich viel, viel schlimmer, als auf der Arbeitsstelle zu sein. Ich denke, so krank kann ich gar nicht sein, daß ich nicht arbeite. Man kann immer irgendwie arbeiten, und was da liegenbleibt, muß ich sowieso nachholen. Das sind dann so unheimliche Gedankengänge, die da ablaufen. Manchmal hab ich Alpträume, daß ich die Arbeit nicht mehr schaffe. Zum Glück kann ich als Beamter ja nicht entlassen werden, aber wenn die Krankheit – also die Arbeitssucht – zur Frühpensionierung führen würde, das wäre unerträglich. Ich weiß, irgendwann, wenn nicht eine Therapie greift oder wenn der Herrgott mir nicht hilft, bin ich am Ende. Und das macht mir wahnsinnig angst. Erstens in finanzieller Hinsicht, zweitens, was mach ich mit der ganzen Zeit, wenn ich zu Hause bin, und drittens, was sagen die anderen über mich? Bevor ich in die Klinik gegangen bin vor zwei Jahren, war ich einen Monat krank geschrieben. Ich wohne in einem ganz kleinen Ort, wir haben nur ein paar hundert Einwohner. Ich hab mich nicht getraut, auf die Straße zu gehen in der Zeit, als ich krank geschrieben war, weil ich ja nichts Körperliches hatte, wo man auf Anhieb sieht, der ist krank. Wenn ich zum Beispiel das Bein gebrochen hätte, dann hätte ich ja auch für mich persönlich eine Entschuldigung gehabt, und das ist für die Leute auch plausibel. Aber wenn ich psychisch krank bin, dann ist es für mich ein Makel, und ich denke mal, für die Leute ist es auch ein Makel. Es war für mich ganz, ganz schlimm, als ich auf der Dienststelle sagen mußte, daß ich in eine psychosomatische Klinik gehe. Seit 1977 leide ich unter diesen Versagensängsten, und ich konnte nie mit jemandem darüber reden, außer mit einem Therapeuten und mit meiner Frau. Auch meine Eltern wußten es nicht, es wußte keiner aus der Verwandtschaft, und es wußte keiner auf der Dienststelle, bis auf einen einzigen Kollegen, der homosexuell ist. Der konnte nichts sagen über mich, weil er nicht wollte, daß seine Homosexualität bekannt wurde. Im nachhinein hat sich da allerdings ein Vertrauensverhältnis entwickelt, und ich habe keine Befürchtungen mehr, daß der irgendwas über mich sagt. Denn dieses Versteckspiel, das kostet unheimlich viel Kraft. Obendrein war der Klinikaufenthalt auch 'ne sehr teure Geschichte. Ich bin privat krankenversichert, rund die Hälfte der Behandlungskosten übernimmt bei Beamten der Arbeitgeber. Da ich aber nicht wollte, daß das bei uns bekannt wird, hab ich meine Therapien aus eigener Tasche bezahlt. Obwohl es mir wie gesagt unheimlich schwerfiel zuzugeben, daß ich psychisch krank bin und in eine Klinik muß, war es auf der anderen Seite auch eine Entlastung. Die Erleichterung ist eingetreten, nachdem ich mit meiner Kollegin darüber geredet habe. Die sagte dann, das heißt, Sie gehen in eine Lala-Klinik? Und das hab ich gemeistert, ich hab gesagt, ja, wenn Sie das so sehen und so bezeichnen, dann ist das wohl so. Ich hab gedacht, schlimmer kann es nicht mehr werden. Die Sache war natürlich sofort rum im ganzen Amt, aber direkt negative Auswirkungen habe ich danach nicht gespürt. Was die Leute über mich denken und sagen, das erfahre ich natürlich mit Sicherheit als letzter, das ist immer so. Ich weiß von Kollegen, daß Mitarbeiter sagen, ich wäre verrückt und würde sie unheimlich unter Druck setzen und daß das mit mir nicht gut gehen wird auf Dauer. Damit kann ich heute leben, denn teilweise haben sie recht. Ich nerve sie ständig durch meine Kontrollen, durch Nachfragen: Ist dies schon erledigt? Ist das schon erledigt? Zum Beispiel kann ich sehr schwer etwas ungeprüft unterschreiben. In den letzten Jahren ist trotzdem keiner meiner acht Mitarbeiter aus der Dienststelle weggegangen. Es hat auch einen Vorteil, wenn man so einen Vorgesetzten hat wie mich. Früher hab ich alles an mich rangezogen, und wenn einer was nicht erledigen wollte, der brauchte nur zweimal zu mir zu kommen und sagen, hören Sie mal, ich weiß nicht genau, wie das geht, können Sie nicht mal gucken, da hab ich gesagt: Ja, lassen Sie's hier, ich mach das schon. Das ist für einen Mitarbeiter, wenn er den Dreh raus hat, auch eine schöne Sache. Mittlerweile hab ich das erkannt und mach das nicht mehr. In vielen Dingen bin ich Mitarbeitern gegenüber verständnisvoller als mir selbst gegenüber. Wenn andere Fehler machen, das kann ich eher tolerieren, als wenn ich selbst einen Fehler mache. Ich würde keinen zusammenscheißen, nur weil er etwas falsch gemacht hat. Gut, begeistert bin ich nicht davon. Aber ich sage, ist passiert, kann man nichts mehr dran ändern, müssen wir sehen, wie wir das ausbügeln und daß es beim nächsten Mal nicht mehr passiert. Bei mir selber gehe ich ganz anders damit um, da sage ich: Mensch, das durfte nicht passieren, wie kann das sein? Siehste, so geht das los, das wird immer schlimmer mit dir, du bist wirklich ein Versager, einem anderen wäre das nicht passiert. Ich mache mich dann total runter. So mies, wie ich mit mir umgehe, gehe ich mit keinem Mitarbeiter um, das wäre auch nicht auszuhalten für die. Ich möchte selber auch nicht so behandelt werden von anderen. Ich sage es ihnen manchmal auch, daß ich es nicht persönlich meine, wenn ich sie angehe, und daß ich mit mir eher noch strenger bin, nur ich kann einfach nicht über meinen Schatten springen, noch nicht. Ich hoffe, daß ich es irgendwann kann.

Früher konnte ich zu Hause alles meiner Frau überlassen. Ich war heilfroh, wenn die sich gekümmert hat und ich nichts zu machen brauchte – bis auf Schriftkram, den ich halt erledigen mußte, Steuererklärung und so. Alle sonstigen Dinge hat meine Frau übernommen. Aber sie macht das jetzt nicht mehr, und ich bin schon ein bißchen sauer darüber. Denn ich muß mich jetzt auch zu Hause um vieles kümmern. Das führt dazu, daß ich mich noch mehr unter Druck setze. Ich möchte keine Abstriche machen an der beruflichen Tätigkeit, und auf der anderen Seite will ich auch die Aufträge meiner Frau ausführen, damit es da keinen Ärger gibt, also wird die Hetze noch größer. Meine Frau macht keinen Hehl daraus, daß das auf Dauer in unserer Beziehung so nicht funktionieren kann. Trotzdem würde es mich wahrscheinlich total umhauen, wenn meine Frau mich verließe, weil sie der einzige Mensch ist, der mich jemals richtig gern gehabt hat und der mich voll und ganz verstanden hat, auch in all meinen negativen Dingen. Aber meine Arbeitssucht ist im Prinzip nur der Ausfluß der Angst, nicht alles im Griff halten zu können.

Auch so ein Thema wie Urlaub ist für mich mit Angstgefühlen besetzt, so unglaublich das für einen Fremden klingen muß. Obwohl sich da schon einiges verändert hat. Während des Urlaubs kann ich heute gut abschalten und es auch angenehm finden, nicht zu arbeiten. Aber der Arbeitsbeginn nach dem Urlaub ist für mich mit unheimlichen Problemen verbunden, und dann ist meine Versagensangst besonders stark. Ich brauche dann mindestens immer eine Woche, bevor ich wieder im Geschirr laufe, wie ich das auszudrücken pflege. Und vor dieser Woche hab ich eine gottserbärmliche Angst. Von daher ist Urlaub nicht so unbedingt das erstrebenswerteste. Ich überlasse das zum großen Teil meiner Frau, und ich plane heute auch nicht mehr so sehr, was ich im Urlaub mache. Früher war das unvorstellbar. Da war praktisch jeder Tag verplant. Ich bin mal mit meiner Frau eine Woche in Venedig gewesen. Da hab ich anhand verschiedener Reiseführer vorher für jeden Tag Besichtigungsprogramme aufgestellt, und das hab ich ganz exzessiv gemacht. Abends dann im Bett hab ich noch meine Frau gefragt, wo sind wir gewesen, wiederhol mal, und die sagt, bist du eigentlich bekloppt? Wir sind doch im Urlaub, nee, und so lasse ich nicht mit mir umgehen. Ich hab auch schon mal einen Strandurlaub gemacht, das war ganz schrecklich. Also zwei Tage am Strand liegen, das kann ich noch. Aber längere Zeit nichts tun, das hat mich unheimlich in die Bredouille gebracht. Und deshalb hab ich das ganz schnell sein lassen und habe lieber wieder Bildungsreisen gemacht. Morgens in den Bus rein, Besichtigungen, abends raus und nachlesen im Reiseführer. Ich mußte mir sagen können, ja, du bildest dich weiter, man kann nie genug tun in dieser Richtung, und kulturell hast du sowieso nicht soviel drauf, da hast du zu Hause nichts mitgekriegt, und fremde Länder kennenlernen ist auch schön, und das hatte alles seinen Sinn. Mittlerweile, nachdem ich in der Klinik war, hab ich solche Urlaube nicht mehr gemacht, weil ich auch gemerkt habe, ich bin körperlich dazu nicht mehr in der Lage. Und mir gelingt es jetzt auch ganz gut, mal so zwei Wochen relativ wenig zu tun. Ich hab jetzt gerade einen Bergwanderurlaub hinter mir. Da war ich sehr zufrieden mit mir, weil da alles im Rahmen geblieben ist. Ich hab keine extremen Sachen unternommen. Mit meiner Frau gemeinsam drei, vier Stunden gewandert, aber nicht mit Power, nicht der Druck, ich muß das jetzt schaffen, und ich muß jetzt den Berg rauf und dann wieder runter und am nächsten Tag den nächsten und so weiter.

Ganz neu ist auch, daß ich Freunde habe. Das sind alles Leute, die mit mir zusammen in der Klinik waren. Mit denen kann ich über alles reden. Was in mir drin ist, auch über unangenehme Dinge, die mich sehr beschämt machen. Wo ich keine gute Figur abgebe. Vor dem Klinikaufenthalt wäre ich nie auf die Idee gekommen, mit solchen Leuten überhaupt Kontakt zu haben. Das sind ehemalige Alkoholiker. Also früher naß, heute trocken. Mit denen hätte ich früher nie was zu tun haben wollen, weil ich immer gedacht hab, ich wäre was Besseres. Ich bin keinen Deut besser.«

Der Suchtbegriff

»Ist nicht die Arbeit das Erbteil des Menschen? Und welche Arbeit ist in der Gegenwart freudig und nicht schmerzlich? Arbeit und Mühe ist die Unterbrechung jener Ruhe und Bequemlichkeit, welche der Mensch törichterweise als sein Glück betrachtet, und dennoch wäre ohne Arbeit keine Bequemlichkeit, keine Ruhe auch nur denkbar.«
Thomas Carlyle

Der Begriff der Sucht ist umgangssprachlich inflationiert. Besonders in den Medien, die eine kräftige Sprache lieben, wird er schnell und gern verwendet, um eine extreme Verhaltensweise zu beschreiben. Aber nicht jede extreme Verhaltensweise ist eine Sucht, selbst wenn sie über einen längeren Zeitraum bei einem Menschen zu beobachten ist. Einen süchtigen Menschen erkennt man nicht daran, was er tut, sondern daran, was er nicht lassen kann. Das gilt für stoffgebundene Süchte – zum Beispiel Alkohol-, Drogen-, Nikotin- und Eßsucht – wie für stoffungebundene Süchte – Spiel- und Arbeitssucht.

Das entscheidende Kriterium für Suchtverhalten ist immer die physische und psychische Abhängigkeit. Ein Mensch, der allein durch einen Willensakt sein Verhalten ändern, von der extremen Verhaltensweise ablassen kann, ist nicht süchtig.

Das Problem besteht darin, daß ein Beobachter genau diesen Grenzpunkt, wo eine Umkehr noch möglich ist, nicht mit Sicherheit feststellen kann. Selbst für den Betroffenen ist das kaum möglich. Zumal es geradezu charakteristisch für jeden Süchtigen ist, daß er lange Zeit der festen Überzeugung ist, sein Verhalten sofort umstellen zu können, wenn er nur will. Genauso charakteristisch ist es, daß der Süchtige sein Verhalten nicht verändern will. Nur um es einem anderen zu beweisen? Davon ist er nun wirklich nicht abhängig.

Alkoholsucht, Drogensucht, Nikotinsucht – dies sind die klassischen, lange bekannten Süchte. Spielsucht, Eßsucht und in ersten Ansätzen Arbeitssucht sind ebenfalls in der Suchtforschung untersucht worden. Da tatsächlich fast jede

Verhaltensweise süchtig entgleisen kann, scheint die Zahl der Süchte ohne Ende: Fernsehsucht, Beziehungssucht, Sexsucht, Kaufsucht, Ruhmsucht, Prunksucht... Der Phantasie beim Erfinden und Auffinden neuer Süchte ist keine Grenze gesetzt. Doch die umgangssprachliche Verwendung führt zwangsläufig zu einer Aufweichung des Begriffs. Bei allen Süchten – mit Ausnahme der Drogensucht, eventuell noch der Alkoholsucht – wird diese erst im weit fortgeschrittenen Stadium ernst genommen. Beim Alkohol beispielsweise ist die Grenze zwischen Genuß und Gewöhnung kaum eindeutig zu ziehen. Und schließt denn die Gewöhnung den Genuß aus? Ist nicht die Gewöhnung bereits der Mißbrauch? Sind diese Begriffe bei Genußmitteln nicht eine sehr freundliche Umschreibung der frühen Suchtphase? Gerade der Begriff des Mißbrauchs ist so lange völlig vage, als nicht die Maßstäbe und Kriterien eindeutig sind. Diese sind aber in starkem Maße geprägt von gesellschaftlichen, religiösen, medizinischen, moralischen und nicht zuletzt juristischen Auffassungen, die keinen unmittelbaren Bezug aufeinander nehmen oder sich sogar widersprechen. Den Verdrängungsmechanismen wird mit dem Anspruch wissenschaftlicher Definitionen eher ein roter Teppich ausgerollt. Aus diesem Grunde ist der Streit, ob ein Mensch denn nun schon arbeitssüchtig ist oder nicht, relativ bedeutungslos. Damit mag sich die Wissenschaft befassen. Für den Menschen ist nicht das Prädikat, das ihm verliehen wird, entscheidend, sondern ein auffälliges Verhalten, das vielleicht seine Mitarbeiter, Freunde oder Familienangehörigen belastet. Sei es in Form von Vernachlässigung oder Überforderung. Dann sollten die Betroffenen bereits ein Signal geben. Umkehr fällt am leichtesten, wenn man den Weg in die gefährliche Richtung noch nicht gar zu weit gegangen ist. Hat sich ein Mensch aber daran gewöhnt, mit diesem Risiko zu leben, oder schlimmer noch, hat er es noch gar nicht bemerkt, dann wird eine Umkehr nur mit fremder Hilfe möglich sein.

Ungelebtes Leben

In Bad Zwesten, einem kleinen Ort in Nordhessen, liegt inmitten einer hügeligen Landschaft mit Feldern und kleinen Waldflecken die Hardtwaldklinik II. Sie ist eine der wenigen Kurkliniken, in der Patienten heute mit der Diagnose Arbeitssucht konfrontiert werden.
Mitte der 70er Jahre war es der damalige ärztliche Direktor, Dr. Gerhardt Mentzel, der als erster in Deutschland von Arbeitssucht sprach. In einem Rundfunkinterview äußerte er: »Ich hatte davon (der Arbeitssucht, R. S.) vorher nie gehört. Ich hatte einen Pfarrer als Patienten, und während der mir seine Vorgeschichte erzählt, lese ich den Fragebogen eines Alkoholikers, der vor ihm bei mir gewesen ist. Und auf einmal vergleiche ich, was der Pastor mir erzählt, mit den Fragen für Alkoholiker. Mir fiel auf, immer, wenn man statt Alkohol Arbeit sagen würde, dann erzählte der Pastor die Geschichte einer Sucht.«[1] Bis zu diesem Zeitpunkt gab es lediglich in den USA erste Veröffentlichungen zu dem Thema. In den folgenden Jahren beschäftigte sich Dr. Mentzel systematisch mit der Beobachtung von Patienten unter dem Aspekt der Arbeitssucht. Heute ist Peter Berger, Diplom-Psychologe und Stationsleiter in der Hardtwaldklinik II, der Therapeut, der sich in Diagnose und Therapie auf Mentzels Untersuchungen stützt. In der Regel kommen keine Patienten mit der Diagnose Arbeitssucht in die Klinik. Vielmehr sind es Herz-Kreislauf-Beschwerden, Schlaflosigkeit, vielleicht sogar Arbeitsstörungen oder depressive Verstimmungen, unter denen die Patienten leiden. Etwa hundertmal im Jahr stellt der Psychologe die Diagnose Arbeitssucht. Diese Zahl ist – wie so viele Aspekte bei diesem Phänomen – mit großer Vorsicht zu behandeln. Andere Kollegen würden die Symptome der Patienten möglicherweise anders beurteilen.

1 Vgl. Wacker, Ali: Economic Animals – Zur Psychologie der Arbeitssucht. In: *Störfaktor 2*, Zeitschrift kritischer Psychologinnen und Psychologen, Heft 2/1987, S. 49

Ich treffe eine Patientin aus der Hardtwaldklinik. Als ich komme, drückt sie hastig die soeben angerauchte Zigarette in den Aschenbecher. **Barbara** (59) ist eine vitale Frau, sportlich gekleidet, ihre Bewegungen sind kurz und fahrig. Ein wenig aufgeregt sei sie schon, gesteht sie. Doch sie beginnt ohne Scheu zu erzählen. Mitunter verliert sie den Faden, fragt unsicher, ob mich das überhaupt interessiere. Dann sprudelt ihre Geschichte weiter aus ihr heraus.

»Herr Berger, der ist für mich 'ne Autorität, weil er mein Therapeut ist. In der Gruppe fand es eine Patientin toll, daß ich mit 41 noch mal richtig angefangen hab. Da hab ich mir ein Auto gekauft. Während Herr Berger sagte: Was ist da toll dran, wenn eine Frau mit 41, die im Berufsleben steht, sich ein Auto kauft? Da hat er ja recht.

Das ist natürlich toll, daß da jemand so von außen draufguckt. Bei Herrn Berger komme ich auch immer ganz euphorisch aus der therapeutischen Sitzung raus. Na ja, das letztemal nicht, da hab ich mich unheimlich geärgert über mich. Ganz am Schluß der Stunde bin ich wieder in die Rolle der 15jährigen Tochter geschlüpft, hab ihn als Vater und Autorität genommen, da hatte ich 'nen totalen Rückfall.

Ich hab mich gefragt, was kommt danach, also nach der Klinik. Man ist ja hier wie auf 'nem anderen Planeten. Du bist umgeben von Leuten, denen geht es so ähnlich wie dir selbst. Hier geht es keinem gut, und das wissen auch alle. Draußen ist das ja dann wieder ganz anders. Dort fragt keiner, weil er wirklich wissen will, wie es dir geht. Da behält man es für sich, wenn es einem schlecht geht. Trotzdem, auf meine Arbeit freue ich mich. Ich hab keine Angst davor. Aber im Moment finde ich's gut, daß ich noch vier Wochen hier bin. Vorausgesetzt, die Krankenkasse genehmigt es. Ich hatte ja erst nur vier Wochen genehmigt bekommen. Da müßte ich jetzt schon nach Hause. Doch Herr Berger hat das gleich in der ersten Stunde angesprochen, sechs Wochen machen hier alle, soviel Zeit werden wir auch brauchen. Ja, und dann hab ich ihn gefragt, wie das wäre mit acht Wochen, und das fand er gut.

Ich will jetzt alles ändern. Ich hab mir ein Buch bestellt, ›Das 1 x 1 der Zeitplanung‹. Ich bin ganz begeistert. Alles ganz kurz erklärt, dann kommt gleich ein Fragebogen, Istzustand und

Sollzustand, das finde ich sehr gut. Ich will den Rest meines Lebens anders gestalten. 30 Jahre ungelebtes Leben, so darf's nicht weitergehen. Jetzt bin ich mit dem Buch dabei, mir eine Methode zu erarbeiten. Als erstes will ich mir abends immer einen Plan für den nächsten Tag aufstellen. Schriftlich will ich das machen, wenn man's nur gedanklich macht, ist das nichts. Da kann man sich zu leicht drücken. Vor allem darf ich die Dinge nicht mehr vor mir herschieben, weder privat noch dienstlich. Morgens will ich auch eher ins Büro kommen und vor 9 Uhr schon 'ne große Akte bearbeiten. Bis 9 Uhr geht das Telefon noch nicht so oft, da kann man richtig was schaffen. Da bin ich auch mental am besten drauf. Ich will auch mehr für mich tun, weggehen und so. Wie gesagt, 30 Jahre ungelebtes Leben, so darf's nicht weitergehen.

Meine Mutter war Hausfrau, mein Vater gelernter Bankkaufmann. Er ist dann aber in die Industrie gegangen. Das war noch in Schlesien, und in der Fabrik war er Abteilungsleiter auf kaufmännischem Gebiet. Mein Vater hat immer viel gearbeitet. Damals wurde ja noch samstags gearbeitet, und mein Vater ist am Samstag auch nachmittags noch mal in den Betrieb gegangen. Er hat sich zehn Minuten hingelegt, dann war er erfrischt und konnte abends lange bleiben. Sonntags morgens hat er noch Literatur gelesen, auch für die Arbeit. Ab Sonntag mittag war dann endlich Wochenende. Da sind wir weggefahren oder haben irgend etwas unternommen. Ich hab meinen Vater damals als furchtbaren Haustyrannen empfunden und dachte, auch meine Mutter würde unter ihm leiden. Später, nach dem Tod meiner Mutter, habe ich festgestellt, daß sie die Stärkere war. Als Kind hab ich das nicht erkannt. Mein Vater wollte alles für mich bestimmen. Das war schon immer so. – Nein, ich muß früher anfangen. Ich bin mit 'ner ausgerenkten Hüfte geboren worden, also 'ne Hüftluxation, und Gott sei Dank ist das rechtzeitig erkannt worden. Mit einem halben Jahr bin ich in Gips gekommen, ein dreiviertel Jahr lang. Heute frage ich mich, wie das für mich gewesen sein muß. Auch meine Eltern haben nie darüber geredet. Ich weiß nichts. Heute sind sie beide tot, ich kann sie nicht mehr fragen. Sie haben mir immer erzählt, daß ich ein sehr lebhaftes Kind war. Und das muß natürlich schlimm für mich gewesen sein, daß ich mich nicht bewegen konnte. Ich hab ja dann erst, als der Gips ab war, angefangen zu laufen. Ich konnte auch nicht krabbeln und nichts. Dann wurde mein Bruder geboren. In der Kindheit, in Schlesien, da war ich fast nur mit ihm zusammen, weil wir ein bißchen außerhalb wohnten. Später hatte ich in D. Freundinnen, und abends – also Disko und Kino gab's ja nicht –, wenn wir zu einem Vortrag gehen wollten oder so was, dann hat mein Vater immer gesagt, nein, du darfst nicht.

Mit zwölf Jahren war ich schon so groß wie jetzt, aber ich war eben wahnsinnig dünn und nicht sehr belastbar. Mein Vater hat ewig Sorge gehabt, ich würde mich übernehmen, ich durfte eben nie weg abends. Dazu kam, daß ich auch noch Neurodermitis hatte. Ich kann mich daran erinnern, daß ich als kleines Kind nachts Pappmanschetten bekam, weil ich mir immer alles blutig gekratzt habe. Und das war noch so in der Pubertät und als es mit Jungen losging. Also, ich hatte so meine Schwierigkeiten mit einem Freund. Das ging schon in der Tanzstunde los. Wir hatten drei Jungen zuwenig im Kurs. Zum Mittelball hat mich noch jemand geholt, aber zum Abschlußball keiner mehr. Das war natürlich 'ne schlimme Enttäuschung für mich. Weil ich so schüchtern war, bin ich auch ewig über meine Füße gestolpert und hatte überhaupt kein Selbstbewußtsein. In der Schule war ich am Anfang gut, später hab ich mich in eine Traumwelt geflüchtet. Da hab ich nur noch gelesen. An meinen Hausaufgaben hab ich nie übermäßig lange gesessen, aber ich hab auch schon die Tendenz gehabt, alles vor mir herzuschieben. Nachmittags hab ich gelesen und abends oder nachts angefangen, die Schulaufgaben zu machen. Wenn meine Eltern schon im Bett waren. Ich bin mehrfach in die Schule gegangen, da hatte ich wirklich überhaupt nicht geschlafen. Meinen Vater hat das verrückt gemacht. Ist mir später erst klargeworden, daß er wahrscheinlich neidisch war. Er hätte im Grunde auch gern gelesen, konnte aber wegen der vielen Arbeit nicht. Er hat immer gesagt, ich würde am liebsten deine ganzen Bücher verbrennen. Darauf hab ich dann zu ihm gesagt, ich hasse dich. Das hat er mir später erzählt. Ich hatte das wohl verdrängt. Mein Vater hat immer versucht, mit mir zu reden, und dann hab ich, wie er es nannte, das Visier runtergelassen. Ich hab geschwiegen, einfach nichts gesagt. Mein Vater wollte auch, daß ich in einen Sportverein gehe, unter Leute komme. Das sollte dann nachmittags sein, denn abends durfte ich ja nicht. Jedenfalls, ich bin immer gern in die Schule gegangen. Klar hab ich gepaukt, mir flog das nicht zu, ich hatte auch nicht das Gedächtnis meines Sohnes, der nie was getan hat, sich aber alles merken konnte. Beendet hab ich die Schule irgendwo so im Dreierbereich. Für mich war klar, ich wollte ins Modefach gehen. Genauere Vorstellungen hatte ich noch nicht, aber am besten zur Fachschule für Mode in München. Da mußte man vorher 'ne Schneiderlehre absolviert haben. Ich hatte auch schon 'ne Stelle in Aussicht. Aber vor dem Abitur hatte ich wieder ganz schlimm Neurodermitis, da mußte ich nach Aachen in die Universitätsklinik. Der Arzt dort hat sich erkundigt, was ich mache. Da sagt er, um Gottes willen, Schneiderlehre, das können Sie nicht machen, durch die Stoffpartikelchen wird das viel schlimmer. Weil ich nicht sicher war, ob Mode überhaupt das Richtige für mich ist, war ich nicht so unglücklich, daß es nicht geklappt hat. Dann wollte ich Geschichte studieren. Aber da blieb für mich nur das Lehrfach übrig. Glücklicherweise habe ich die Möglichkeit gehabt und bin ein halbes Jahr in einem Kinderheim mit geschlossenem Internat gewesen. Als Praktikantin hab ich da einzelnen Schülern Nachhilfeunterricht gegeben. Da kam ich wunderbar zurecht, aber mit der Masse bei der nachmittäglichen Hausaufgabenüberwachung war's eine Katastrophe. Da war endgültig klar, Lehrfach ist für mich nichts. Gott sei Dank hab ich das rechtzeitig bemerkt. Ja, nun wußte ich wieder nicht, was ich anfangen sollte. Nun hat mich aber bei meinem Vater alles sehr interessiert, wenn der sich mit Freunden über Wirtschaft unterhalten hat. Da hab ich gedacht, machst du Volkswirtschaft. Mein Vater reagierte auf diesen Wunsch sehr skeptisch, der hat mich zu einem Test in die Uni geschickt. Der Witz war, nach dem Testergebnis war ich prädestiniert dafür. Ich habe dann sechs Semester studiert, hatte sogar schon das Thema für die Diplomarbeit, und dann hab ich aufgehört. Ich hatte mich vorher nicht beraten lassen und ein unmögliches Diplomthema bekommen. Der Assistent, der interessierte sich für mich, aber ich konnte ihn nicht leiden. Da bin ich einfach nicht mehr hingegangen. Das hat mich unheimlich belastet. Am Anfang hab ich mit meinem Vater darüber gesprochen, aber ich hatte ewig dieses schlechte Gewissen ihm gegenüber, es war furchtbar. Ich hab zwar keinen Nervenzusammenbruch gekriegt, aber nahe dran fühlte ich mich. Hab dann nur noch geheult. Nun hatte ich vorher schon drei Prüfungen in Wirtschaftsjura gemacht. Ja, da hab ich mir überlegt, wo kann dir das nützen, und so bin ich auf Rechtspflege gekommen. Die Prüfungen sind mir zwar nicht angerechnet worden, aber ich hab das dann gemacht.

Dieser Beruf macht mir unheimlich Spaß. Rechtspflegerin ist die gehobene Laufbahn bei der Justiz, und da ist man hauptsächlich in den Bereichen der freiwilligen Gerichtsbarkeit tätig. Also im Nachlaß, Familiensachen, Vormundschaftssachen, und ich mache Registersachen. Zwangsversteigerungen, Konkurs und Grundbuch vor allen Dingen. Das Tolle bei diesem Beruf ist, man ist – genau wie der Richter – nur dem Gesetz und seinem eigenen Gewissen unterworfen, man ist unabhängig. Ich muß jede Entscheidung genau begründen können, das ist schon immer 'ne Herausforderung.

1964 hab ich mein Examen gemacht, '65 geheiratet, und '69 wurde mein Sohn geboren. Bis dahin hab ich voll gearbeitet, auch während des Studiums schon. Dann war ich 13 Monate beurlaubt. Zu der Zeit fing's an, bei uns zu kriseln. Mein Mann war bei Siemens in B., und ich war dort im Amtsgericht beschäftigt. Und dann ist mein Mann hier nach H. gegangen, und da wollte ich mich natürlich versetzen lassen. Doch weil ich beurlaubt war, hat mich das Land hier nicht genommen. Dabei war die Arbeit für mich ganz wichtig, ich wollte immer unabhängig sein. Weil ich von meinem Vater so abhängig war, deshalb war für mich die finanzielle Unabhängigkeit ganz entscheidend. Im Mai 1971 bin ich endlich übernommen worden. Aber für meinen Sohn war das viel zu früh. Ich ging halbtags arbeiten und hatte eine Kinderfrau. Sie hat mich morgens mit dem Auto am Gericht abgesetzt und den Christian mit zu sich genommen. Mittags hat sie mich dann wieder abgeholt. Wenn ich ins Auto gestiegen bin, hat mich mein Sohn überhaupt nicht beachtet. Das war furchtbar. Das Nur-Mutter-Sein, darunter hab ich gelitten, und andererseits hatte ich ein schlechtes Gewissen, daß ich so glücklich war, wieder arbeiten zu können. Das werde ich nie vergessen. Am ersten Tag bin ich die Treppen zum Gericht raufgestürmt, ich fühlte mich glücklich. Weil ich eben auch das Selbstwertgefühl wieder hatte, als Mutter hat man das ja nicht.

Mein Mann und ich, wir hatten uns auseinandergelebt. Haben es irgendwie gar nicht bemerkt. Ich wollte ein Kind haben. Das war's. Und ausgerechnet nach der Taufe vom Christian, als ich mit der Planung des zweiten Kindes anfing, da sagte mein Mann, im Grunde hätte er das erste schon nicht gewollt. Da war ich total am Boden. Und dann hatte er so 'nen komischen Sarkasmus entwickelt, den ich nicht verstanden hab. Ich hab keinen Sinn für Humor. Wir haben zum Beispiel Besuch gekriegt, und ich bin 'ne schlechte Hausfrau. Das hat mir nie Spaß gemacht. Schon als Kind war ich immer sehr langsam, und meine Mutter hat dann gesagt, laß mal, ich mach das schon. Dann bin ich zu meinen Büchern gegangen. Als ich geheiratet hab, hab ich mit 'nem Kochbuch in der Hand angefangen zu kochen. Und ich wollte alles super machen. Ich hab viergängige Menüs gekocht, für meine Verhältnisse auch ganz gut. Aber ich hab dafür keine Anerkennung von meinem Mann gekriegt. Er aß alles in sich rein und schwieg.

Einmal hatten wir 'ne Kollegin mit Mann zu Besuch, und ich weiß noch, da zieht mein Mann die Gardine zurück und sagt, du könntest auch mal wieder die Fenster putzen. Das sollte wohl ein Witz sein. Ich fand das unmöglich, daß da jeder drauf hingewiesen wurde, daß ich nicht perfekt war. Ich hätte heulen können vor Wut. Und mein Mann saß dann da und grinste. Na ja, ich hab auch 'nen Hang zur Hysterie: Einmal hab ich ihn geohrfeigt, ein anderesmal hab ich ihm so 'n großen Aschenbecher aus Bleikristall an den Kopf werfen wollen. Hab Gott sei Dank nicht getroffen. Da hab ich Angst gekriegt und bin am nächsten Tag zum Anwalt gegangen. Ich hab wirklich Angst gehabt, daß ich vielleicht mit dem Messer auf ihn losgehe, wenn das gerade da liegt. Ich kann mich dann nicht mehr bremsen. Das ist Hilflosigkeit, weil ich's eben nicht gelernt hab, mich anders auseinanderzusetzen. Wenn ich damals therapeutische Hilfe gehabt hätte – also gut, ich hab 'ne Therapie gemacht, aber die hat gar nichts gebracht. Das war 'ne Analyse, und ich mit meinem Leistungsdruck hab immer gedacht, ich muß das bringen. Und die Therapeutin hat mich einfach sitzen lassen. Wir haben manchmal 'ne halbe Stunde gesessen, die hat keinen Ton gesagt, und ich hab keinen Ton gesagt. Dann bin ich heulend nach Hause gefahren und hab

Aggressionen gegen mich selbst gekriegt. Wenn ich von der Sitzung kam, da bin ich mit dem Auto 90, 100 Sachen gefahren in der Stadt. Da hab ich so richtig schön meine ganze Wut abreagiert. Aber ich hab mich auch nicht getraut, der Therapeutin zu sagen, daß ich mit ihr nicht zurechtkomme. Ich hätte das gleich beenden sollen nach 'nem halben Jahr. Oder darüber sprechen müssen. Aber ich bin drei Jahre brav hingegangen.

Nach der Scheidung gab's nur noch meinen Sohn und meine Arbeit. Und seit mein Sohn aus dem Haus ist, da hab ich nur noch die Arbeit.

1971 hab ich angefangen im Registergericht. Da waren noch die alten Notare da, die viel mehr Ahnung hatten, da hatten wir vielleicht 40 Prozent Beanstandungen. Heute haben wir 80 Prozent. Deshalb sind wir aber nicht mehr Mitarbeiter geworden. Gott sei Dank haben wir seit einigen Jahren Gleitzeit. Die Kernzeit geht von 9 bis 16.30 Uhr und die Gleitzeit von morgens um 7 bis abends um 19 Uhr. Ich bin kein Morgenmensch, deshalb komme ich immer erst so um halb neun. Allerdings hab ich mir jetzt vorgenommen, das zu ändern. Mein Wecker klingelt schon um Viertel nach sechs, aber ehe ich dann aus dem Bett komme, ist es meistens schon halb sieben. Dann mache ich mir das Frühstück zurecht auf 'nem Tablett und gehe wieder ins Bett. Gegenüber vom Bett hab ich den Fernseher. Ich gucke morgens schon n-tv und ZDF, immer abwechselnd die Nachrichten, und was da alles kommt. Dabei genieße ich ganz in Ruhe das Frühstück. Um Viertel vor acht fahre ich ins Gericht. Um 9 Uhr haben wir Besprechung. Wir sind sechs Rechtspfleger in der Abteilung. Einer ist natürlich immer entweder krank oder in Urlaub. Und deswegen müssen wir fast durchgängig Vertretung übernehmen. Die tägliche Besprechung geht so bis um halb, dreiviertel zehn, dann sitze ich wieder in meinem Zimmer. Am Vormittag sind meistens sehr viele Telefonate zu erledigen. Deshalb schaffe ich da nur wenige Akten. Gegen 12 Uhr gehe ich in die Kantine, anschließend trinke ich noch Kaffee mit den Kollegen, und ab 13 Uhr bin ich wieder im Zimmer. Dann kommt mein toter Punkt. Manchmal bin ich so fertig, daß ich denke, wenn ich den Arm hochheben will, das schaffe ich nicht mehr. Nun hab ich einen schönen, großen Schreibtisch im Büro stehen, da hab ich mich schon mal draufgelegt, als ich so total fertig war. Hab ich autogenes Training gemacht. Aber das geht natürlich nicht. Wir haben im Gericht noch die alten Türen von 1918 drin, und mein Zimmer ist von innen nicht abschließbar – man hört immer nach draußen, ob jemand kommt. Darum mach ich jetzt hier die Muskelentspannung mit, das üben wir gleich im Sitzen, und ich hoffe, das dann am Schreibtisch machen zu können. Denn Entspannung ist gerade für mich so wichtig, weil ich im Grunde immer auf Hochtouren laufe. Gut kann ich nach 16 Uhr wieder arbeiten. Da vergeht die Zeit viel zu schnell. Bis um halb sechs bin ich immer da. Da muß ich auf jeden Fall erst mal raus, weil mein Wagen in der Tiefgarage steht, und die wird um halb sechs geschlossen. Dann hab ich zwei Möglichkeiten: Entweder ich fahre nach Hause, oder ich fahre das Auto raus und gehe wieder ins Büro. Dann arbeite ich bis 20, 21 Uhr oder so, im Extremfall ist es auch schon mal 22 Uhr geworden. Aber da mir das peinlich ist, stemple ich oft schon um halb sechs den Ausgang. Wenn man später als 19 Uhr rausgeht, stempelt's rot. Und ich möchte nicht, daß es auf der Karte immer rot ist bei mir. Ich bin die Älteste in der Abteilung und kann natürlich nicht mehr so arbeiten, wie ich vor 20 Jahren gearbeitet habe. Da ich aber einen sehr hohen Anspruch an mich habe, brauche ich natürlich mehr Zeit. Ich muß einfach Überstunden machen.

Wenn's mir schlecht geht am Wochenende, dann fahre ich ins Gericht. Dort geht's mir gut, wenn ich arbeite. Ich hab einen Schlüssel, so kann ich jederzeit rein, auch ohne zu stempeln. Das ist kein Problem. Wenn die sehen würden, daß da immer rot gestempelt ist, dann würden die sich sagen, die schafft ja ihre Arbeit überhaupt nicht. Das wäre mir unangenehm. Außerdem macht es mich verrückt, wenn ich Rückstände habe. Wenn da so blöde Sachen zu erledigen sind, hab ich die Tendenz, die liegenzulassen. Das ist ein Druck, der mich belastet. Deshalb komme ich sonntags. Da kann ich alles in Ruhe machen. Hab ich alles geschafft, ist das ein tolles Gefühl.

Wenn ich abends nach Hause komme, ist der Tag gelaufen. Ich lese noch Zeitung, dann verziehe ich mich ins Bett. Auf dem Tablett nehme ich mein Abendbrot mit. Dabei gucke ich Fernsehen und lasse mich berieseln. Oft bin ich so kaputt, daß ich nicht mal die Zeitung lesen kann. Die heb ich mir dann auf, weil ich alles noch nachlesen will. Dazu komme ich natürlich nicht. Und ich gucke auch nicht richtig fern, sondern switche hin und her. Manchmal bin ich so müde, da ist es schon passiert, daß ich bei den 8-Uhr-Nachrichten eingeschlafen bin. Bloß, da ich eben Schlafstörungen habe, bin ich spätestens nachts um eins wieder wach. Dann kann ich leider nicht lesen, sondern gucke wieder fern. Die ganzen Nachmittagsprogramme, die gucke ich nachts. Das geht bis um fünf oder so, und von fünf bis sechs kann ich wieder sehr gut schlafen. Wenn ich nicht schlafen kann, dann ärgere ich mich nicht mehr darüber, aus dieser Phase bin ich lange raus. Das hab ich früher gemacht, das bringt ja nichts. Jetzt nehme ich's eben so. Wenn ich das Licht ausmache, dann gehen die Gedanken los. Deshalb mache ich das Licht erst gar nicht aus und den Fernseher auch nicht. Am besten schlafe ich beim laufenden Fernseher ein. Bis vor drei Jahren hatte ich den noch im Wohnzimmer stehen. Da bin ich dann mitten in der Nacht auf dem Sofa aufgewacht, total zerknautscht. Deswegen steht der jetzt im Schlafzimmer.

Manchmal hab ich starke depressive Phasen, dann wache ich morgens weinend auf. Das geht auch noch weiter, wenn ich im Auto sitze und ins Gericht fahre. Durch die Arbeit wird es dann besser. Es ist schwer zu sagen, wo das konkret herkommt. Ich bin sehr vom Licht abhängig, im November, Dezember geht's mir schlecht, wenn alles so grau in grau ist. Und nach dem Urlaub hab ich das oft. Wenn's ein besonders schöner Urlaub war.

Zu den häuslichen Dingen komme ich gar nicht unter der Woche. Da ich abends nichts mehr mache, wächst bei mir das Chaos. Wenn's mir gut geht, räume ich wenigstens am Morgen ein bißchen auf. Manchmal hab ich schon gedacht, wenn dich nachts der Schlag trifft, dann ist das für deinen Sohn nicht gerade angenehm, wenn der in so 'ne Wohnung kommt. Gott sei Dank hab ich 'ne Putzfrau. Aber die darf nur in die vorderen Räume, in die drei hinteren laß ich sie erst gar nicht rein. Sonntags räume ich vorn die Zimmer ganz groß auf, damit die Putzfrau kommen kann. Ich leide auch darunter, daß ich so unordentlich bin. Mein Sohn ist auch sehr unordentlich, aber der steht dazu. Er wirft mir vor, daß ich das leibhaftige schlechte Gewissen bin. Ich hab eben ewig das Gefühl, ich müßte was tun, und mach's trotzdem nicht. Das ist furchtbar. Deshalb hänge ich am Samstag immer erst mal durch. Neuerdings mache ich mir Termine, damit ich aufstehe. Sonst würde ich bis um elf im Bett liegen. So gehe ich eben um 9 Uhr zur Sonnenbank und kaufe danach ein. Viel brauche ich ja nicht, ich koche selten für mich allein. Wenn ich zurückkomme, lese ich erst mal die Zeitung. Dann ist es meistens schon Mittag, und ich denke, du hast noch nichts getan. Ja, und dann geht's eben los, daß ich überlege: Fahre ich ins Gericht, oder mache ich lieber Hausarbeiten? Geht's mir psychisch einigermaßen gut, dann mach ich das. Geht's mir schlecht, fahre ich ins Gericht.

Überhaupt ist alles schlimmer geworden mit mir. Letztes Jahr war ich in der Türkei. Da hab ich das erste Mal gedacht, das ist alles zuviel. Meistens will ich am liebsten gar keinen Urlaub machen, um den ganzen Streß vorher nicht zu haben. Das Packen und alles, ich hab Angst, daß ich das nicht bewältige. Ich werde dann total hektisch und laufe rum wie ein aufgescheuchtes Huhn. Ich muß mich regelrecht zwingen, folgerichtig einzupacken. Früher bin ich immer auf die letzte Minute zum Zug gekommen, das kann ich alles nicht mehr. Mein Vater mußte immer 'ne halbe Stunde vorher auf dem Bahnhof sein, da hab ich mich innerlich darüber lustig gemacht. Jetzt bin ich genauso.

Ich hatte nach der Scheidung eine dreijährige Beziehung und dann von '91 bis '93 noch eine, als Christian aus dem Haus war. Die habe ich beendet damals. Das bereue ich jetzt. Da wäre mein Leben anders verlaufen. Denn Christian verstand sich mit dem G. sehr gut. Und er hat mir auch wahnsinnige Vorwürfe gemacht, als das zu Ende war. Der G. wäre bereit gewesen, Hausmann zu sein. Ich hätte gearbeitet, kein schlechtes Gewissen haben müssen, zu Hause wäre alles gelaufen. Christian wäre emotional und auch sonst gut versorgt gewesen. Bloß damals war ich blöde Kuh noch nicht soweit. Ich konnte keinen Hausmann akzeptieren. Ich war damals durch meinen Vater so auf Karriere getrimmt. Ich habe mich auch nicht getraut, ihm einen Hausmann zu präsentieren. Daran ist diese Beziehung gescheitert.

Als Anfängerin im Gericht hab ich mein Pensum auch nicht

einfach so geschafft. Mein Sohn war ein sehr schwieriges Kind, und ich hab mir die Entscheidung bezüglich der Schulwahl und überhaupt alles sehr schwer gemacht. In den großen Ferien war der Christian Gott sei Dank bei meinem Vater und meiner Stiefmutter, und ich bin mit ihm in den Herbst- oder Osterferien verreist. Die anderen beiden Kollegen sind eben mit ihren Kindern in den Sommerferien verreist. Manchmal hab ich dann drei Wochen ganz allein gesessen, jeden Abend bis 9 Uhr. Da haben wir aber morgens um halb acht angefangen, Gleitzeit gab's noch nicht. Jetzt ist die Arbeit mehr geworden, ich bin aber nicht mehr so leistungsfähig. Zum Beispiel kann ich nicht mehr so gut formulieren. Vor allem mündlich drücke ich mich nicht so gut aus, aber die Schriftstücke müssen genau stimmen und übersichtlich aufgebaut sein. Bei uns ist auch alles noch sehr altertümlich – ich schreibe die Schriftstücke mit der Hand vor, das geht dann in die Kanzlei und wird dort mit der Maschine geschrieben. Und da kommt's vor, wenn ich so oft durchgestrichen habe, daß ich denke, das kann die ja überhaupt nicht lesen, das schreibe ich neu. Das hab ich früher nie gemacht. Dazu kommt, daß ich meine, nur denken zu können, wenn ich dabei rauche. Und je weniger ich weiterkomme, desto mehr rauche ich. Ich rauche automatisch. Das hat sich seit Herbst letzten Jahres verstärkt. Und dann hatte ich im Dezember diesen Zusammenbruch, weswegen ich ja auch hierher zur Kur mußte.

Das fing an mit einer Urlaubsvertretung, die ich im Dezember neben meiner eigenen Arbeit übernehmen mußte. Und ich wollte nach Weihnachten verreisen. Aber dann kriegte ich Besuch, auch noch für eine ganze Woche. Und ich kann doch nicht nein sagen. Das türmte sich alles vor mir auf: kochen, einkaufen, die Arbeit mit der Vertretung und so weiter. Und dann hab ich in der Nacht so 'ne Art Herzanfall gehabt. Ich hab keine Luft mehr gekriegt und gedacht, ich sterbe. Morgens hin zur Ärztin, nichts. Das EKG war völlig in Ordnung. Ich hab schon lange den hohen Blutdruck, und manchmal eben ganz hohe Werte, Entgleisung heißt das. Ich hab schon mal 250 zu 160 gehabt. Doch ich bin organisch völlig gesund.

Ich bin sofort wieder arbeiten gegangen, und abends kam die Freundin mit Mann. Sie wollte ursprünglich Samstag wieder fahren, und es hat mich unglaublich viel gekostet zu sagen, sie möchten doch einen Tag früher abreisen, weil ich noch soviel vorbereiten und einkaufen muß für meinen Urlaub. Dazu kommt, daß man alle Rückstände geschafft haben muß, wenn man in Urlaub geht. Und wie will man das machen? Da bleiben nur das Wochenende und die Abende, und das ging eben wegen des Besuches nicht. Als sie dann weg waren, ging es los, da bekam ich Fieber und eine Grippe, obwohl ich sonst nie erkältet bin. Ich war eine Woche krank geschrieben, hab nur noch heulend im Bett gelegen und die Reise abgesagt. Die Ärztin meinte, mein Anfall wäre psychosomatisch bedingt und ich brauchte eine Kur. Da war ich doch schockiert und bin erst mal zu der Ärztin nicht wieder hingegangen. Ich war zwar noch nicht wieder gesund, aber nach der Woche Krankschreibung bin ich zwischen Weihnachten und Silvester auf Urlaubsbasis zu Haus geblieben, der Urlaub war ja eingetragen. In der zweiten Urlaubswoche bin ich wieder zur Arbeit gegangen und hab mir den Urlaub gutschreiben lassen. Ein bißchen später habe ich mir dann überlegt, daß es richtig war, was die Ärztin gesagt hat. Und dann hab ich mich für die Kur entschieden.

Meinen Kollegen hab ich nicht gesagt, daß ich hier bin. Denen hab ich nur gesagt, ich fahre zur Kur. Weil ich ja früher auch zur Kur gefahren bin wegen meiner Knochen, da hab ich eben nur gesagt, ich fahre jetzt nach Bad Zwesten. Da hat keiner was geahnt. Aber jetzt, wo ich acht Wochen weg bin, mußte ich Farbe bekennen. Aber da hab ich auch 'ne Woche überlegt, ob ich das meinen Kollegen antun kann, daß sie mich jetzt noch zwei Wochen länger vertreten müssen.

Als ich hierherkam, hatte ich Angst. Im Grunde genommen bin ich in letzter Zeit nur noch mit Menschen an meinem Arbeitsplatz in Berührung gekommen. Mir fällt es schwer, auf andere Leute zuzugehen. Und das hat sich verstärkt. Deshalb habe ich mich hier am Anfang sehr zurückgehalten. Das ist aber auf der Station so geregelt, daß man gleich nach der Ankunft von einem Mitpatienten herumgeführt wird, und alle stellen sich vor. Unter denen, die hier mit mir angefangen haben, ist eine junge Frau, die hat auch ganz große Probleme, und die ist sehr auf mich zugegangen. Die hat mein Selbstwertgefühl sehr stark aufgebaut und versucht, mich immer aufzumuntern. Ja, und dann bin ich auch viel allein gewesen, weil ich körperlich ziemlich kaputt war.

Nach der Ankunft geht es mit Einzelgesprächen los. Erst bei Professor B., das ist der ärztliche Direktor. Der sagt dir gleich knallhart, was er feststellt. Zum Beispiel mußte ich 'ne dreiviertel Stunde warten bei ihm vor der Tür. Und da kam er raus und hat sich entschuldigt. Ich hab aber sofort abgewiegelt, hab gesagt, daß ich's gut fand, da 'ne halbe Stunde sitzen zu können, mich zu sammeln. Da sagt er: Sie zeigen ein total angepaßtes Verhalten. Sie hätten jetzt ärgerlich sein müssen oder so was. Gut, ich bin angepaßt, das weiß ich. So ging das also gleich los. Und Herr Berger hat gesagt, wenn ich vor 20 oder besser noch vor 30 Jahren hierhergekommen wäre, dann hätte mein Leben ganz anders verlaufen können. Und das ist schlimm, wenn man sich das sagt. Aber es stimmt.

Hier in der Klinik mache ich Gestaltungstherapie. Da konnte ich mir überhaupt nichts drunter vorstellen. Zuerst mußten wir, die Neuankömmlinge, malen, wo komme ich her, wo gehe ich hin. Also die jetzige Situation hier. Das hat mich emotional nicht sehr berührt. Dann haben wir bei einer anderen Sitzung eine Erlebnisreise gemacht. Wir haben dagestanden und sollten die Augen zumachen. Die Therapeutin hat gesprochen, ich stelle mir vor, ich bin ein Rosenstrauch, ich fühle meine Wurzeln, ich fühle meinen Stamm. Das sollte man sich alles genau vorstellen und beobachten und später bildlich darstellen. Ich kann gar nicht gut zeichnen, ich habe die Kreide genommen, hab nicht lange überlegt und war in zehn Minuten fertig. Ich hab von unten angefangen, so'n paar Wurzelchen und dann so'n ganz dünnes Stämmchen. Ich hatte zwar auch 'ne Krone gemalt, aber mit ganz mickrigen rosa Blütchen. Da hab ich schon angefangen zu heulen. Irgendwie kam alles hoch, ich hab nur noch Schwarz und Grau genommen und die Umgebung gemalt. Dann bin ich rausgerannt auf die Toilette und hab 'nen richtigen Weinkrampf gekriegt. Da kam das mit dem ungelebten Leben hoch. Als ich mein Bäumchen gesehen hab, das hab ich ja nicht so bewußt gemalt, das hätte ich nie für möglich gehalten, daß meine Hand das allein gezeichnet hat. Die anderen hatten zum Teil wunderbare Rosen gemalt. Das konnte ich nicht ertragen. In der nächsten Stunde wurde das besprochen, und dann sollten wir dazumalen, wie wir's ändern würden. Das war schön. Da ging's mir ja schon besser, und den anderen war gleich aufgefallen, das war 'ne Hochstammrose, und jede Hochstammrose hat ja eine Stütze. Sonst würde sie umknicken. Ich hatte sie aber ohne gemalt. Also brauchte ich eine Stütze für mein Rosenbäumchen. Damit hab ich angefangen. Anschließend hab ich die rosa Blüten in rote umgewandelt. Hab ich drübergemalt, immer mehr, ich konnte gar nicht aufhören, lauter Rosen zu malen. Und grüne Blätter dazu, das ganze Schwarz und Grau hab ich mit Blau und Gelb übermalt. Erst wollte ich nichts verändern an dem Bild, weil ich dachte, das ist abgeschlossen. Ich hab mich innerlich dagegen gesträubt. Aber die Freude, die ich empfunden hab, als ich das verändert hatte – das hätte ich nicht für möglich gehalten. So stelle ich mir mein Leben vor, alles wird anders. Und ich brauche auch 'ne Stütze. Ich muß lernen zuzulassen, daß ich Hilfe brauche.

Über das Rauchen denke ich jetzt nicht nach, so weit bin ich noch nicht. Ich hatte mir schon mal vorgenommen, es mit Nikotinpflaster zu versuchen und ganz aufzuhören. Da rauchten aber alle bei mir im Gericht, und ich dachte, bei dem ganzen Streß, das tust du dir nicht an. Also hab ich weitergeraucht. Und hier – heute morgen hab ich nur angeraucht. Das Verlangen wird weniger. Zumindest will ich nicht mehr auf 30 oder 40 kommen, wie zum Schluß, das ist ja unmöglich. Ich kann's ja auch nicht riechen, das ist ja das Schizophrene. Deswegen sitze ich im Winter im Gericht immer mit offenem Fenster da. Ganz aufzuhören mit dem Rauchen, das werde ich mir nicht vornehmen. Das ist zuviel. Man kann nicht alles auf einmal.

Mit 63 gehe ich auf jeden Fall in Pension, denn ich will ja noch was machen hinterher. Manchmal, wenn ich total fertig bin, denke ich, das ist kein Leben. Du nimmst dir noch soviel vor für später, und wer weiß, ob du's überhaupt erreichst. Die Arbeit wird mir fehlen, natürlich. Ich hab aber schon Pläne. Ein halbes Jahr – also, das gönne ich mir – bleibe ich morgens lange liegen, dann besuche ich alle, und, und, und. Aber nur ein halbes Jahr. Ich möchte noch ein Seniorenstudium machen, Geschichte, das, was ich ursprünglich wollte. Vielleicht noch ein bißchen Religionswissenschaften und Buddhismus dazu. Aber das weiß ich noch nicht.«

Vielarbeiter und Arbeitssüchtige

»Bewunderungswürdig war jener Ausspruch der alten Mönche: Laborare est orare, Arbeiten heißt Beten. Älter als alle gepredigten Evangelien war dieses ungepredigte, unartikulierte, aber unausrottbare und ewig dauernde Evangelium: Arbeite und finde darin Dein Wohlergehen.«

Thomas Carlyle

Am Anfang sieht alles ganz harmlos aus. Ein Mensch arbeitet sehr viel. Er findet Spaß an den Anforderungen, vor denen er steht. Kollegen und Vorgesetzte schätzen seinen Fleiß. Der Partner und die Kinder, die Eltern und Freunde bewundern seinen Ehrgeiz. Das spornt ihn zu neuen Höchstleistungen an.

Jeder kennt solche Menschen, die auffällig viel arbeiten. Der Arzt im Neubaugebiet, dessen Warteraum bis abends um 20 Uhr gefüllt ist, er hat einen Zwölf-Stunden-Arbeitstag. Würde er seine Praxis Punkt 19 Uhr schließen, er wäre schnell als Arzt ohne Berufsethos abgestempelt. Am Samstag ruft eine Mutter an, weil der Sohn Husten hat, und am Abend die Rentnerin, die bemerkt, daß ihr Medikamente fehlen.

Bei der »Volkswagen AG« wird trotz der 30-Stunden-Woche von übertariflich bezahlten Mitarbeitern gefordert, daß sie mindestens 45 Stunden pro Woche für die Firma da sind. Meist reicht diese Zeit für das Arbeitspensum nicht aus. Da kommen schnell 50 und mehr Stunden zusammen. Das gilt bereits für den Führungsnachwuchs. Jeder weitere Aufstieg in der Firmenhierarchie bringt nicht nur mehr Einfluß und Geld, sondern auch die Erwartung mit sich, daß die Arbeitszeit allein von der anfallenden Arbeitsmenge bestimmt wird. Ein Manager muß 60 bis 65 Stunden leisten. Wer ins Topmanagement aufsteigen will, der sollte aufhören, seine Arbeitsstunden zu zählen.

Die Gesamtschullehrerin betreut Lernprojekte, die sich bis in die frühen Abendstunden hinziehen. Dazwischen liegen Konferenzen, Unterrichtsstunden und organisatorische Aufgaben. Kommt sie um 18 Uhr nach Hause, dann warten die Korrekturen der Klassenarbeiten und aufwendige Stundenvorbereitungen. Nur so kann sie den Anforderungen ihrer Schüler und Kollegen gerecht werden.

Die Beispiele ließen sich fortsetzen. Sind diese Menschen alle arbeitssüchtig? Vielleicht ja, sie müssen es nicht sein.

Nicht jeder, der viel arbeitet, ist arbeitssüchtig. Viele Menschen müssen über einen bestimmten Zeitabschnitt 14 und mehr Stunden am Tag arbeiten: der Student, der seine Diplomarbeit schreibt und nebenbei noch für seinen Lebensunterhalt jobben muß, der Pächter, der gerade eine Tankstelle übernommen hat und sich noch keinen zusätzlichen Angestellten für die Nachtschicht leisten kann, der jungverheiratete Handwerker, der für Frau und Kind sorgen und die Wohnung einrichten muß. Überstunden und Schwarzarbeit sind der einzige Ausweg aus dem finanziellen Engpaß. Ohne ein überdurchschnittliches Arbeitspensum können sie alle ihre Aufgaben nicht erfüllen. Die Frage ist: Was geschieht, wenn die aktuelle Notsituation vorüber ist? Finden sie zurück zu einem normalen Maß, oder suchen sie eine Begründung, warum es weitergehen muß wie bisher? Wer die letztere Variante wählt, der ist auf dem besten Weg in die Abhängigkeit von der Arbeit.

Doch nicht allein die Anzahl der Stunden, die ein Mensch mit seiner Arbeit zubringt, ist das ausschlaggebende Kriterium. Die entscheidende Frage ist: Hat der Vielarbeiter seine Arbeit im Griff, oder hat die Arbeit den Vielarbeiter im Griff? Anders ausgedrückt: Kann der Mensch abschalten von seiner Arbeit, oder trägt er sie am Abend mit nach Hause? Kann er seinen Urlaub genießen, oder sind seine Gedanken während dieser Zeit bei der Arbeit, ruft er gar zwischendurch in der Firma an? Kann er mit Freunden über andere Dinge als seine Arbeit reden, nimmt er sich Zeit für die Probleme seiner Freunde? Kann er die Stunden mit der Familie genießen? Nimmt er sich Zeit für Hobbys oder Erlebnisse, die keinen »Nutzen« haben, geht er in ein Restaurant, um sich in Ruhe ein Essen und ein Glas Wein zu gönnen, geht er ins Konzert oder einfach spazieren? Vorausgesetzt, Familie, Freunde und Urlaub existieren überhaupt noch. Die Antworten auf diese Fragen geben mehr Aufschluß über die Bewertung des Arbeitsverhaltens als die Anzahl der geleisteten Stunden. Die Arbeitspsychologin Elisabeth Wienemann von der Universität Hannover spricht vom »zwanghaften Arbeiten«. Dieser

Begriff beschreibt das Verhalten gerade in der Übergangsphase vom »gesunden« Arbeitsverhalten zum »ungesunden« Vielarbeiten besser als der unscharfe Suchtbegriff. Ganz klar kann von Sucht gesprochen werden, wenn die Arbeit zum einzigen Lebensinhalt geworden ist.

Immer unter Hochdruck

Endlich ist der große Hund tot. Seitdem fällt es mir leichter, Gisela in ihrem Haus zu besuchen. Leider überlegt sie, ob sie sich einen neuen Hund anschaffen soll. Ich habe die leise Hoffnung, daß sich in ihrer Familie eine Verhinderungsmehrheit findet. Für meinen, zugegebenermaßen egoistischen, Wunsch kann ich sogar ein Argument geltend machen, das selbst für sie nicht ohne positiven Effekt wäre: Ohne Hund gibt es einen Grund weniger, nicht in Urlaub zu fahren.

Wir kennen uns aus der Zeit, als wir beide beim Rundfunk angestellt waren. Gisela gehörte zu den Menschen, die die langen Wege zwischen den einzelnen Gebäuden grundsätzlich im Laufschritt zurücklegten. Trafen wir uns morgens, hatte sie eine Straßenbahn verpaßt und war deshalb in höchster Eile. Trafen wir uns mittags, mußte sie ganz schnell ins Studio oder zu einer Sitzung, denn sie hatte sich in der Kantine verplaudert. Am Nachmittag oder Abend drängte die Zeit, weil die Kinder allein waren oder der Hund zum Tierarzt mußte. Trotzdem blieben wir natürlich bei jedem Treffen stehen und schwatzten einige Minuten miteinander. Bis Gisela einfiel, daß sie es ganz eilig hatte.

Heute telefonieren wir miteinander, wenn einer von uns Rat sucht in Arbeitsfragen. Bei den seltenen Besuchen in ihrem Haus habe ich inzwischen gelernt, daß die Frage: »Wie geht es dir?« bei ihr einfach die falsche Frage ist. Statt einer Antwort bekomme ich regelmäßig einen Kurzabriß ihres aktuellen Arbeitsprojektes einschließlich Inhaltsangabe, offener Probleme und der Auflistung aller Arbeitsgänge, die eigentlich längst erledigt sein müßten. Dazwischen entladen sich Gedankenblitze, die ihre Energie aus der vorhergehenden Arbeit beziehen. Da ich es längst aufgegeben habe, diesem Begrüßungsschwall in allen Details folgen zu wollen, schaue ich mich im Haus um und entdecke hier ein modernisiertes Bad, dort ein umgeräumtes Zimmer oder eine neue Sitzecke. Dabei folge ich Gisela ins Wohnzimmer oder die Küche, wo sie gerade eine verstreute Zeitung einsammelt, Geschirr beiseite räumt oder eine Katze aus dem Sessel vertreibt. Heute habe ich meinen Besuch ausnahmsweise angekündigt, deshalb sind diese »Arbeitsgänge« bereits erledigt. Statt dessen entschuldigt sich Gisela, daß sie heute besonders abgespannt ist und befürchtet, nicht die nötige Konzentration für unser Gespräch aufzubringen. Heute nämlich hat ihr Vater Geburtstag. Und weil die Nachbarn ihrer Eltern nicht zu Hause sind, hat sie sich bereit erklärt, deren Geburtstagsgeschenk zu besorgen. Selbstverständlich mußte sie das empfindliche Stück, einen wertvollen Gartenbusch, gleich in die Erde bringen und bei dieser Gelegenheit nebenbei den Kaffeetisch decken, bevor sie zu ihrer Arbeitsstelle losraste. Ein halber Urlaubstag ist dafür draufgegangen. Jetzt rutscht Gisela in ihren Sessel, und wir können beginnen. »Wollen wir nicht einen Schluck trinken?« Ohne eine Antwort abzuwarten, springt sie auf und holt die Gläser aus dem Schrank. Dann rennt sie in den Keller. Als nächstes fehlt ein Korkenzieher. Endlich ist auch dieses Problem gelöst, die Flasche geöffnet und Wein in die Gläser geschenkt. **Gisela (42)** trinkt einen Schluck, denkt einen Moment nach. »Glaubst du wirklich, daß meine Geschichte zu deinem Thema gehört?«

»1986 trat Wolfgang in mein Leben. Im Sommer '87 haben wir geheiratet. In diesem ersten gemeinsamen Sommer hat er es geschafft, daß ich mich in den Garten auf die Campingliege legte. Das waren die ersten zehn Minuten in meinem Leben überhaupt, daß ich im Garten gelegen habe. Und ich lebe hier seit 1975.

Ich habe nachgedacht, woher das kommt. Zu Hause war ich sehr behütet. Wir Kinder hatten zwar Verpflichtungen, aber ich kann mich nicht an Zwang erinnern. Ich hatte zum Beispiel ein kleines Steingartenbeet. Ich hab es gern gemocht, das Beet sauberzumachen, ich hab sogar die Steine gewaschen. Aber dann hab ich vier Wochen gar nichts gemacht, bis das Unkraut wieder hoch stand. Hat mich auch keiner gezwungen dazu. Wenn ich am Beet was gemacht hab, dann kam das aus mir heraus, es sollte schön sein. Das ist auch heute noch das wichtigste, wenn mich jemand fragt, wie ich mir meinen Garten oder das Haus vorstelle: Es soll schön sein.

Ja, ich hatte meine Träume vom Leben. Ein Haus wollte ich haben, sicherlich dadurch bedingt, daß es hier draußen viele schöne Häuser gibt, wir aber zur Miete gewohnt haben. Ich wollte einen Hund haben und einen Sohn mit braunen Augen. Das mit dem Mann, daß das klargeht, war für mich keine Frage, weil meine Eltern eine tolle Ehe geführt haben. Von Scheidung hat man damals noch nichts gehört, und daß es mit dem Mann Probleme geben könnte, da hab ich nicht im entferntesten dran gedacht.

Als ich meinen ersten Mann kennenlernte, fing ich gleich an, mich nach einem Baugrundstück umzusehen. Das dauerte ja zu DDR-Zeiten unheimlich lange, ehe man eine Baugenehmigung bekam. Nachdem wir das alles gepackt hatten und auch bauen durften, traten bald die ersten Schwierigkeiten auf. Mein Mann zog beim Bau nicht mit, er war Alkoholiker, hat mich geschlagen, im Endeffekt ist unsere Ehe geschieden worden. Zu der Zeit war das Haus ein Rohbau. Da ich aber meinen Traum unbedingt verwirklichen wollte, hab ich für ihn mitgearbeitet. Habe organisiert, mit den Handwerkern verhandelt, hab Steine gehuckt und am Mischer gestanden. Das war in meinem Leben der Punkt, wo ich wirklich das erste Mal so total losgelegt hab. Ich wollte dieses Haus und habe dafür heftig schuften müssen. Unten im Keller, da stecken 24 000 Steine drin. Ich habe jeden Stein mindestens drei- bis viermal angefaßt. Zu der Zeit war Carola, meine Tochter, schon da, für die mußte ich Zeit finden. Ohne meine Eltern hätte ich das nie geschafft. Ja, irgendwann war ein neuer Mann da, und ich hätte das Haus fast weggegeben. Das war einfach alles zuviel. Der hat mich aber im Stich gelassen, und da war die Arbeit das, wo ich mich von seelischen Nöten ablenken konnte. Also: Dem zeig ich's, ich schaffe es auch ohne den, ich krieg das auch alleine hin. Wenn ich Fenster gestrichen habe oder hier auf dem Gelände lagen sieben LKW-Fuhren Schutt, dann hab ich den Karre für Karre nach vorne gefahren. Dabei konnte ich mein persönliches Elend vergessen. Heute, wenn ich bedenke, was hier so für Arbeit in diesem Haus steckt, und wenn ich gewußt hätte, was auf mich zukommt nach der Scheidung, ich weiß nicht, ob ich's gemacht hätte. Ich meine, das Haus ist nicht so toll, aber ich kenne jeden Winkel. Es ist einfach mein Heim, das hab ich mir selbst geschaffen. Deswegen fühle ich mich hier wohl und ärgere mich im nächsten Atemzug über Dinge, wo man nicht nachgedacht hat. Ich möchte an dem

Haus noch dieses und jenes verändern, man sagt ja, mit einem Haus wird man nie fertig. Es gibt einfach ein paar Dinge, die möchte ich gern noch haben. Auf die arbeite ich hin. Entweder, indem ich es selber mache, oder meinen Mann und mich animiere, Geld zu verdienen, damit wir das machen können. Das sind jetzt nicht irgendwelche großen Sprünge, keine besonderen Sachen. Im Keller ist noch der Unterbeton, da soll ein schöner Fußboden rein, ich möchte einen Unterstand fürs Auto, ich möchte die Küche neu machen, und ich möchte hinten diesen Schuppen wegreißen. Eine Markise soll über die Terrasse. Das sind so die Sachen, wo ich denke, da und dort könnte es noch schöner sein. Wenn ich etwas sehe, was mir gefällt, dann möchte ich das bei mir so haben. Und mein Mann, der findet das zwar ganz nett, aber es ist nicht sein Leben, das zu machen. Deshalb bedaure ich zutiefst, daß ich eine Frau bin und kein Mann. Ich konnte schon immer besser mit der Bohrmaschine umgehen, und als Mann könnte ich noch viel mehr selber machen. Ich merke nur, daß es leider nicht mehr so geht wie früher. Ich bin jetzt 43, und das ist so ein Klischee, aber es stimmt: Du merkst, wie die Kräfte nachlassen. Ich will das nicht wahrhaben, aber ich bin in letzter Zeit öfter krank, weil ich die Signale, die mir der Körper schickt, ignoriere. Ich gönne meinem Körper zu wenig Ruhephasen, er ist eben 43 Jahre auf dieser Erde und hat schon viel getan. Zu Zeiten, wo wir dieses Haus gebaut haben, hab ich Nachtdienst gehabt, bin früh um 4 Uhr aus dem Nachtdienst gekommen, um 6 Uhr standen die Maurer da, da hatte ich aber schon die erste Ladung im Mischer drin, damit die gleich loslegen konnten. Da bin ich über längere Zeit mit drei bis vier Stunden Schlaf ausgekommen. Manchmal nur mit zwei Stunden, das waren aber wirklich extreme Situationen. Die Nachtdienste waren nicht zu verlegen. Oder ich bin früh um halb sechs losgefahren zur Arbeit, und wenn ich alles erledigt hatte, konnte ich wieder nach Hause und weiterbauen, und dann natürlich immer spät ins Bett. Carola war noch klein, da hab ich noch Windeln gebügelt, beim ersten Kind macht man so was noch, halb zwei in der Nacht bis zwei gebügelt, morgens wieder los. Da hatte ich keine Kreislaufprobleme, kann sein, weil ich jung war, kann auch sein, weil ich kein Auto hatte und alles mit dem Fahrrad erledigt habe. Das hat mir offensichtlich gutgetan, die

Kreislaufprobleme fingen erst so mit 37, 38 Jahren an, nach der Wende. Die Anstrengungen der Nachwendezeit, gepaart mit dem Alter, das ist wahrscheinlich die Kombination, die mich geschafft hat. Es sind jetzt einfach zu viele Dinge, die ich gleichzeitig schaffen will. Wenn ich zu Hause bin, dann will ich noch den Brief schreiben, dann will ich noch das Manuskript abschicken, dann will ich noch den Text schreiben, noch cuttern, da putsche ich mich manchmal richtig hoch. Das geht so weit, gerade wenn ich abends nach 20 Uhr noch arbeite, daß ich nachts nicht mehr schlafen kann. Weil ich mich so hochgepowert habe, also eigentlich die Phase, wo du müde wirst, so um neun. Wo man sagt, ach, man könnte schön ins Bettchen gehen, da will ich noch mal was schaffen, bis 12 Uhr nachts, und das schaffe ich nur, indem ich alle Reserven mobilisiere. Das geht eine Weile gut, irgendwann rächt sich der Körper. Ich weiß das auch, Kreislaufprobleme hab ich schon eine ganze Weile.

Die Ärztin nennt das Hypertonus mit Angina pectoris. Bluthochdruck ist das, der schon Veränderungen an den Herzkranzgefäßen hervorgerufen hat. Ich wollte das nicht wahrhaben und bin zu einer zweiten Ärztin, einer Herz-Kreislauf-Spezialistin. Und beide Ärztinnen sind unabhängig voneinander zu dem gleichen Ergebnis gekommen und haben mir empfohlen, einen Psychologen aufzusuchen. Weil sie denken, daß meine Krankheit psychosomatisch ist. Ich hab das ja schon etliche Jahre, da müßten eigentlich gravierendere Veränderungen am Herzen sein, und die sind noch nicht da. Ich gehe aber nicht zum Psychologen, weil ich weiß, was der mir rät: daß ich weniger arbeiten soll. Aber meine Arbeit macht mir Spaß. Deahalb gehe ich gar nicht erst hin.

Meine Ärztin hat mich auch schon zu einer Herz-Kreislauf-Kur geschickt, ich bin auf Medikamente eingestellt, aber es passiert eben doch immer wieder, daß ich einen Anfall kriege. Dann geht der Blutdruck nach oben, ich merke das, wenn mir ganz flau und schlecht wird und ich so ein Drücken hier am Herzen habe. Dann passieren so merkwürdige Dinge, ich liege, und der Puls ist 48 oder 52, was ja sehr niedrig ist. Dann in den nächsten zwei Minuten ist er auf 120 bis 140. Also verdreifacht oder verdoppelt zumindest. Da kriegst du natürlich Angstgefühle. Ich hatte das schon öfter, hab das mit Medikamenten selber in den Griff bekommen. In diesem Jahr war es einmal so, daß ich gesagt hab, ich schaffe das nicht, ich komme nicht allein über die Nacht. Wolfgang hat den Rettungswagen gerufen, und ich bin an den Tropf gekommen. Das war relativ schnell wieder vorbei, und ich habe mich geärgert, daß ich den Rettungswagen geholt habe. Weil, wenn du als Notpatient eingeliefert wirst, wirst du soviel hin- und hergeschoben, dann fragen die dich nach Kinderkrankheiten und nach allem möglichen Mist. Und du willst eigentlich nur schlafen, weil du merkst, dir geht's wieder besser, die Beklemmungen gehen weg. Jedenfalls war ich total fertig und nervös, als ich da rauskam. Deswegen bin ich eigentlich zu dieser Herz-Kreislauf-Spezialistin, denn ich will das nicht noch mal durchmachen. Sie ist hier im Ort, und wenn was ist, kann sie mich zu Hause behandeln. Der zweite Anfall kam auch prompt. Die Ärztin hat eineinhalb Stunden gebraucht, weil sie es nicht in den Griff bekommen hat. Das spricht wohl auch dafür, daß es psychosomatisch ist, weil man das organisch relativ gut behandeln kann. Und die Medikamente, die sie mir gegeben hat, die haben ganz schwer angeschlagen. Nun fühle ich mich ganz unwohl, wenn ich aus dem Haus gehe und ich hab meine Tabletten nicht dabei. Ich nehme jetzt grundsätzlich Tabletten ein gegen den Bluthochdruck. Dieser vorletzte Anfall, als ich ins Krankenhaus mußte, war gekommen, nachdem wir ein Zimmer renoviert hatten. Also Tapete runter und so weiter, und nebenbei hast du noch am Computer gesessen, also es war wieder so ein Punkt erreicht. Ich hab noch gedacht, ist ja toll, du stehst das durch, ist ja enorm. Irgendwie hab ich mich über mich selbst gewundert, daß ich das alles geschafft hab, und dann kam die Quittung. Es kommt meist zu Pfingsten, zu Ostern, zu Weihnachten, im Urlaub. Wenn der Körper weiß, er muß noch was leisten, dann paßt er sich an und leistet das auch noch. Aber wenn dann die Ruhepause kommt, dann bricht er zusammen. Ruhepausen habe ich ja kaum. Oder er bricht zusammen, wenn's wirklich nicht mehr anders geht. Warum der zweite Zusammenrutsch kam, weiß ich nicht, kann ich mir nicht erklären. Ich hab zwar ein bißchen gearbeitet, hab mich aber, meine ich, geschont. Aber offensichtlich nicht genug. Ich dachte, ach, am Computer kannst du ja ein bißchen was machen, und hab mich nicht konsequent hingelegt. Das ist eben so, wenn man eine Woche im Krankenhaus ist, es bleibt etliches liegen. Dann denkst du, ach, die Wäsche kannst du doch machen. Und den Kühlschrank müßtest du mal saubermachen. So fängst du mit diesen Dingen an, und das war wahrscheinlich zuviel. Ich müßte von meinem Krankheitsbild her ruhiger treten. Weil, wenn die Attacken kommen, hat man Angst, daß man das Bewußtsein verliert, und das war's dann. Andererseits hab ich Angst, ich falle aus, ich kann Aufgaben, die ich übernommen habe, nicht zu Ende führen. Das belastet mich und beeinträchtigt natürlich sofort wieder den Blutdruck. Das ist so ein Kreislauf, da kommt man schlecht raus. Na ja, ich bin ja schon dabei, ein bißchen was zu verändern, aber ich muß eben damit leben. Wenn ich die richtigen Pillen habe, dann kann ich damit alt werden.

Wolfgang sagt immer, ich bin zu chaotisch, und dadurch rege ich mich zu sehr auf. Ich soll meine Arbeit richtig planen, am besten jeden Tag aufschreiben, was ich vorhabe. Aber wenn ich mir alles aufschreibe, ist diese Zeit schon wieder weg. Insofern hab ich den Plan lieber im Kopf. Das belastet mich manchmal schon, weil da alles durcheinanderschwirrt. Dadurch vergeß ich auch was, aber ich schaffe wiederum ganz viel. Ich bin da sehr sprunghaft. Aber ich weiß ganz genau, zu welchem Termin zum Beispiel welche Bänder, welche Sachen fertig sein müssen. Das klappt auch. Ich stehe früh auf und überlege mir, womit fängst du an? Manchmal fange ich mit dem an, womit ich am meisten Spaß habe, manchmal denke ich, ach, mach mal erst das weg, was nicht so Laune macht. Und dann gehe ich den Tag durch, aber wenn mir gerade was einfällt, dann mach ich das schnell zwischendurch. Das wirkt sehr chaotisch, ich glaube, das ist auch sehr chaotisch. Ich habe noch kein richtiges Arbeitsprinzip für mich entdeckt. Ich denke, meine Arbeit läßt sich gar nicht richtig planen. Da ist zum einen meine Arbeit als Regisseurin, zum anderen meine Arbeit als Autorin, dann erledige ich die Korrespondenz, für den Haushalt muß ich Abrechnungen machen. Die Kinder sind zu versorgen, das Haus, der Garten. Das sind alles Dinge, die ich irgendwie bewältige, nach Plan geht das nicht. Wir sind mal im Auto gefahren, da hatte Wolfgang gerade von seinem Chef ein Diktiergerät bekommen. Und er fragt so im Spiel: Wie fanden Sie Pfingsten? Reihum im Auto, und ich hab gesagt: Ja, Pfingsten war eigentlich ganz schön, aber wir haben nichts geschafft. Da hat er sich maßlos aufgeregt, weil das so typisch für mich ist. Dann gibt's auch viele Dinge, die ich nicht planen muß. Die gucken mich einfach an, und dann mach ich sie. Das schlimmste ist, wenn ich hier zu Hause arbeite, daß mich im Haushalt so viel anguckt. Da kann ich ganz schlecht darüber wegsehen. Das ist auch so, wenn ich an meine Tasche denke. Es gab diese Radiosendung ›Weibsbilder – aus dem Leben einer Handtasche‹ oder irgendwie so was. Da hatte die Autorin die Idee, Frauen unterschiedlichen Alters ihre Handtaschen ausschütten zu lassen. Und auch die 50jährige hatte noch ein Kondom dabei, die nächste hatte eine Rechnung mit in der Tasche, die war schon ein dreiviertel Jahr alt. Und in diesen Frauen mit ihren Taschen hab ich mich wiedererkannt. Weil das bei mir in der Tasche auch ganz chaotisch aussieht. Ich räume die immer mal auf, dann finde ich das toll, und nach ganz kurzer Zeit ist da wieder Chaos. Und so wie in der Tasche ist das in meinem Alltag. Aber wiederum bin ich ein Mensch, der Ordnung eigentlich liebt. Das ist für mich ein nicht lösbarer Widerspruch. Zumal Wolfgang eine Schlampe ist, und ich habe es auch bei meinen Kindern nicht geschafft, daß die ordentlich sind. So muß ich mit deren Ordnung oder Unordnung kämpfen und mit meiner eigenen dazu. Das ist mein Problem. Ich hätte es sehr gern schön ordentlich, meinen Schreibtisch und das Studio vor allem. Da liegen Reste von der letzten Produktion rum und von der davor, dabei müßte das archiviert werden, damit man mit diesen Materialien vielleicht auch in zehn Jahren noch arbeiten kann. Genauso möchte ich Ordnung im Haushalt haben: Kredite, Krankenkasse, Steuerabrechnungen. Nur gelingt mir das leider nicht. Deswegen bin ich auch so gern im Garten, da ist die Ordnung überschaubar. Wenn ich den Rasen gemäht habe, dann sieht das schön aus. Und ich bin kein Gärtner, der zirkelt. Bei mir gibt's Ecken mit Brennesseln, aber die sind für eine bestimmte Falterart. Und viele Sträucher für Nester, aber trotzdem ist das so eine ungeordnete Ordnung. Im Garten gelingt mir das, was ich so im Beruflichen und auch im Haushalt nicht schaffe.

Im Moment läuft natürlich alles ein bißchen anders, durch die feste Stelle im Sender. Leider ist die nur befristet für ein halbes Jahr. Da hab ich meine festen Zeiten, da gibt's ein System mit Planung und Häkchen, was erledigt werden muß: die Finanzen, Verträge aushandeln, Studioplanung und alles, was zur Produktionsleitung gehört. Dieser feste Rahmen tut mir unheimlich gut. Mittags geht man zusammen zu Tisch, dort gibt es die wunderschönsten Sachen, so richtig verwöhnt wird man. Und auf der langen S-Bahn-Fahrt kann ich Manuskripte lesen und die Produktionen vorbereiten. Für die Produktion selber nehme ich mir frei, da gehe ich nicht ins Büro.

Jetzt bin ich total erschossen, wenn ich abends nach Hause komme. Das ist sicher der ungewohnte Rhythmus. Dafür hab ich das gute Gefühl, daß ich abends meine Arbeit erledigt habe. In meiner freien Arbeit, die ja im Herbst wieder beginnt, ist das total anders. Früh mach ich den Haushalt, um 9 Uhr setze ich mich an den Computer oder gehe ins Studio bis zum Mittag. Koche dann für die Kinder Mittagessen, und dann gucke ich, wie ist das Wetter? Das hört sich jetzt so idyllisch an, manchmal ist es das auch, wenn nicht so viele Dinge immer dazukommen würden. Wenn ich mir den Luxus geleistet habe, am Nachmittag im Garten zu arbeiten, dann muß ich natürlich abends ran an den Schreibtisch oder an die Bandmaschine. Dann geht's noch mal zur Sache. Wenn ich eine Inszenierung habe, mache ich die O-Ton-Bänder vorher fertig, feincuttern, reinhören, Musiken hören. Für die letzte Produktion haben wir Werbung gebraucht, da hab ich Wahnsinnsmitschnitte von Werbung gehört und einzelne Worte rausgeschnitten. Natürlich ist die Inszenierung ganz anders geworden, das waren mindestens zehn Stunden Arbeit umsonst. Aber ich finde das angenehm, da unten im Keller zu stehen und für mich zu arbeiten. Wenn ich merke, es flutscht richtig, dann ziehe ich durch, bis es halt irgendwann nicht mehr geht, weil der Körper die Notbremse zieht. Das ist leider so die Erfahrung, die ich in den letzten Jahren gemacht habe, daß ich in Abständen immer wieder ins Krankenhaus mußte. Da liegst du dann mit Leuten, die sehr viel schwerer krank sind, die wirkliches Leid durchmachen. Du siehst, wie sich ihr Leben durch Krankheit verändert hat, wie unwichtig viele Alltagsdinge auf einmal werden, die früher wichtig waren. Dann denkst du, Schitt, du guckst nicht mehr, ob da Schmutz ist oder die Bettwäsche gebügelt. Diese ganzen Zwänge, denen du dich selber aussetzt. Du nimmst dir vor, wenn du rauskommst, machst du alles anders. Ja, dann bist du draußen, trittst 14 Tage, drei Wochen kürzer, irgendwann dauert eine Arbeit länger als geplant, du merkst, es macht dir Spaß, du fühlst dich gut und der Körper verkraftet das, schon bist du wieder drin in der Schiene. Im Hinterkopf ist das Wissen, ich muß ja einfach damit mein Geld verdienen, und da sind Kinder, die wollen zur Klassenfahrt fahren. Das geht eben jetzt nach Rom, die Reise kostet 500 Mark, dann mußt du den Kindern noch Geld mitgeben, weil sie sich dort selber verpflegen müssen, da kommen schnell 800 Mark für eine Reise zusammen. Da bewegst du dich aber schon am unteren Level. Du möchtest auch nicht, daß deine Kinder zugucken müssen, wie die anderen das Geld ausgeben. Also setzt du dich selber wieder unter Druck, um genug Kohle ranzuschaffen. Du möchtest auch nicht, daß die Kinder auf alles verzichten müssen. Die mußten auf so vieles verzichten in den Jahren, als wir gebaut haben, da willst du ihnen heute schon mal eine Freude machen, wo das soviel leichter ist. Wenn ich denen erzähle, daß ich damals mit 600 Mark wirtschaften mußte, Handwerker bezahlen, Kreditraten und zwei Kinder ernähren, das ist für die heute wie ein Märchen. Aber ich kannte das eben von zu Hause, wie sich meine Eltern alles hart erarbeitet haben.

Mein Vater ist der Sohn eines Formers, in einer Gießerei. Der war damals, Ende der 20er Jahre, arbeitslos, und mein Vater hat aus eigener Kraft studiert, obwohl er keine Unterstützung von zu Hause hatte. Alles, was er hat, hat er aus sich selbst heraus geschaffen. Er hat an sich einen ungeheuren hohen moralischen Anspruch gestellt. Den hat er an uns weitergegeben. Ich war die Große und sollte eigentlich ein Junge werden, der Stammhalter. Deswegen war es so, wenn was am Haus zu bauen war, bin ich mit Vater raus, und meine Schwester hat in der Küche geholfen. Und in der Schule, das ist schwer zu beschreiben. Mir hat lernen Spaß gemacht. Mir fiel es auch leicht. Aber so leicht, daß ich's aus dem Ärmel schütteln konnte, wiederum nicht. Und da mein Vater so einen Ehrgeiz entwickelt hat, hab ich mich reingekniet. Nicht nur ihm zuliebe, wir trafen uns da beide. Und er ist mit mir auch zur Sportschule, dann war ich zur Matheolympiade, also er hat verschiedene Sachen mit mir versucht. Meinen Beruf habe ich eigentlich auch ihm zu verdanken. Ich wußte nicht, was ich werden sollte, denn in der Schule war ich in allen Fächern gut, aber in keinem überragend. Das Abitur habe ich mit Eins gemacht, aber ich hatte nichts, von dem ich sagen konnte, das ist meins. Aus dem Studienführer hatte ich mir Tonmeister rausgeguckt. Dafür waren aber leider zwei Instrumente gefordert, und ich spielte nur Klavier. Durch Zufall traf mein Vater jemanden, der sagte: Ja, das ist Musikregie, es gibt aber auch Wortregie. Da ich in Deutsch gut war, konnte ich beim Rundfunk hospitieren. Die ganze Atmosphäre fand ich wunderbar, dann haben sie mich auch noch mit dem Auto nach Hause gefahren, war ja Wahnsinn, von Berlin raus nach Neuenhagen, da hab ich gesagt, ja, das ist es. Deshalb hab ich mich an der Theaterhochschule beworben, und nach dem Studium bin ich zum Rundfunk als Regieassistentin gegangen. Und wenn ich heute im Studio stehe, dann denke ich, Mensch, was hast du für einen tollen Beruf. Dabei hätte ich auch was ganz anderes machen können. Ich habe nicht diese Besessenheit, die andere haben in diesem künstlerischen Metier. Ich sehe das nüchterner. Aber durch meine Erziehung, vor allem durch meinen Vater, habe ich diesen hohen Anspruch mitbekommen, den man an sich selbst stellt. Ich höre noch den Satz: Wenn ich einen Auftrag übernehme, dann erledige ich den so gut, wie es geht. Egal, ob ich die Küche saubermache, ein Haus baue oder meinem Kind helfe. Zum Beispiel die ersten Literatursendungen, die ich beim Rundfunk gemacht hab, ich hab mich wie wild vorbereitet. Ich will Leute, die eine Erwartung in mich setzen, nicht enttäuschen. Das belastet mich heute, auch bei einer Inszenierung. Ich mache zwar mein Ding, aber ich möchte immer, daß es den anderen auch gefällt. Es gibt welche, die sagen: Das ist meins, und ich find das toll, und wenn ein anderer sagt, das ist blöd, das interessiert mich nicht. Mich interessiert das sehr wohl. Damals hat mein Vater mir einen Spruch ins Poesiealbum geschrieben, in dem Sinn etwa: Du hast einen Namen, und zu dem Namen gehört, die ist moralisch integer, die ist gut, die ist gewissenhaft, die ist fleißig, die ist pünktlich. Alle diese Dinge hat er uns mitgegeben. Wenn wir rodeln waren im Winter, wußte ich, um 6 Uhr läuten die Kirchenglocken, und fünf nach sechs mußte ich zu Hause sein. Und wehe, ich war zehn nach sechs zu Hause, dann gab's Ärger. Oder wenn ich mit der Klasse im Theater war: Mein Vater wußte, wie lange die Vorstellung dauert, wie lange in etwa geklatscht wird, er wußte, wann ab Friedrichstraße mein Zug fährt, er wußte, wie lange ich laufe, er wußte, wann ich zu Hause zu sein hatte. Und das war ich auch. Das hat er autoritär durchgesetzt, da bin ich heute noch drin gefangen. Carola hat letztens gesagt, ich weiß schon, wie du im Alter wirst: wie Opa.

Natürlich sitzt dir als Freiberufler auch immer die Angst im Nacken, ohne Arbeit dazustehen. Davor hab ich große Angst. Ich kann mich als Regisseur in der Besetzung irren, ich kann mich in der Wahl meiner künstlerischen Mittel irren, in der Auswahl der Musik, der Mischung, ich kann mich total irren. Und das wäre sehr fatal. Ich kann mich einmal irren, ich kann mich auch zweimal irren, aber dann hab ich's Feeling verloren, und das würde bedeuten, daß ich in dem Beruf nicht mehr arbeiten kann. Andererseits hab ich immer so gearbeitet. Zu DDR-Zeiten war ich ja fest angestellt, in dieser Abteilung Regie/Sender. Ich hab mal eine Inszenierung gemacht, die hätte ich abblasen müssen, die hab ich im Liegen weiterinszeniert, weil der Kreislauf schief hing. Aber ich wollte es fertigmachen, und ich wollte es gut machen. Ich glaube, das ist eine charakterliche Veranlagung. Und ich bin aus dieser Abteilung Regie/Sender rausgekommen, weil Z. eine Silvestersendung von mir gehört hatte. Die hat ihr gefallen. Von ihr hab ich die erste Feature-Regie gekriegt. Die mußte natürlich gut werden. Da die erste gut war, mußte die zweite auch gut werden. Ich habe Angst, daß ich alles gebe, und es geht trotzdem schief. Aber ich glaube, ich gebe alles, nicht, weil ich Angst habe, die Arbeit zu verlieren, sondern weil ich es nicht anders kann. Zu schaffen macht mir der ständige Konflikt, der dadurch zwischen Arbeit und Familie entsteht. Ich bin das leibhaftige schlechte Gewissen. Die Termine, die bekomme ich noch geregelt. Fakt ist, daß David, mein Sohn, auf der Strecke bleibt. Er ist von vornherein ein motorisch auffälliges Kind gewesen, und er hat eine Lese- und Rechtschreibschwäche. Im Prinzip brauchte er eine Mutter, die ruhig und ausgeglichen ist. Das bin ich ja nun gar nicht. Er brauchte auch eine Mutter, die regelmäßig seine Hefte kontrolliert, die mit ihm die Schularbeiten durchgeht. Die abends mit ihm eine halbe Stunde liest. Ab und zu packt's mich, dann schaffe ich das, und wir lesen. Drei bis vier

Wochen klappt das, bis zur nächsten Produktion oder Recherche, schwupp, haben wir wieder eine Woche nicht gelesen. Das merkt die Lehrerin sofort. Allein greift er nicht zum Buch. Das klingt jetzt blöd, aber ich weiß, daß ich da versage. Ansonsten sind eine Menge Vieren auf seinem Zeugnis. Es müssen ja auch nicht alles Zweien und Einsen sein. Es geht mir einfach darum, daß er eine Lehrstelle kriegt, daß er einen Beruf lernen kann, der ihm Spaß macht. Zu DDR-Zeiten hätte ich's noch gelassener gesehen, aber jetzt ist alles existentieller, und ganz schnell bist du draußen. Insofern schubse ich ihn ein bißchen, bin aber nicht konsequent genug. Das liegt an meinem eigenen chaotischen Alltag, mitunter auch einfach daran, daß ich die Kraft nicht mehr habe. Bei Carola läuft alles gut, da hab ich nicht so ein schlechtes Gewissen.

Aber unsere Beziehung, die kommt natürlich auch zu kurz. Wir haben gerade heute darüber gesprochen. Wir wünschten uns mal wieder ein Wochenende, wo wir irgendwo hinfahren, an die Ostsee, spazierengehen und Sekt trinken, es uns einfach mal schön und gemütlich machen und an nichts anderes denken. Weder an Sendungen, noch an Kinder, an schlechtes Gewissen, ja, nur im Bett bleiben. Wir haben auch schon ab und zu Anlauf genommen. Mal war das Hotelzimmer zu teuer, dann kam wieder ein Termin dazwischen, ein anderes Mal war ein Kind krank. Es ist uns bis jetzt nicht geglückt. Die Liebe kommt auch zu kurz, ganz klar. Man muß da Zeit haben, und wenn ich im Bett liege und bin in den nächsten fünf Minuten eingeschlafen, wie soll da noch irgendwas laufen. Da möchte ich munter sein, da möchte ich viel machen, und das muß schön sein. Das nur so ganz schnell abziehen find ich doof. Da bleibt was auf der Strecke, das Zeit-füreinander-Haben, Zeit für den Körper, für den Partner, um es sich schön zu machen. Aber wir wissen, daß wir das beide so nicht akzeptieren auf Dauer, und irgendwann werden wir auch ausbüchsen. Bis jetzt ist uns das ganz selten gelungen. Leider.

Die letzten Jahre haben wir uns Familienurlaub gegönnt. Bis zur Wende hatten wir kein Auto, da war man so unbeweglich mit den Kindern. Jetzt zelten wir, das ist sehr schön, aber – das ist wieder mein typischer Abersatz – dieses Kochen als Frau ist natürlich blöd. Ich würde gern mal einen Urlaub machen mit genügend Geld, daß man einfach essen gehen kann. So denke ich immer, der David haut sich zu Hause ein Ei in die Pfanne, wenn ich nicht da bin, oder er ißt ein trockenes Brötchen, und jetzt muß ich es ihm schön machen. Ich genieße die Urlaubszeit schon, aber wenn wir zurück sind, hab ich das Gefühl, mich hat jemand ein paar Tage rausgenommen, irgendwo hingesetzt, und jetzt hat er mich in mein Haus zurückgebracht, als wenn nichts gewesen wär. Irgendwann, wenn das Geld mal nicht mehr so knapp ist, dann will ich weniger arbeiten. Hab ich mir ganz fest vorgenommen. Mal richtig in Ruhe die Sendungen machen, ohne Termindruck, vielleicht zwei im Jahr. Ich hab mir mal vorgestellt, was wäre, wenn es einen großen Knall gäbe und ich hätte ganz viel Geld. Ich würde bestimmt nicht aufhören zu arbeiten. Ein paar Sachen würde ich mir kaufen. Manchmal sehe ich Frauen, da denke ich, die sehen aber schick aus, wenn die so tolle Klamotten anhaben. Ich leiste mir nicht viel, weil ich denke, ich gebe es lieber den Kindern, und ziehe die abgelegten Sachen meiner Tochter an. Wäre schon schön, wenn das nicht mehr nötig wäre. Mal Zeit haben und beim Kaufen nicht aufs Geld gucken müssen. Dieses Verwandeln, ich laufe ja nur mit Hosen rum. Ich weiß gar nicht, wie ich im Rock wirke. Einfach vielleicht mal ein bißchen femininer aussehen. Diese Wünsche kommen manchmal so hoch, aber im nächsten Moment ist das auch gleich wieder unwichtig. Dann gehe ich in den Baumarkt und kaufe mir was fürs Bad oder für den Keller oder Farbe, weil der Zaun gestrichen werden muß. Dann ist dieser Anfall schon vorüber. Ich kann damit ganz gut leben. Manchmal schreie ich zwar meinen Mann an und sage, ich bin zutiefst unglücklich. Das sind Situationen, wo mir alles über den Kopf wächst. Wo ich merke, ich hab Arbeitstermine, hier zu Hause stapeln sich Dreck und Wäsche, also wenn alles zuviel ist und ich signalisiere es der Familie. Dann verliere ich auch die Kontrolle über mich und raste aus, werde laut, werde ungerecht. Und ich will in diesem Moment ungerecht sein und bin auch zutiefst unglücklich. Es ist ganz merkwürdig, ich kann das signalisieren, und keiner reagiert. Liege ich aber hier auf dieser Couch mit 'nem kalten Lappen auf der Stirn – dann wissen sie, Mutter geht's schlecht. Und auf einmal wird abgewaschen, dann fragt jeder, kann ich dir was bringen? Also, die nehmen mich sonst alle nicht so ernst. Ich bin auch selber schuld, ich hab sie nicht erzogen. Aber wenn alles gut läuft, kann ich auch sehr glücklich sein. Dann denke ich, so wie es jetzt ist, mit ein bißchen weniger Arbeit, und das Geld reicht trotzdem, so könnte man das Leben einwecken.«

Gefährdung oder Sucht? Ein Selbsttest

»Der Mensch in der Industriegesellschaft betreibt die Arbeit als Selbstzweck. Die Ökonomen haben ihm die Arbeitspflicht so lange rein-, den Schlendrian so lange rausgeprügelt, bis er seine natürliche Abscheu gegen jede Plackerei unterdrückte. Er schuftet nicht mehr, um zu leben, sondern lebt, um zu schuften, fordert gar selbst ein ›Recht auf Arbeit‹. Wo seid ihr geblieben, Bequemlichkeit und Genußsucht? Wo Rast und Ruh? Statt kreativer Arbeitsscheu regiert die Arbeitssucht, kontemplative Muße ist ausgerottet.«

Max Weber

Ein zwanghafter Arbeiter kann lange mit seiner Sucht leben, ohne das geringste von seiner Krankheit zu wissen. Im Beruf tragen ihn Anerkennung und Erfolg die Karriereleiter unaufhaltsam aufwärts. Das monatliche Salär gestattet die Erfüllung vieler Wünsche, Wohneigentum, Zweitwagen, Altersvorsorge, alles ist vorhanden. Die Kinder wachsen in Sicherheit auf, der Partner kann arbeiten oder es bleibenlassen, keine unerfreulichen Zwänge belasten die Familie. Kann man mehr vom Leben erwarten? Vielleicht ein wenig mehr Freizeit, ansonsten könnte alles bleiben, wie es ist. Bis eines Tages das Unfaßbare geschieht. Ein Blackout im Auto. Jeden Tag fährt er an der Haltestelle vorbei, sieht die Menschen auf den Bus warten. Ein- oder zweimal hatte er die Schreckensvision, er würde in die Menge hineinfahren. Eine Unkonzentriertheit, nichts weiter. Heute taucht das Bild wieder auf. Da kracht es schon. Zum Glück ist es der Bus, den er rammt. Airbag und Gurt schützen ihn, den Schaden zahlt die Versicherung. Es bleibt der Schrecken und das Unfaßbare, der Blackout. Sicherheitshalber geht er zum Arzt. »Ihr Kreislauf spielt ein wenig verrückt. Treten Sie kürzer, Sie sind überarbeitet.« Er wird sich an den Rat halten. Sofern es geht. Die Arbeit hat ihren eigenen Rhythmus, danach muß er sich richten. Mit Anfang 40 kann man nicht auf Sparflamme schalten. – Nach wenigen Wochen läuft alles wie bisher. Wenn da bloß diese Angst vor einem neuen Blackout nicht wäre. Der kalte Schweiß bricht ihm aus. Keiner darf den Schwächeanfall bemerken. Nachts verfolgen ihn Angstträume. Er sitzt in einer Besprechung, soll einen Vorschlag unterbreiten. Kein Wort kommt aus ihm heraus. Alle starren ihn an. – Das Schreckensszenario kann auch anders verlaufen. Ein Herzinfarkt. Allergien, wie aus heiterem Himmel. Depressionen. Magengeschwüre. Der Körper setzt sich zur Wehr. Mit Medikamenten ist er nicht zu heilen, im besten Fall für eine Weile zu beruhigen. Spätestens jetzt kann der Arbeitssüchtige nicht mehr ignorieren, daß etwas falsch läuft in seinem Leben. Ob er die Ursachen allein herausfindet oder mit fremder Hilfe, das ist gleichgültig. Wichtig ist die Einsicht, daß sein Arbeitsverhalten ihn ruiniert.

Wer alles für seine Arbeit hingibt, erfolgreich und geachtet ist, erwartet von seinem Partner entweder totale Anpassung an die eigene Lebensweise, oder er wird auch ihn nach dessen Leistung im Beruf beurteilen. Der muß mit einem doppelten Druck leben: mit der Überbelastung im häuslichen Umfeld und mit den Leistungsanforderungen des arbeitsbesessenen Partners. Wenn der erschöpft nach Hause kommt, möchte er genießen, verwöhnt werden, sich ausstrecken. Aber wer begegnet ihm? Ein unzufriedener Partner, der ihm keine Anerkennung zollt.

Er muß flüchten. Natürlich in seine vertraute Arbeit. Der Teufelskreis ist geschlossen, das Scheitern der Beziehung so gut wie sicher. Man kann eine Beziehung auch rational organisieren: Mit viel Kompromißbereitschaft kann erfolgreich verdrängt werden, wie oberflächlich die Beziehung geworden ist. Im schlimmsten Fall ist sie nur noch eine organisatorische Lebensform, eine »friedliche Koexistenz«, wie die amerikanische Psychologin Marilyn Machlowitz es nennt.[2]

Ein anderes Erwachensmuster: Nicht der Körper rebelliert, sondern die Mitmenschen. Die eigenen Kinder suchen verzweifelt nach anderen Werten, leben plötzlich im verachteten Alternativmilieu. Der Partner braucht Aufmerksamkeit und findet sie bei einem anderen Menschen. Oder beginnt zu trinken, seine Aufgaben zu vernachlässigen. Trennt sich schließ-

2 Vgl. Machlowitz, Marilyn: Arbeitssucht und wie man damit leben kann. Landsberg/Lech 1986, S. 113 f.

lich. Noch kann das Erwachen durch Selbsttäuschung verhindert werden. Es war nicht der richtige Partner, zu labil, zu egoistisch, ein Irrtum; Kinder müssen sich abstoßen, sie haben es zu gut gehabt, sind undankbar. Man kann mit dieser Ignoranz weiterleben. Die Erfahrung wird sich wiederholen, wenn nichts am eigenen Leben verändert wird.

Abhängig von Arbeit ist der überwiegende Teil der Bevölkerung. Aus dem einfachen Grund, daß der Lohn für die geleistete Arbeit Voraussetzung ist, um die rein physische Existenz zu sichern. (Der Begriff »Lohn« ist hier nicht im streng wirtschaftswissenschaftlichen Sinn gemeint, sondern als Gegenwert für eine geleistete Arbeit. In diesem Sinne bekommt auch der Selbständige und sogar der Kriminelle seinen – vielleicht ungerechtfertigt hohen – Lohn.)

An diesem Beispiel wird deutlich, daß die umgangssprachliche Gleichsetzung von Abhängigkeit und Sucht keineswegs zutreffend ist. Wer die Medien genau verfolgt, der wird feststellen, daß gerade zur Beschreibung von Drogenphänomenen gern der Begriff der Abhängigkeit gebraucht wird, wenn es um Sucht geht. Abhängigkeit klingt wissenschaftlicher, aufgeklärter, nicht moralisierend. Und ist doch – zumindest theoretisch – klar von Sucht zu unterscheiden. Abhängig ist der Mensch von Essen, Trinken, Sauerstoff, vom Schlaf. Abhängig ist der Säugling von der Fürsorge der Mutter oder einer anderen Person. Keine Therapie, keine gesellschaftliche Veränderung kann ihn von dieser Abhängigkeit befreien. Diese Abhängigkeiten sind primär physischer Natur und wertneutral. Abhängig ist auch der Diabetiker von seiner Insulinspritze und der Herzkranke von seinen Medikamenten. Nur unter regelmäßiger Zufuhr der jeweiligen Substanzen ist der Ablauf der Körperfunktionen gewährleistet. Die körperliche Abhängigkeit ist deutlich meßbar (Blutzuckerspiegel, EKG etc.). Kein Mensch käme auf die Idee, in irgendeinem der genannten Beispiele von Sucht zu sprechen. Die Einnahme der Substanzen erfolgt nach einem individuell festgelegten Maß und Rhythmus.

Eine Abhängigkeit kann durchaus auch von Stoffen existieren, die der Mensch nicht lebensnotwendig braucht. Kaffee und Zigaretten zum Beispiel. Regelmäßig genossen, wird sich der Körper in seinen Funktionen darauf einstellen. Sichtbar wird die Abhängigkeit, wenn beim abrupten Entzug dieser Stoffe eine körperliche Reaktion, die Entzugserscheinung, auftritt. Das kann Müdigkeit, Kreislaufschwäche, Nervosität sein. Auch Kopfschmerzen sind als Entzugserscheinung nicht selten. Selbst diese körperliche Abhängigkeit muß noch keine Sucht sein. Mehr Aussagekraft hinsichtlich des Suchtverhaltens besitzt die psychische Abhängigkeit. Wenn die Angst vor dem Nachlassen der Wirkung einer Droge (stark vergröbert und nicht als eindeutige Zuordnung verstanden, zum Beispiel: Zigarette verhindert Nervosität, Heroin verhindert Schmerzen, Arbeit verhindert Lethargie) zum sofortigen Folgekonsum führt (das suchtcharakteristische Nicht-mehr-aufhören-Können). Wenn die Sicherung eines »Drogenvorrats« zum psychischen Wohlbefinden gehört, andernfalls schlechte Laune und Unruhe, im Extremfall gar Panik ausbrechen. Dann sind deutliche Anzeichen einer Sucht gegeben. Das Problem liegt darin, daß die psychische Abhängigkeit nicht in dem Maße objektiv feststellbar ist wie die physische Abhängigkeit, es gibt keine apparatemäßig meßbaren Kriterien. Um dennoch eine Art Diagnoseleitfaden zu haben, hat Gerhard Mentzel einen Fragenkatalog zum Erkennen von Arbeitssucht entwickelt. Er basiert auf dem Jellinek-Test zum Erkennen von Alkoholismus und umfaßt nach mehrfachen Modifizierungen die folgenden 25 Fragen:

1. Arbeiten Sie heimlich, zum Beispiel in der Freizeit oder im Urlaub?

2. Denken Sie häufig an Ihre Arbeit, etwa, wenn Sie nicht schlafen können?

3. Arbeiten Sie hastig?

4. Haben Sie wegen Ihrer Arbeit Schuldgefühle?

5. Vermeiden Sie in Gesprächen Anspielungen auf Ihre Überarbeitung?

6. Haben Sie mit Beginn der Arbeit ein unwiderstehliches Verlangen weiterzuarbeiten?

7. Gebrauchen Sie Ausreden, weshalb Sie arbeiten?
8. Zeigen Sie ein besonders unduldsames, aggressives Benehmen gegen die Umwelt?
9. Versuchen Sie, periodenweise nicht zu arbeiten?
10. Neigen Sie zu innerer Zerknirschung und dauernden Schuldgefühlen wegen des Arbeitens?
11. Haben Sie versucht, sich an ein Arbeitssystem zu halten, etwa nur zu bestimmten Zeiten zu arbeiten?
12. Haben Sie häufiger den Arbeitsplatz oder das Arbeitsgebiet gewechselt?
13. Richten Sie Ihren gesamten Lebensstil auf die Arbeit ein?
14. Haben Sie bemerkt, daß Sie sich außer für Ihre Arbeit für nichts anderes mehr interessieren?
15. Zeigen Sie auffallendes Selbstmitleid?
16. Haben sich Änderungen in Ihrem Familienleben ergeben?
17. Neigen Sie dazu, sich einen Vorrat an Arbeit zu sichern?
18. Vernachlässigen Sie Ihre Ernährung?
19. Arbeiten Sie regelmäßig am Abend?
20. Haben Sie mitunter Tage und Nächte hintereinander gearbeitet?
21. Beobachten Sie einen moralischen Abbau an sich selber?
22. Führen Sie Arbeiten aus, die eigentlich unter Ihrem Niveau sind?
23. Wurde Ihre Arbeitsleistung geringer?

24. Wurde Ihnen das Arbeiten zum Zwang?

25. Wurden Sie wegen Folgekrankheiten der Arbeitssucht in ein Krankenhaus aufgenommen?

Einige Fragen erscheinen auf den ersten Blick mißverständlich. Ist der Vorsatz, täglich nicht mehr als neun Stunden zu arbeiten, etwa ein Zeichen von Arbeitssucht? (Frage 11) Oder der Entschluß, den Urlaub und die Wochenenden vollständig frei von Arbeit zu halten? (Frage 9) Für sich genommen, sind das keine Indizien für Arbeitssucht. Allein der Umstand, daß es eines bewußten Vorsatzes bedarf, ein derartiges Arbeitszeitregime einzuhalten, kann auf ein problematisches Arbeitsverhalten ohne Grenzen hinweisen. Außerdem intendieren die Fragen die Vergeblichkeit des Versuchs. Kennen Sie den Raucher, der ständig davon redet, daß er demnächst aufhören will mit seinem Laster? Der vielleicht zwei oder sechs Wochen ohne seine Glimmstengel auskommt? Irgendwann ist er wieder bei seiner alten Dosis angelangt, um bald darauf erneut seine Absicht zu verkünden, mit dem Rauchen aufzuhören. Im Bild dieses Vergleiches werden die oben genannten Fragen eher verständlich. Nicht zuletzt sei nochmals auf die Ableitung der Fragen aus dem Test für Alkoholiker verwiesen.

Laut Mentzel liegt bei zehn Ja-Antworten mit großer Wahrscheinlichkeit Arbeitssucht, zumindest eine starke Gefährdung vor.

Als sehr hilfreich kann es sich erweisen, den Fragebogen zusätzlich von Angehörigen oder Kollegen ausfüllen zu lassen. Wer an einer ehrlichen Diagnose interessiert ist, sollte davor nicht zurückscheuen und die Ergebnisse miteinander vergleichen.

Die Suche nach Anerkennung und Lebenssinn

Ich kenne **Klaus** (45) seit fast 20 Jahren. Wir haben Urlaube miteinander verbracht, über Filme, Bücher und Theateraufführungen gestritten, wüste Feten gefeiert. Egal, wo, wann und weshalb wir uns trafen, immer haben wir über unsere Arbeit gesprochen. Nur in den Tagen des Herbstes '89 bestimmten ausschließlich die aktuellen Ereignisse in Leipzig unsere Gespräche. Unsere Hoffnungen, Ängste und Zweifel im Angesicht der eskalierenden Entwicklung, der eigenen Erlebnisse mit Demonstrationen und Polizei, mußten wir täglich austauschen. Meine Arbeit war in dieser Zeit eine andere Welt, an die ich nur während der Stunden dachte, die ich damit zubringen mußte. Selten in meinem Leben gab es Momente, in denen ich so total in der Gegenwart lebte.

Klaus aber führte Tagebuch, sammelte Zeitungsartikel und hatte wenige Wochen später alles in Arbeit umgesetzt.

Seit fast drei Jahren haben wir es nicht geschafft, uns einfach am Abend bei einem Glas Bier zusammenzusetzen. Vor einigen Wochen habe ich spontan angerufen, und wir haben uns verabredet. Um 20 Uhr stehe ich an seiner Wohnungstür. »Komm rein«, sagt Klaus. »Wir müssen noch etwas warten, in einer halben Stunde kommt Wolfgang. Ich habe mit ihm ein Projekt zu besprechen. Das ist ein unheimlich interessanter Mann. Wir haben uns in Amerika kennengelernt. Letzte Woche ruft er mich an und erzählt mir von seiner Idee. Das wird auch für dich interessant sein. Bist du einverstanden, wenn wir hier ein Bier trinken, da können wir ruhiger reden?« Eigentlich wollte ich keine interessanten Arbeitspartner von Klaus kennenlernen, ich wollte mit ihm in die Kneipe gehen. Glücklicherweise ist Wolfgang tatsächlich ein interessanter Mensch. Das Gespräch ist anregend. Aber irgendwie warte ich darauf, daß die beiden fertig werden. Schließlich wollten wir seit drei Jahren das erste Mal wieder ganz privat quatschen. Als Wolfgang geht, holt Klaus den Cognac aus dem Schrank. »Wie geht es dir? Woran arbeitest du gerade?« fragt er und nippt an seinem Glas. Doch irgendwie kommt das Gespräch nicht in Gang. Ich sehe, wie Klaus seine Augen nur mit Mühe offenhalten kann. Ich fühle mich wie der letzte Patient im Wartezimmer des Arztes, der nach Feierabend abgefertigt werden muß. Als Klaus das erstemal die Augen zufallen, weiß ich, daß ich gehen sollte. Schade eigentlich.

Heute hat er Zeit für mich. Unser Gespräch ist ein »Arbeitstermin«.

»Wenn ich meine Kinder beobachte, sehe ich, was ich anrichte. Juliane ist in der 10. Klasse und Schülersprecherin in einem riesigen Gymnasium mit 1 200 Schülern. Als 16jährige in der riesigen Aula vor so eine Menge zu treten und zu reden, das ist ja nicht ganz selbstverständlich. Und wer so einen Posten übernimmt, der ist sicher durch besonderes Engagement oder den Willen zum Einmischen aufgefallen. Das führt direkt hin zum Vielarbeiten. Dazu leitet sie das SV-Büro, das erinnert mich fatal an meine eigene Entwicklung. Das wollte ich nun wirklich nicht an sie weitergeben. Im Gegenteil, ich nehme mich verbal total zurück, bin nie streng bei einer schlechten Zensur. Ich bilde mir ein, sie auch nie zu irgendwelchen Erfolgen getrieben zu haben, egal ob in der Musikschule oder sonstwo. Aber ich sehe natürlich, daß gelebte Erfahrung, gelebtes Vorbild mehr bewirkt als aktive Erziehung. Nur kann ich da weder aus meiner Haut, noch kann ich irgendwas zurückdrehen. Alles, was ich tun kann, ist, hier und da Dinge zu relativieren, auf ihre Wichtigkeit hin zu befragen. Und ihr irgendwie meine eigene Distanz, die sich inzwischen eingestellt hat zu dieser Arbeitsfixierung, zu vermitteln. Ob das fruchtet, muß man abwarten. Meine Erwartungen in dieser Richtung sind eher gering. Auch da spreche ich wieder aus eigener Erfahrung. Dennoch würde ich den Begriff Workaholic für mich nicht gelten lassen.

Ich denke, ich habe die notwendige Kontrolle, auszusteigen aus dem Hamsterrad, auch Ruhepunkte zu schaffen, mich einer solchen Sucht zu entziehen und beherrscht mit meiner Arbeit umzugehen. Ich würde gelten lassen, daß ich ein Mensch bin, der außergewöhnlich viel und intensiv arbeitet und auch, daß ich zuviel arbeite. Ich bin auf der Suche nach einer Möglichkeit, da rauszukommen, nur hab ich diese Möglichkeit noch nicht gefunden. Es sind auch einfach die täglichen Anforderungen als Geschäftsführer und gleichzeitig als Redakteur, die ich nicht ignorieren kann. Wir sind eine Mischung aus Journalistenbüro, Agentur für Marketing und PR und geben eine unabhängige Zeitschrift heraus, die einmal im Monat erscheint. Mit so einer kleinen Zeitschrift balanciert man ja ständig am Abgrund. Sicher können Einbrüche immer mal durch die anderen Arbeitsfelder der Agentur aufgefangen werden, aber du mußt schon ein Konzept haben, das auf Gewinn orientiert ist. Was sehr schwer ist auf einem Markt, der von den Medienkonzernen dominiert ist. Und natürlich hab ich den Ehrgeiz, allen Unkenrufen und Warnungen von Freunden zum Trotz, daß man auch als kleines, selbstfinanziertes Ostunternehmen bestehen kann. Und ich denke, nach sechs Jahren, in denen wir auf dem Markt sind, können wir mit Stolz von uns sagen, wir haben uns soviel Spielraum erarbeitet, daß ein halbes Jahr, in dem es nicht gut läuft, nicht gleich das Aus bedeutet.

Der Arbeitsalltag sieht so aus, daß ich um halb sieben mit den Kindern aufstehe, Frühstück mache, für sie die Schulstullen schmiere und mit ihnen um halb acht das Haus verlasse, um acht in der Firma bin und von 8 bis 18 Uhr dort arbeite. Mein Tag ist extrem geplant, ich mache Termine im Stundenrhythmus. Ist eine Besprechung schneller erledigt, nutze ich die Zeit für Telefonate und Korrespondenzen. Mittags gibt es eine einstündige Pause, in der wir alle zusammensitzen, essen und die Dinge des Tages bereden. Das ist bewußt so ein Ruhepunkt in der Tagesmitte, und danach wird eben von zwei bis sechs noch mal voll durchgezogen. Da ich keine Sekretärin habe, die für mich eine Wiedervorlagemappe und einen Terminplan führt, ist es wichtig, daß ich alle offenen Punkte notiere, damit ich's abstreichen kann und mir nichts wegrutscht. Ich habe immer dann ein ruhiges Gefühl und einen spannungsfreien Tag, wenn er nach hinten offen ist, wenn ich weiß, ich kann in den Abend hinein die Dinge erledigen und habe keinen zwingenden Endpunkt. Ich bemühe mich darum, gegen halb sieben zu Hause zu sein, zum Abendbrot mit der Familie. Da trinke ich ein Bier, das hilft mir, die Spannungen loszuwerden und von den hohen Umdrehungen runterzukommen, die der hektische Alltag so einer Redaktion mit sich bringt. Da fällt alles ab, was du vom Tag mit dir rumschleppst. Nach dem Abendbrot gibt es ein wenig Spielraum für den Fall, daß die Kinder Hilfe bei den Hausaufgaben brauchen. Wenn das Bier dann verklungen ist und die Runde mit den Kindern vorbei ist, dann ziehe ich mich um 8 Uhr zurück an den Schreibtisch und mache dort die Arbeit an den Manuskripten für die Zeitschrift. Dazu komme ich tagsüber im Büro nicht zwischen Telefongesprächen und Besprechungen. Meine Grenzlinie ist Mitternacht, da bin ich normalerweise im Bett. Ich kann nicht nachts durcharbeiten, habe das auch noch nie getan, weil ich weiß, daß das unsinnig und wenig effektiv ist. Ich habe mir ein sehr strenges Zeitregime auferlegt, in dem Freiräume mit geplant sind als Puffer, um mir diesen Grundschlaf von sechs Stunden zu erhalten. Notfalls arbeite ich mal einen Vormittag zu Hause, bin dann nur für die Mitarbeiter telefonisch zu erreichen und hole Arbeitsdefizite auf, wenn es zu eng wird. Es ist einfach meine Erfahrung, dieser Grundschlaf ist meine wichtigste Reproduktionsquelle, und nur mit regelmäßigem Schlaf schaffe ich das Pensum am Tage. An vielen Abenden bin ich nicht zu Hause, weil Veranstaltungen, Treffen mit Autoren oder Kunden sind, weil Projekte präsentiert werden, die wir als Agentur betreuen. Dann wird es häufig später, dann wird in der Regel auch getrunken, das heißt, ich darf mir den nächsten Tag nicht ganz so eng zuplanen, weil sonst die Gefahr besteht, ihn nach hinten hin verlängern zu müssen. Richtige Totpunkte hab ich eher selten. Kommt mal einer am Nachmittag, koche ich mir einen kräftigen Kaffee. Es gibt natürlich Momente, in denen ich sehr angegriffen bin. Dann mache ich auch mal die Tür zu und leg mich zehn Minuten auf den Fußboden, um zu entspannen und wieder zu mir zu kommen. Aber das mache ich nur, wenn die Anspannungen sehr hoch sind und ich auch physisch so belastet bin, daß ich Rückenschmerzen habe. Normalerweise komme ich gut über den Tag. Dazu gehört, daß ich einmal in der Woche zwei Stunden Fußball spiele und versuche, mich auch am Wochenende so zu betätigen, daß einfach die physische Konsistenz da ist, um diesen Rhythmus durchzustehen. Am Wochenende nehme ich mir einen Tag für die Familie frei, wir fahren gemeinsam ins Grüne oder in den Garten, ich genieße die körperliche Arbeit dort. Am liebsten zersäge ich dicke Bäume oder harke Laub. Der andere Tag ist in der Regel ein Arbeitstag. Das heißt aber, zu Hause etwas lesen, einen Artikel schreiben, mal auch Büro- und Verwaltungsarbeiten machen, die in der Woche liegenbleiben.

Mein Urlaub gehört genauso zu diesen fest eingeplanten Freiflächen. Da halte ich mich bewußt von Arbeitsdingen fern. Ich bin jetzt gerade zurückgekommen aus dem Urlaub. Dieses Mal konnte ich leider nicht ganz konsequent die Arbeit vergessen. Ich habe mehrmals in der Agentur angerufen, was ich normalerweise nicht tue. Die Kollegen schaffen das alleine, und ich will da nicht reinreden. Die konkrete Situation war nur die, daß wir zwei Gegendarstellungsklagen hatten. Da mußte ich einfach wissen, was läuft, um gegebenenfalls eingreifen zu können. Als Geschäftsführer konnte ich das nicht delegieren. Ansonsten mache ich eine ordentliche Übergabe, daß alles ohne mich läuft. Konkret sah das dieses Mal so aus, daß ich am Abend zuvor bis um 23 Uhr im Büro war und die Vorgänge und Unterlagen für die Übergabe zusammengestellt habe. Am nächsten Tag bin ich mit meiner Urlaubstasche in die Agentur zur Arbeit gekommen und von dort um 17 Uhr direkt zum Flughafen gefahren. Die ersten zwei Tage in Israel hatten indirekt noch mit Arbeit zu tun. Zum einen hatte ich eine Besprechung mit einer deutschen Firma über eine mögliche Zusammenarbeit mit unserer Agentur, zum anderen hab ich in einer Schule einen Vortrag über die Wende in der DDR gehalten. Danach war nur noch Urlaub angesagt. Auch im Kopf hab ich da keine Probleme mit der Firma gewälzt, sondern ich habe wirklich einen Schnitt gemacht und versucht, völlig weg von jeder Verarbeitung für irgendwelche Projekte, das Land, die Wüste, die Menschen dort aufzunehmen.

Ich habe Tagebuch geführt und beim Lesen auf dem Rückflug gemerkt, wie der Ton lockerer wurde, wie ich am Ende der Reise über ganz andere Dinge geschrieben habe als am Anfang. Wie ich auch im Ton, im Rhythmus der Sprache nicht mehr so hektisch war, nicht mehr in kurzen Sätzen, sondern reflektierend und weiterschweifend in den Gedanken wurde. Ich konnte mir selbst beim Rückflug bescheinigen, daß tatsächlich ein Stück Erholung stattgefunden hat. Und ich denke, allein solche Überlegungen sind ein Zeichen dafür, daß mir mein Problem bewußt ist, also die beste Voraussetzung dafür, vernünftig damit umzugehen. Ein ähnliches Arbeitsverhalten kenne ich auch von zu Hause. Ich bin der Sohn von Lehrern,

Leistung ist immer anerkannt worden. Zuspruch und Bewunderung bekam ich, wenn ich etwas geschafft hatte. Das betraf nicht nur die Leistungen in der Schule, Unterrichtszensuren, sondern das betraf das Engagement in der Jugendorganisation oder die Betätigung im Jugendclub, auch das Spielen in der 2. Fußballkreisklasse und, ganz wichtig, das Erringen der ersten Spartakiademedaillen. Mein jüngerer Bruder ist viel emotionaler als ich, in den Augen meiner Eltern hieß das unvernünftiger. Ich wurde ihm immer als Vorbild vorgehalten, das ist natürlich eine Bestätigung und verfestigt diese Leistungsorientierung. Dies sind Prägungen, die mit dazu geführt haben, daß etwas zu schaffen, etwas zu bewegen, etwas zu leisten mir als Werte übermittelt wurden. Das hat zeitweilig zu einem so übersteigerten Anspruchsniveau an mich selbst geführt, daß ich in meiner Jugend mit einer schweren Gastritis zu kämpfen hatte, die jahrelang medizinisch ergebnislos behandelt wurde. Bis mir eine Psychologin bewußtgemacht hat, daß mein eigener Überanspruch die Ursache für diese Magenüberreizung ist. Nachdem ich mich da ein Stück zurückgenommen und mal versucht habe, neben mich zu treten und zu fragen, ob bestimmte Dinge wirklich sein müssen, hab ich es geschafft, diese Gastritis loszuwerden. Seitdem plane ich meine Zeit besser, hab auch gelernt, mich von Projekten und Vorhaben zu verabschieden. Es gelingt mir nach wie vor nicht immer, und ich bin dankbar, wenn meine Frau oder Freunde oder auch Kollegen sagen, komm, das muß jetzt nicht sein. Also wenn ich noch am Wochenende unbedingt einen Artikel schreiben will oder wenn ich zusätzlich irgendeine Veranstaltung organisiere. Wenn mir dann einer mal die Hand auf den Arm legt und sagt, komm, laß gut sein, es geht auch ohne, das ist ganz hilfreich.

Ich habe den Anspruch in mir, es perfekt zu machen, es gut zu machen, auch anderen zu beweisen, daß ich eine Aufgabe ordentlich erledige. Und ich denke, ohne diese Haltung gäbe es unsere Agentur nicht mehr. Das brauchte natürlich eine harte Aufbauphase, und die war vermutlich nur mit diesem übergroßen Einsatz überhaupt zu schaffen. Das hat zugegebenermaßen seinen Preis gefordert. Ich bin vor einigen Monaten auf biologisch-physiologisch ungeklärte Weise umgefallen mit einer Herzrhythmusstörung. Zum Glück hat meine Frau sofort den Rettungswagen gerufen. Ich bin dann auf der Intensivstation wieder aufgewacht und kann nur von Glück sagen, daß es so glimpflich abgegangen ist. Alle Tests haben nichts ergeben, ich bin vom Kreislauf her so gesund wie selten jemand, der Totalzusammenbruch des Kreislaufs läßt sich physiologisch nicht erklären. Sicher hat das mit Überlastung, Überforderung, persönlicher Anspannung zu tun. Das war natürlich ein Warnschuß vor den Bug. Ich habe wenig später einen Freund besucht, der ist Arzt. Er hat mir den dringenden Rat gegeben, wenn ich schon so viele Termine mit Journalisten und Geschäftspartnern habe, doch möglichst auch einmal am Tag einen Termin mit mir selbst zu machen. Mal einfach im Kalender eine Stunde zu blockieren und diese Stunde nicht jemand anderem zu geben, um mit mir was zu bereden, sondern diese Stunde für mich einzutragen. In dieser Stunde könnte ich in Ruhe die Dinge angehen, die liegengeblieben sind. Oder ich könnte die Tür zumachen, tief durchatmen und über mich selbst nachdenken. Dieser Ratschlag ist natürlich so nicht umzusetzen, jeden Tag. Aber ich mache jetzt öfter die Tür zu, und ich baue Ruhephasen ein. Diese Erfahrung hat mich veranlaßt, bewußter mit mir umzugehen, und, wenn irgend möglich, ein bißchen Spannung und Druck aus den Tagen rauszunehmen. Das ist durchaus möglich. Das hat nicht unmittelbar mit einer Veränderung von Wertigkeiten zu tun. Die Arbeit bleibt der wichtigste Bereich meines Lebens. Er ist der sinnstiftende Bereich und der existentiell prägende Bereich. Nicht nur, weil er mich zeitlich am meisten ausfüllt, sondern weil er letztlich den Lebenssinn definiert. Der besteht für mich darin, etwas zu schaffen, etwas zu bewegen, etwas zu beeinflussen, auf gesellschaftliche Entwicklungen auf meine Weise einwirken zu können. Ganz konkret zum Beispiel mit unserer Zeitschrift, bei der wirtschaftlicher Erfolg und gesellschaftlicher Erfolg nicht unbedingt identisch sind. Du kannst durch einen Artikel durchaus eine gesellschaftliche Diskussion in Gang setzen oder beeinflussen, und das Heft verkauft sich trotzdem nicht entsprechend.

Erst nach der Arbeit kommt der private Bereich, das Bedürfnis, Zeit zu haben für andere, sich auf sie einzustellen, sich ihren Problemen zuzuwenden. Dieser Bereich ist mir auch existentiell wichtig, ich nehme mir die Zeit dafür, und ich denke, daß die Kinder mit allen Problemen zu mir kommen können und auch wissen, daß sie Gehör finden.

Freizeit trenne ich klar ab von meiner Arbeit. So wie andere Leute Briefmarken sammeln oder ins Kino gehen, so ist es für mich ein Spaß, selber zu schreiben. Wozu ich in der täglichen Arbeit nicht komme. Für die Zeitschrift bin ich als Redakteur zuständig, das heißt Themenplanung und -vergabe, Artikel redigieren und layouten. Wenn ich schreibe, dann nicht für die eigene Zeitschrift. Zum Beispiel habe ich Filmrezensionen geschrieben, weil Kino ein Teil meines früheren Berufes war. Das ist eine Freude, die ich mir nach wie vor erhalte, wo ich mich auf diese Art immer wieder anrege, bestimmte Filme zu sehen, die ich sonst sicher nicht sehen würde. Ich habe Lust, einen neuen Film zu sehen, weiß aber, ich bin so mit anderen Projekten eingedeckt, daß ich eigentlich nicht dazu komme. In dem Moment, wo ich die Verpflichtung eingehe, darüber eine Rezension zu schreiben, erlege ich mir selbst den Zwang auf, mir die Zeit zu nehmen, diesen Film auch wirklich zu sehen. Ich verschaffe mir auf einem Umweg der Selbstdisziplin den eigenen Genuß. Und ich habe dann auch Spaß daran, es ist keine Arbeit für mich, es ist Freizeit. Es ist auch kein Problem, anschließend die Rezension darüber zu schreiben.

Natürlich hat so eine Auffassung ihre problematischen Seiten. Das spiegelt sich ganz sicher in der Beziehung zu meiner Frau wider. Ihre Erwartungshaltung an das Zusammenleben war eine andere, weniger arbeitsdefinierte. Für sie hat Arbeit insgesamt einen anderen Stellenwert im Leben. An dieser Stelle sind wir nicht zueinandergekommen. Aber ich bin nicht unglücklich oder unzufrieden mit meinem Leben, so wie es bisher gelaufen ist. Es gibt eine Reihe von Dingen, die mir fehlen. Ich weiß um diese Defizite und Mängel, und ich könnte mir gut vorstellen, daß es andere Formen von Glück geben kann. Meine Defizite beziehen sich im wesentlichen auf den zwischenmenschlichen Bereich. Da fehlt der Genuß daran, sich jenseits der Arbeit Zeit zu nehmen für einen Menschen, daß man mit ihm viel zusammen erlebt und unternimmt und daß man in ihn reinhorcht, sich sehr auf ihn einläßt, sehr viel mit ihm umgeht. Dies funktioniert für mich nur bei Menschen, die ich auch sehr über die Arbeit achte. Ich öffne mich eigentlich nur Menschen, auch Frauen, vor denen ich eine sehr hohe Achtung wegen ihrer beruflichen Leistung habe.

Ich weiß, daß die Arbeit nicht das Glück des Lebens allein ausmacht, auch für mich nicht. Mein Problem ist nur, daß ich es im Moment nicht anders zu lösen vermag.«

Arbeitssucht – eine Männerkrankheit?

»Ein Mann, dem sein Arbeiten gelingt,
ist für mich immer ein Mann.«
Thomas Carlyle

Arbeitssucht ist, entgegen einem weit verbreiteten Klischee, keine Männerkrankheit. Das noch immer dominierende traditionelle Rollenverhalten legt die Vermutung nahe, daß der männliche »Ernährer der Familie« schneller in zwanghaftes Arbeiten verfällt als die Frau. Dieses Rollenverständnis macht es dem Mann leicht, sich voll in seine berufliche Arbeit zu werfen. Wer stößt sich daran, wenn der erfolgreiche Mann das Haus am Morgen um 7 Uhr verläßt und am Abend um 19 Uhr nach Hause kommt? Wer findet es befremdlich, wenn er sich am Sonntagvormittag an den Schreibtisch zurückzieht? Genauso selbstverständlich aber gibt er sich am Abend der Entspannung hin. Die berufstätige Frau dagegen muß in vielen Familien Haushalt und Kinderbetreuung zusätzlich übernehmen. Unter dem Strich kommen schnell mehr Arbeitsstunden zusammen als bei dem vielarbeitenden Ehegatten. Letztendlich ist die Frau durch die objektiven Bedingungen stärker gefährdet als der Mann. Ob diese Gefährdung dann tatsächlich in die zwanghafte Abhängigkeit führt, das hängt von der subjektiven Disposition ab. Besitzt sie die Fähigkeit, die Hausarbeit zu verteilen, sich Hilfe zu suchen oder guten Gewissens großzügig mit Ordnung und Sauberkeit umzugehen, dann wird sie sich Muße gönnen, abschalten und freie Zeit genießen können. Entwickelt die Frau perfektionistische Ambitionen, die sie eventuell von ihrer nicht berufstätigen Mutter übernommen hat, so liegt ein süchtiges Entgleisen gefährlich nahe.

Der Perfektionismus ist gerade bei arbeitssüchtigen Frauen häufig anzutreffen. Selbst Frauen, die »nur Hausfrau« sind, verfallen mitunter in eine Putzwut, die ausgesprochen zwanghaften Charakter haben kann. Diese Frauen sind durchaus vergleichbar mit den Männern, die morgens um 7 Uhr das Haus verlassen und erst spät abends von der Arbeit zurückkommen. Ein weiterer »Typ« der arbeitssüchtigen Frau wird von dem New-Yorker Psychotherapeuten Jay B. Rohrlich beschrieben.[3] Die Frauen entscheiden sich gegen eine Mutterschaft, nicht weil sie in erster Linie Angst um ihre Karriere haben, sondern weil sie mit großer analytischer Fähigkeit oder intuitiv erkennen, daß es sehr viel einfacher ist, eine perfekte Karriere aufzubauen, als ein perfektes Kind großzuziehen.

Zwanghaftes Arbeiten ist nicht berufsspezifisch. Ganz sicher ist die Gefährdung in den Arbeitsbereichen größer, wo das Tagesziel nicht durch eine feste Größe vorgegeben ist. Der Fließbandarbeiter weiß genau, wann seine Arbeit beendet ist, auch wenn das Band noch so schnell läuft und ihm täglich eine übermäßige Kraftanstrengung abverlangt. Der Verkäufer am Postschalter mag ständig eine Kundenschlange hinter der Glasscheibe haben. Kurz vor Schichtende wird er die nahende Schließung anzeigen, punkt 16 Uhr verläßt er seinen Platz. Trotzdem kann der Postangestellte genau wie der Fließbandarbeiter in ungewöhnliche Arbeitswut verfallen. Gerade wenn die Berufsarbeit als wenig befriedigend erlebt wird und auch die persönlichen und sozialen Beziehungen wenig Bestätigung verschaffen, kann in zwanghafter Feierabend- oder ehrenamtlicher Arbeit der fehlenden Anerkennung nachgejagt werden. Wer in jeder freien Minute Häuser baut wie eine Ameise ihren Hügel, wer Ehrenämtern nachjagt wie Profisportler Medaillen, der sollte zumindest die Frage nach dem Stellenwert von Arbeit in seinem Leben zulassen. So unwahrscheinlich es klingt, auch ein Beamter kann arbeitssüchtig sein. Näher liegt die Gefährdung aber zweifellos bei demjenigen, der sich mit seinen Arbeitsinhalten identifiziert, der Spaß an seiner Arbeit hat. Ärzte, Rechtsanwälte, Pfarrer und Journalisten sind gefährdet, Freiberufler und Wissenschaftler, Lehrer und selbständige Unternehmer. Die Motivation für übermäßig viel Arbeit wird in jedem Fall eine andere sein. Eines trifft bei allen zu: Ihre Arbeit ist schwer einzugrenzen, wenn eine Aufgabe erledigt ist, dann wartet bereits die nächste.

Vor kurzem lernte ich einen Winzer kennen. Er lebt in einem der besten Weinbaugebiete Deutschlands und vermarktet sei-

3 Vgl. Rohrlich, Jay B.: Arbeit und Liebe. Auf der Suche nach dem Gleichgewicht. Frankfurt/M. 1984, S. 51 und 172f.

nen Wein selbst. Wie alle anderen Winzer in dem berühmten Dorf findet er reißenden Absatz für sein edles Getränk. Geldsorgen kennt er nicht. Vor zwei Jahren, da war er 42, hatte er einen Herzinfarkt.

Ein Weinbauer paßt nicht in mein Bild von einem Workaholic. Muß ein Winzer nicht genießen können, Besinnlichkeit und Harmonie verbreiten wie ein guter Wein? Der Mann steht unter dem Druck, jedes Jahr für seine Weine Preise und Auszeichnungen einzusammeln. Wir hetzen gemeinsam durch den Weinberg und probieren von den reifen Beeren. Zu jeder Rebsorte nennt er mir sofort die Medaillen der einzelnen Jahrgänge. Eine Silbermedaille, das bedeutet schon eine Niederlage für ihn. Jetzt, in der Weinlesezeit, kann er überhaupt nicht schlafen, erzählt er mit hektischen Gesten. Er steht nachts am Fenster und schaut nach dem Wetter. Wenn es regnet, wird er panisch, weil die Öchslegrade der Trauben fallen. Im Urlaub war der ehrgeizige Mann noch nie, und das Geschenk zur Silberhochzeit, eine Reise in den Süden, hat er ausgeschlagen. Wein genießen?

Er genießt nur den Medaillenruhm.

Arbeitssucht ist nicht altersabhängig. Betroffen sind Menschen der Nachkriegsgeneration, die aus dem Nichts eine neue Existenz aufbauen mußten, genauso wie spätere Generationen, die vielleicht in sozialer Sicherheit aufgewachsen sind. Psychologen beobachten die Sucht verstärkt in Zusammenhang mit einer Sinnkrise in der Lebensmitte, im Alter zwischen 38 und 52 Jahren. Doch vielleicht wird sie nur in diesem Alter verstärkt sichtbar? Der Körper wehrt sich, wenn Ideale nicht mehr tragen, wenn Träume zerbrochen sind und die Sinnfrage mit einem wütenden oder sturen »Nun erst recht« beantwortet wird.

Der Preis der Unabhängigkeit

Manfred hat jahrelang keinen ernsthaften Urlaub gemacht. Mal war er zehn Tage im Anschluß an eine Dienstreise in Griechenland, dann ein verlängertes Wochenende mit seiner Frau in Prag. Als ich mit ihm über seine Arbeitswut sprechen will, wehrt er lachend ab. »Meine Arbeit ist mein Hobby, ich brauche keinen Urlaub«, sagt er. Ich bin sicher, er glaubt sich selbst. Vor einem Jahr mußte er sich einer Operation unterziehen. Diese erzwungene Arbeitspause dauerte länger als alle Urlaube. »Das war anstrengender als jede Arbeit. Wenn es mir am Schreibtisch schlecht geht, dann kann ich selber etwas tun, damit es besser wird. Im Krankenhaus liegst du da und bist von anderen Menschen abhängig. Furchtbar.«

Manfred verweist mich an eine Kollegin. Die sei arbeitssüchtig, er selbst sei ein rundum zufriedener Mensch.

Wenige Tage darauf suche ich die Kollegin auf. **Renate (39)** empfängt mich redselig. Entschuldigt sich für das kahle Wohnzimmer, vergangene Nacht sei bei ihr eingebrochen worden. Nun schon zum drittenmal in zwei Jahren. Ihr mache das nichts aus, sie wird sich nicht hinsetzen und lange heulen. Sie muß sich keine Vorwürfe machen, das allein ist wichtig. Die gestohlenen Gegenstände lassen sich ersetzen. Während sie mir das erzählt, wischt sie die freigewordenen Staubecken weg. Den Fernseher rückt man doch nie weg oder die Stereoanlage. So könne man selbst einem Einbruch noch etwas Positives abgewinnen. Durch solche Ereignisse falle sie weder in Depressionen, noch lasse sie sich ablenken von ihrer Arbeit. Verhindern ließe sich das nur, wenn sie das ganze Haus eingittern würde, und dann würde sie ganz sicher depressiv werden. Nur ihr Büro im Keller, daran mag sie nicht denken. Einmal sind sie dort eingestiegen und haben den Schreibtisch verwüstet. Das Faxgerät zertreten, Papiere durchwühlt. An dem alten Computer haben sie sich zum Glück nicht vergangen. Das wäre ein echter Alptraum. Nicht das Gerät, sondern die Arbeit von Wochen, die da drinsteckt. Seitdem hat sie Sicherheitsdisketten, die gut versteckt werden. Die Horrorvorstellung von der Wiederholung eines Büroeinbruchs bleibt. Es dauert doch Tage, bis ein neuer Computer so eingerichtet ist, wie man es gewohnt war. Tage der Untätigkeit. »Das wäre wie« – sie hält im Wischen inne und sucht nach dem treffenden Bild –, »wie weggeworfene Zeit.«

»Meine Arbeit bedeutet für mich Selbständigkeit und Freiheit, in gewisser Hinsicht auch Macht. Unabhängigkeit. Wenn meinem Mann etwas passieren und ich ganz allein dastehen würde, ich hätte überhaupt kein Umstellungsproblem. Ich bin total unabhängig, und das macht mir großen Spaß. In der Regel verdient man ganz gut, was auch nicht unwichtig ist. Man kann sich Sachen leisten, von denen man früher in Studententagen gesagt hat, mein Gott, so was Überflüssiges. Hier so einen Teich bauen oder so was Verrücktes. Das macht einfach Spaß.

Bis 11, 12 Uhr in der Nacht sitze ich am Schreibtisch. Anschließend gucke ich noch ein bis zwei Stunden Fernsehen. Und trinke ein Glas Wein. Manchmal trickse ich mich selber aus, da trinke ich schon zum Abendessen ein Glas Wein. Und wenn ich das zweite getrunken hab, dann weiß ich, jetzt brauch ich gar nicht mehr ins Büro zu gehen. Das ist am nächsten Morgen schneller wieder aufgeholt, als wenn man sich da durchquält. Leider fehlt mir am Abend die richtige Konzentration. Da kann ich nur mechanische Arbeiten machen, Tabellen ausrechnen, Wertermittlung und Routinegutachten. Konzepte für neue Gutachten krieg ich da nicht mehr hin. Im Herbst haben wir hier umgebaut, da hab ich die ganze Nacht renoviert, Wände weggestemmt und bis morgens Fliesen geklebt. Tagsüber im Büro arbeiten und abends das Körperliche, das ging hervorragend. Da brauchte ich mein abendliches Glas Wein nicht. Oft bleibt es nicht bei ein oder zwei Gläsern. Mittlerweile bin ich schon bei einer Flasche angelangt, und jeden Morgen ärgere ich mich, daß ich getrunken habe. Weil ich dadurch immer dicker werde und morgens eine längere Anlaufzeit habe. Aber abends genieße ich das.

Wenn ich gut drauf bin, lese ich noch am Abend nach dem Fernsehen. Oder ich lese während dieser blöden Reklamepausen oder zappe rum. Oder ich kann mich für keinen Film entscheiden und gucke zwei parallel. Ich bin dann so genervt von allem, da will ich einfach gar nichts mehr.

Ursprünglich wollte ich Biologie, Gartenbau oder Landespflege studieren. Mein Zeugnisdurchschnitt war sehr gut, trotzdem hab ich keinen Studienplatz gekriegt. Meine Eltern kriegten die Panik und dachten, jetzt hängt das Kind auf der Straße. Da haben sie mich in eine Speditionskaufmannslehre bei meinem Onkel hineingeschubst. Das war ätzend. Wenn man auf Biologie ausgerichtet ist und soll plötzlich Buchführung machen, fürchterlich. Nach zwei oder drei Monaten kam die Zusage für alle drei Studienplätze. Da diese Lehre aber nun über die Verwandtschaft zustande gekommen war, sagten die: Nee, jetzt zum Studium gehen, kommt nicht in Frage. Was du anfängst, mußt du auch zu Ende machen. Für die Zukunft hat es sich als gut herausgestellt, weil ich später im Gartenbaustudium auch in diese betriebswirtschaftliche Ebene hineingerutscht bin, und da kam mir das zugute. Nach dem Studium wollte ich irgendwo in einem Gartenbaubetrieb Betriebsleiterin werden. Aber das sind in der Regel Familienbetriebe, die gar keine Ingenieure anstellen. Das war mir leider nicht klar. Nun stand ich da und hatte keinen Job. Ein Jahr lang hab ich für andere Studenten Diplomarbeiten geschrieben, da hatte ich auch das erste Kind schon. Eines Tages rief ein Gastdozent bei 'ner Studienkollegin von mir an, der brauchte jemanden für ein Gutachten, und ich saß zufällig im gleichen Zimmer. So ist der Kontakt zustande gekommen, und ich hab bei ihm angefangen. Nach drei, vier Jahren hatten wir uns spezialisiert, jeder auf unterschiedliche Gutachtengebiete. Da ich aber nicht bestellt und vereidigt war, mußte er immer mitkommen zur Ortsbesichtigung. Die Gutachten für mein Spezialgebiet habe ich dann geschrieben. Das war natürlich unrentabel und unbefriedigend, jedenfalls sagte er eines Tages, Mensch, laß dich doch selber bestellen, dann können wir uns das sparen. Es wurde auch immer komplizierter mit der Abrechnung, ich war bei ihm angestellt, und wir beide waren noch bei 'ner anderen Firma angestellt. Nach ein paar weiteren Jahren haben wir uns ganz getrennt.

Die Sachverständigentätigkeit mache in jetzt seit 1984. Finanziell war's eng am Anfang, mein Mann war noch nicht mit dem Studium fertig, und ich war von meinen Eltern abhängig und hatte schon das Kind. Diese Abhängigkeit hat mir schwer im Magen gelegen. Da war ich unheimlich froh, als ich mit äußerst wenig Geld erst mal anfangen konnte. Das war nicht viel mehr als vorher für den Hiwi-Job an der Uni. Im Laufe der Jahre wurde das besser, aber am Anfang hab ich 1800 Mark für einen Full-time-Job als Ingenieurin gekriegt. Das war doch verdammt wenig. Der Schritt in die Selbständigkeit war fließend, nebenbei war ich ja noch angestellt. Hatte ich keinen eigenen Auftrag, konnte ich für die anderen weiterarbeiten. Als ich mich dann ganz gelöst hatte, ging mir doch ziemlich die Muffe. Da hab ich ausgerechnet, daß ich mindestens 1000 Mark im Monat verdienen müßte, und das erschien mir damals viel. Ich mußte ja die Kontakte erst aufbauen. Hinterher war das lächerlich, überhaupt kein Problem. Ich kriegte so viele Aufträge, daß ich bald nicht mehr wußte, wie ich das schaffen sollte. Das einzige Mal, daß ich keinen hatte, das war vor vier Jahren. Aber das kam nicht ungelegen, weil wir dies Haus hier gekauft hatten und renovieren mußten. Da konnte ich die Zeit gut nutzen. Für mich ist es ganz wichtig, jede freie Minute voll auszunutzen. Das geht schon automatisch, da muß ich nie lange überlegen, was ich tun könnte.

Zum Beispiel heute: Aufgestanden bin ich um 7 Uhr. Dann haben wir gefrühstückt, die Kinder waren zuerst aus dem Haus. Als nächstes ist mein Mann los, der fährt jetzt dienstags morgens immer bis freitags weg. Da hat er natürlich zu pakken, das stört mich. Deshalb gehe ich nicht sofort ins Büro, die Unruhe macht mich total verrückt. Also erledige ich in der Zeit, bis er weg ist, den Haushalt. Ich krame hier rum, mache was im Garten und dergleichen. Dann hab ich von 9 bis 14 Uhr durchgängig am Schreibtisch gesessen. Anschließend mußte ich Essen kochen, weil die Kinder dann kommen. Während ich Essen koche, putze ich die Küche oder räume Sachen weg, die mir gerade in den Weg kommen. Heute hab ich vier Maschinen Wäsche gewaschen, aufgehängt und wieder abgenommen. Während des Kochens sehe ich normalerweise die Post durch und erledige ein paar telefonische Absprachen, für den Schwimmverein oder anderes. Notfalls bringe ich schnell das Altglas zum Container und solche Dinge. Nach dem Essen, ungefähr von halb drei bis Viertel vor fünf, hab ich heute noch mal im Büro gearbeitet. Anschließend bin ich mit meinem Sohn zum Schwimmen gefahren, um halb sieben waren wir wieder hier. Dann hab ich Brot gebacken, die restliche Wäsche aufgehängt, gebügelt, zu Abend gegessen, anschließend wäre ich normalerweise noch mal an den Schreibtisch gegangen. Das ist ein durchschnittlicher Arbeitstag. Sogar ein Tag relativ ohne Streß, weil keine Ortsbesichtigung dabei war und ich nur einen Außentermin hatte. Das Brotbacken ist vielleicht 'ne Marotte, aber erstens ist es gesünder, zweitens schmeckt es auch besser. Deshalb hab ich einen Ort weiter auch meinen Gemüsegarten. Wer Gartenbau studiert hat, der weiß, was es alles für Gifte gibt und in welchen Mengen die gespritzt werden. Da kommst du fast automatisch auf die Bioschiene und würdest am liebsten alles selber machen. Geht leider nicht. Ich meine, das Mehl zum Backen muß ich ja kaufen. Die Bioläden sind so teuer. Deshalb hab ich mit Frauen aus der Gegend eine Einkaufsgemeinschaft gebildet. Wir kaufen direkt beim Biogroßhandel und können große Mengen abnehmen. Das wird viel billiger, ist aber auch wieder zusätzlich Arbeit. Die Sachen müssen abgewogen, verpackt und verteilt werden. Irgendwie ist es aber zu schaffen. Ich hätte bestimmt nicht mehr Zeit, wenn ich kein Brot backen würde.

An vielen Tagen habe ich morgens und nachmittags feste Termine und muß alles andere dazwischenschieben. Das nervt mich unheimlich, ich brauche möglichst viele Stunden an einem Stück im Büro, dann schaffe ich auch was. Unstrukturierte Phasen hasse ich, da kann ich keine größeren Kapitel schreiben. Läuft der Tag nicht so, wie ich es mir vorgenommen habe, dann werde ich nervös und ungerecht gegenüber den Kindern. Dann meckere ich, weil der Kleine so langsam ißt. Der Große bringt mich ganz schnell auf die Palme, den verstehe ich nicht. Einerseits ist er frech, andererseits ist er total sensibel. Da hab ich das Gefühl, ich kann sagen, was ich will, ich mache immer was falsch. Er ist jetzt 13, und ich finde ihn total rücksichtslos. Stinkend faul und nur Forderungen stellen. Gerade beim Mittagessen kracht es dann oft.

Ortstermine sind anstrengend. Ich fahre irgendwohin, immer unter Druck, daß ich rechtzeitig ankomme. Wenn die Zeit eh knapp ist, dann verfahre ich mich natürlich noch. Das sind ja oft abgelegene Ecken. Dann triffst du dort die merkwürdigsten Leute an. Du mußt total präsent sein, mußt die Nebentöne genau hören und versuchen, alle Daten mitzubekommen.

Ich meine immer, ich hab ganz viel aufgeschrieben. Zu Hause gucke ich ins Protokoll und denke, o Mist, da war doch viel mehr. Die Leute versuchen ja auch, mich massiv zu beeinflussen. Bei Gerichtsgutachten ist das besonders kraß. Manchmal schlagen sich die Parteien fast. Dann muß ich schlichten und trotzdem zu meinen Daten kommen. Da hört der Spaß auf. Es ist auch körperlich anstrengend, ich muß die Gerätschaften hin- und herschleppen, messen und fotografieren, oft auf unbefestigtem Boden. Morgens hinfahren, den ganzen Tag an der frischen Luft, abends zurück, dann im Auto, womöglich noch Stau, da bin ich völlig erledigt. Wenn es ganz dicke kommt, dann fange ich an zu rauchen. Ich bin ja nur Gelegenheitsraucherin. Aber wenn ich Ortstermine habe und viel Auto fahren muß, da bin ich oft in Gefahr einzuschlafen. Dann kaufe ich mir eine Schachtel, rauche wie eine Kaputte und fühle mich total unwohl dabei. Oder wenn ich auf Seminaren bin, Vorträge halten muß, dann rauche ich auch. Echt idiotisch.

Das Wochenende halte ich mir in der Regel frei. Da gehe ich nur ins Büro, wenn wirklich was ganz Wichtiges anliegt. Dafür gibt's hier eine Menge zu tun. Ich bin zwar kein Sauberkeitsfanatiker, aber irgendwann stört mich der Dreck, außerdem ist mein Mann Hausstauballergiker. Mein Ziergarten muß gepflegt werden, ich bin Kassenwartin vom Schwimmverein, spiele Theater, baue Kulissen, nähe die Kostüme, und das findet alles an Wochenenden statt. Außerdem schwimme ich auf Wettkämpfen. Das tut mir gut, in meinem Alter beginnt man ja langsam, etwas aus der Form zu gehen. Mit dem Schwimmverein, da habe ich mir aber was aufgehalst. Ich kann so schwer nein sagen, wenn ich sehe, daß eine Arbeit gemacht werden muß. Da hab ich mir gedacht, wenn ich mich für das melde, was ich für das Einfachste halte, da bin ich fein raus. Meine eigene Buchführung mach ich auch, hab ich gedacht, so ein bißchen vom Verein kannst du nebenher machen. Ich hab mir überhaupt nicht klargemacht, daß die eine doppelte Buchführung haben, die wesentlich aufwendiger ist als meine Einnahmen-Ausgaben-Rechnung. Und die Verwaltung von 400 Mitgliedern, diese ganzen Beiträge, das Abkassieren, das ist ja ein irrer Aufwand. Vor kurzem ist der Trainer von der Kindergruppe ausgestiegen, da hab ich das auch noch übernommen. Ehe das völlig ausfällt, mach ich lieber die zwei

Stunden. Als Kind hab ich Schwimmleistungssport gemacht, da weiß ich, was das bedeutet, wenn längere Zeit kein Training stattfindet.

Die Hausarbeit hab ich total durchrationalisiert. Ich gehe nie durchs Haus, ohne irgendwas von einem Ort zum anderen mitzunehmen. Das ist wie so eine Art tanzen durchs Haus. Wenn ich Essen aus der Gefriertruhe im Keller hole, dann werfe ich unten gleich eine Waschmaschine an. Wenn ich aus dem Büro hochkomme, um Mittagessen zu kochen, dann nehme ich die gewaschene Wäsche mit rauf. Wenn ich den Topf aufgesetzt hab, gehe ich mit der gewaschenen Wäsche in den Garten und hänge sie auf. Ich verschachtele das so, daß ich auf einmal viele Sachen erledige. Manchmal hab ich das Gefühl, wenn der ganze Tag so ist, daß ich 'nen wunden Kopf kriege. Aber ein anderes Mal ist es wunderbar, plötzlich ist alles fertig und ganz viel nebenher erledigt, was gar nicht anvisiert war. Dann denke ich, toll, wie du alles packst. Aber es gibt eben auch die andere Seite. Besonders, wenn ich unsere Seminare für die Sachverständigen organisiere. Da hab ich bisher das Programm gemacht und mindestens immer einen Vortrag gehalten. Dieses Jahr mache ich das Programm, die Diskussionsleitung und wahrscheinlich zwei Vorträge. Da wird es immer eng, die Vorträge muß ich als Skript vorher einreichen. Oft hab ich ein schlechtes Gewissen und denke, ich muß davor noch ein Gutachten zusätzlich machen, denn bei dem Seminar verdiene ich ja nichts. Da fühle ich mich manchmal total überfordert, habe einen unheimlichen Druck wegen der Konkurrenz, die dort auch abgeht. Aber ich hab eben ganz viele Ideen, wie man die Weiterbildung besser machen könnte. Ich möchte das gern in Schwung bringen und ganz toll machen. Andererseits denk ich: Nee, warum immer du? Eigentlich hast du gar keine Lust, dir für diese alten Herrschaften, die da hinkommen und eigentlich nur berieselt werden wollen, ein Bein auszureißen. Dann aber wieder diese Angst vorher: Machst du das auch attraktiv genug, wen könntest du noch einladen? Also wirklich schizophren ist das.

Durch die Vorträge und Veröffentlichungen hab ich Anfragen gekriegt, anderswo Vorträge zu halten. Erst wollte ich nicht. Dann dachte ich, kann ja sein, daß ich gerade mal in einer ruhigen Phase bin, ach ja, kommst du mal wieder raus hier.

Zum Teil hab ich's auch gemacht, weil ich hoffte, dadurch bekannter zu werden. Wir dürfen ja keine Werbung machen in unserem Beruf. Es fällt auch schwer zu sagen, ich halte den Vortrag in Augsburg nicht, wenn ich weiß, dafür gibt's 500 Mark. Da denke ich mir, das kannst du doch eben mal mitnehmen. Das artet natürlich immer in Streß aus, klar. Es ist als Selbständige sehr schwierig, ein Gutachten abzulehnen. Das wären 2500 Mark. Da denke ich, irgendwie wirst du's schon schaffen. Deshalb hab ich auch Sachen angenommen, die ein bißchen am Rande meines Gebietes lagen. Das war ungeheuer aufregend und hat mich viele Nerven gekostet. Ich hab aber viel gelernt dabei, das ist ein angenehmer Aspekt. Weil ich immer denke, ich bin noch nicht gut genug, andere können mehr als ich.

Solche Minderwertigkeitsgefühle hatte ich schon als Kind. Ich hab mich immer klein, dick und häßlich gefühlt. Da habe ich ziemlich drunter gelitten. Immer das Gefühl, ich werde wegen meiner Figur nicht ernst genommen. Ganz schlimm war's in der Pubertät. Ich wollte unbedingt einen Freund haben. Immer war ich der gute Kumpel und Gesprächspartner für alle. Die haben ihr Herz ausgeschüttet, aber als Frau hat mich keiner gesehen. Das war ein Riesenproblem. Irgendwann hat mir auf der Straße mal jemand hinterhergerufen: Bei dir schlägt ja eine Arschbacke die andere. Da war ich wesentlich schlanker als jetzt. Das hat mich völlig fertiggemacht. Seitdem schleppe ich diese Minderwertigkeitskomplexe mit mir rum. Wahrscheinlich auch, weil ich immer wußte, wo ich Lücken habe und was ich gerne können wollte. Deshalb hab ich versucht, meine Grenzen zu finden, mich zu steigern. Mein Problem war, daß ich auf keinem Gebiet herausragend war. Immer gut, aber alles gleich. Zu Hause durfte ich nichts helfen, ich hätte ja was kaputtmachen können. Außer Mülleimer wegtragen und abtrocknen durfte ich nichts tun. Aber zur Selbständigkeit wurde ich schon erzogen. Ich erinnere mich noch an den Spruch: In deinem Alter konnte ich mein Fahrrad schon selber reparieren. Diese Sachen. Wegen der Schule hab ich von meinen Eltern nie direkt Druck bekommen. Leistung war einfach selbstverständlich. Mein Vater war zum Beispiel Chef vom Schlachthof in D. Und den hat er als einzigen Schlachthof von Nordrhein-Westfalen in die schwarzen

Zahlen gebracht. Die anderen sind alle geschlossen worden. Da war er stolz drauf, aber gelobt hat ihn keiner dafür. Ja, und ich kann mich auch nicht erinnern, daß ich besonders gelobt wurde. Mein Bruder dagegen war schlecht, mit dem mußte viel gearbeitet werden. Wenn er dann mal was gut machte, bekam er viel eher Lob als ich, bei mir war alles selbstverständlich. Das hat mich schon geärgert. Oft hatte ich das Gefühl, den haben sie lieber. Dabei war und bin ich immer noch sehr lobabhängig. Alles, was ich leiste, das leiste ich nicht für mich und sage, das hast du gut gemacht. Für mich zählt nur, wenn jemand anders meine Arbeit für gut befindet. Das ist es, was mich antreibt. Mir setzt ja keiner Ziele, das heißt, ich könnte auch ein Gutachten pro Monat machen. Könnte sagen, Friede, Freude, Eierkuchen, das reicht. Reicht mir aber nicht, mein Ziel ist, etwa ein Gutachten mittlerer Größe pro Woche und mindestens eine Rechnung schreiben. Dann weiß ich, es ist immer Geld da. Oder wenn es kleine Gutachten sind, schaffe ich in besten Zeiten drei oder vier pro Woche. Wenn ich das Paket mit dem fertigen Gutachten zur Post schleppe, ist das erst mal ein Hochgefühl. Das ist der schönste Augenblick in der Woche. Die Probleme kommen, wenn ich eine Zeit hatte mit viel Druck, und plötzlich ist der Druck weg. Dann sitze ich da und weiß erst mal überhaupt nichts anzufangen. Beziehungsweise ich wüßte 30 Sachen, die schon lange daliegen, die gemacht werden müßten. Aber ich bin so gelähmt, da kann ich gar nichts machen. Dann kriege ich Depressionen, Angstgefühle. Keine Freude mehr in Aussicht, alles ist schwarz. Plötzlich werden Aufgaben, die ich im Streß nebenher erledige, zu unlösbaren Problemen. Dazu kommen Ängste, daß ein Gutachten schiefgeht oder jemand nicht bezahlt oder Anfragen an Verwaltungen sachliche Fehler enthalten könnten. Beim ersten Mal dachte ich, das bleibt jetzt so. Inzwischen weiß ich, daß ist wie ein Zyklus, alle vier Wochen mindestens. In der Regel eine Woche lang. Mal hab ich Glück, dann sind es nur drei Tage. Verhindern kann ich das nur, indem ich gleich weitermache. Egal was, bloß nicht zur Ruhe kommen, lieber irgendeinen Streß. Dann fühle ich mich wohler. Nur manchmal falle ich eben nach so einer Anstrengung zusammen, und dann ist das Loch da. Ganz schlimm war es bisher zweimal, da hab ich nachts vor Ängsten nicht geschlafen. Sonst falle ich absolut tot ins Bett, und morgens schlage ich die Augen wieder auf und denke, ich hab mich gerade erst hingelegt. Aber das war nach so einem Riesengutachten, danach stand das Seminar an – wie eine unüberwindbare Wand. Das war extrem. Ganz schlimm ist, daß mein Körper nicht mehr alles mitmacht. Vor zwei Jahren hatte ich den ersten Bandscheibenvorfall, da dachte ich, jetzt bin ich berufsunfähig. Ich hab oben zwischen Bett und Fenster gelegen und mußte warten, bis mich jemand findet. Ich kam nicht hoch, es war einfach vorbei.

Die Kinder mußten mich drei Wochen lang versorgen, weil ich mich überhaupt nicht bewegen konnte. Nach dem Motto, wenn die Last zu schwer wird, dann lasse ich mich in meiner Haltung hängen und peng, rastet das aus. Wenn ich geistig ganz angestrengt bin, dann strenge ich auch meinen Körper unheimlich an und nehme keine Rücksicht mehr auf ihn. Ich horche da nicht mehr nach innen. Hast du erst mal so einen Schaden, kommt der immer wieder. Ja, da kamen massive Ängste auf. Denn ich hatte gedacht, ich bin stark, ich kann alles. Und mit einmal will der blöde Körper nicht mehr, wie ich will. Dann hab ich erst mal geguckt, was mache ich jetzt eigentlich? Zahlt da irgendeine Versicherung? Es war ja kein Unfall. Und natürlich zahlte keiner. Und plötzlich war meine Freiheit, meine Unabhängigkeit nicht mehr da. Schrecklich, die Zweifel und die Ängste, was soll das alles, wozu und wie weiter? Das hat sich sehr lange hingezogen. Ich war beim Heilpraktiker in Behandlung, der hat das ganz Akute innerhalb von drei Wochen in den Griff gekriegt, aber ich hatte mindestens noch ein halbes Jahr fürchterliche Schmerzen. Bis ich beschlossen habe, ich will das jetzt nicht mehr, und eine Eigentherapie angefangen habe. Das hat auch geklappt. Ich bin in der Hinsicht vorsichtiger, daß ich mich einfach mehr schone.

Aber mit dem Lernen aus Erfahrungen ist das so eine Sache. Ich bin als Studentin mal unters Auto gekommen, als ich unheimlich viel Streß hatte. Da lag ich im Krankenhaus – und zu Hause hatte ich eine Liste geschrieben, 20 Punkte, die ich erledigen mußte. Das war so eine richtige Frustliste. Es waren Semesterferien, und für die Prüfungen sollte ich auch noch lernen. Wozu ich keine Lust hatte. Jedenfalls konnte ich nicht sagen, so, ich fahre jetzt einfach in Urlaub. Ein bißchen neidisch war ich auch auf Kommilitonen, die ein Jahr Auslandsstudium gemacht haben. Aber ich wollte eben gerne unabhängig sein, und so was kostet ja auch Geld. Ich hab während des ganzen Studiums nebenher als Hiwi gearbeitet, um außer dem, was man täglich braucht, noch was extra zu haben. Aber im Gegensatz zu vielen anderen hab ich mir nie die Lockerheit gegönnt, die so ein Studium ja ermöglicht. Ich habe das straff durchgezogen in acht Semestern. Schneller geht es nicht. Jedenfalls, unter meine 20 Punkte hatte ich geschrieben: Und eigentlich solltest du auch noch studieren. So. Ich fahre los zu meinem ersten Anlaufpunkt und wache im Krankenhaus auf. Da hab ich mir gedacht: Komisch, du hast dir soviel aufgeschrieben, und nun erledigt sich das alles von alleine. Das hatte überhaupt keine Auswirkungen. Also, es war ganz gut, zu wissen, da geht die Welt nicht unter. Nur im Laufe der Zeit vergißt man das natürlich. Dann dreht sich das Hamsterrad wieder, und von allein kommst du nicht mehr raus. Bis du das nächste Mal rausfällst.

Manchmal denke ich, ich müßte ruhiger treten. Wenn dann aber mal der Fall eintritt, daß ich nur noch für drei Wochen Arbeit habe, dann kriege ich Panik. Das ist der Nachteil der Selbständigkeit. Zum Beispiel, wenn ich aus dem Urlaub komme, gehe ich als erstes ins Büro an den Anrufbeantworter. Einerseits in der Hoffnung, daß nichts drauf ist, aber wenn gar nichts drauf ist, bin ich auch verzweifelt. Ich mag die Arbeit, ich hätte sie nur gerne besser dosiert. Ich möchte einfach mal sagen können, heute arbeite ich nicht. Genaugenommen könnte ich es natürlich. Ich schaffe es nur nicht. Zum Beispiel, wenn ich in der Woche beruflich in der Stadt bin, und ich brauche eine neue Hose. Ich kriege es nicht fertig, während meiner Arbeitszeit loszugehen und die zu kaufen. Da komme ich um vor schlechtem Gewissen. Ich denke, du bist 'ne schlechte Mutter, hast sowieso zuwenig Zeit für die Kinder, der Große brauchte Hilfe wegen seiner Rechtschreibschwäche, und du bummelst hier rum. Deshalb fahre ich nach Hause und setze mich an den Schreibtisch. Es gibt einfach bei mir keine klare Trennung zwischen Arbeit und Freizeit. Wenn du deine Arbeit und dein Büro im Haus hast, fließt alles zusammen. Manchmal träume ich, ich wache auf, und der ganze Tag ist frei. Obwohl, ich glaube kaum, daß ich das tatsächlich genießen könnte.

Wenn ich an die Rentenzeit denke – früher war das für mich ganz erstrebenswert. Ich hab gedacht, da hast du die absolute Freiheit, dann hast du Geld, ohne daß du arbeiten mußt, und kannst wirklich nur dem nachgehen, was du gerne möchtest. Mittlerweile hab ich mich besser kennengelernt und denke, o Gott, das ist ja vielleicht gar nicht so. Ich kann nicht nur Freizeit haben, ich brauche eine ernsthafte Beschäftigung, die mich auch geistig fordert. Sonst gerate ich in totale Depression. Mein Vater war das beste Beispiel, der hat sich sein Leben lang auf seine Rente gefreut, und dann hat er sie nur zwei Jahre erlebt. Und in der Zeit ging's ihm gar nicht gut. Bei vielen anderen Leuten sieht man das ja auch. Und nur noch Jubel, Trubel, Heiterkeit haben und das Leben sinnlos genießen, dazu ist es zu schade, finde ich. Ich hab Angst, irgend etwas zu versäumen. Es gibt so viele tolle Sachen, ich möchte schon alles kennenlernen, was sich bietet. Man weiß ja nicht, wie oft man lebt, wenn man noch mal lebt, ist es ja gut, aber sonst ...«

Wege in die Arbeitssucht

»Zeitvergeudung ist die
erste und schwerste aller Sünden.«
Max Weber

In der Suchtforschung werden zwei Grundmuster genannt, nach denen ein Mensch in die Sucht hineingleitet. Aufgrund von Problemen oder Lebenskrisen beginnt ein Mensch übermäßig zu trinken, Medikamente zu nehmen oder zu arbeiten. Der Tod des Lebenspartners, womöglich gar des eigenen Kindes, kann ein erfülltes Leben total aus dem Gleichgewicht bringen. Im glücklichsten Fall helfen Freunde oder Verwandte, ein stabiles Sozialgefüge also, bei der Verarbeitung des Verlustes. Gespräche und Hilfe bei ungewohnter Arbeit, die bisher vom Partner verrichtet wurde, erleichtern die Trauerarbeit. Einige Psychotherapeuten raten Patienten in solchen Situationen direkt, den entstandenen Schmerz durch Arbeit zu betäuben. Diese Krisentherapie kann sehr hilfreich sein, solange der Betroffene sich vor lähmenden, selbstzerstörerischen Zweifeln am Sinn des eigenen Lebens oder vor Zukunftsangst schützen muß. Wird die Arbeit allerdings dazu benutzt, die gefühlsmäßige Verarbeitung des Verlustes vollständig zu unterdrücken, so besteht die Gefahr, daß diese Art der Selbsttherapie unbemerkt zur Sucht wird. Auch der Verlust des Partners durch Trennung kann mitunter durch Arbeit leichter überwunden werden. Im Sinne der Ablenkung ist Arbeit erfahrungsgemäß ein wirksames und hilfreiches Heilmittel. Bei manchem Menschen steht der Wille dahinter, die Verletzung, die eine Trennung hinterläßt, zu heilen durch die Stärkung des eigenen Selbstwertgefühls. Die oder der Verlassene will durch seine Leistung sich selbst und der Umgebung beweisen, wie wenig er auf den ehemaligen Partner angewiesen ist. Diese Mehrarbeit kann sogar eine objektive Notwendigkeit sein, wenn die vorher in der Familie verteilte Arbeit jetzt allein geleistet werden muß. Oder wenn das gemeinsame Haus noch nicht abgezahlt ist, der Partner aber für seinen Anteil ausgezahlt werden will. Für manchen, der das Haus behalten möchte, ist das ohne Zweitjob nicht zu finanzieren. Die Frage ist auch hier wieder, ist ein Ende dieser Situation absehbar? Oder tritt an die Stelle der verlorengegangenen Beziehung die Liebe zur Arbeit? Gerade nach einer tiefen menschlichen Kränkung bietet die Flucht in die Arbeit einen gewissen Schutz vor ähnlichen Enttäuschungen. Doch es müssen nicht die großen, nach außen für jedermann sichtbaren, Ereignisse sein. Wer kennt nicht die Reaktion nach einer heftigen Auseinandersetzung mit dem Partner: der Griff zur Zigarette oder zum Cognac. Der Mensch muß sich beruhigen. Einem anderen hilft das Hören lauter Musik dabei, und wieder anderen – die Arbeit. Sicher gibt es unzählige individuelle Möglichkeiten, seinen Ärger loszuwerden. Solange die Methode erfolgreich ist und keinem schadet, ist alles in Ordnung. Was aber, wenn die Auseinandersetzung täglich, vielleicht sogar mehrfach, stattfindet? Bei der 50-Prozent-Quote an Ehescheidungen in deutschen Großstädten läßt sich mit etwas Phantasie ausmalen, in wie vielen Wohnungen täglich »die Fetzen« fliegen. Dazu die ungezählten Ehen, die nie geschieden werden, sondern, aus welchen Gründen auch immer, unerfüllt bis zum bitteren Ende dahinvegetieren? Würden alle diese Menschen zur Flasche greifen oder die Stereoanlage aufdrehen, man male sich die Folgen aus. Die Arbeit dagegen, still und ehrbar, bietet unauffällig Abhilfe. Sehen Sie sich im gutbürgerlichen Mittelstand um: Sie werden viele Beziehungen finden, deren äußerlicher Wohlstand in direktem Zusammenhang mit der innerlichen Leere steht. Was dabei Ursache, was Wirkung ist, das kann der Beobachter nur ahnen.

Eine andere Möglichkeit für den Einstieg in eine Sucht ist das Gewohnheitsverhalten. Wer von Kindesbeinen an nichts anderes kennt als Arbeit, sei es in der Form direkter Arbeitsforderung durch seine Eltern oder weil er Mutter und Vater nur arbeitend kennt, kann leicht unreflektiert ein ähnliches Arbeitsverhalten übernehmen. Igendwann wird die überdurchschnittliche Arbeitsleistung selbstverständlich, sie wird nachgeahmt und gehört zum Wohlbefinden wie Essen und Schlafen. Allmählich steigt der Pegel der täglichen Dosis. Bei der Arbeit wird das für Außenstehende erst im weit fortgeschrittenen Stadium der Sucht erkennbar. Es ist kaum vorstellbar, wie viele Menschen in der Bundesrepublik Deutschland noch nie in ihrem Leben richtig Urlaub gemacht haben. Das in einem Land, in dem die Tourismusbranche selbst in Krisenzeiten boomt wie kaum ein anderer Wirtschaftszweig. Ob im Schwarzwald oder in Niederbayern, an der Nordseeküste oder in Nordrhein-Westfalen, vorwiegend in der Landwirtschaft finden Sie Menschen, die vielleicht einmal in drei Jahren eine Wochenendreise oder eine Fünf-Tage-Fahrt unternehmen. Und das nicht etwa, weil es – wie sie selbst behaupten – nicht anders geht, sondern weil sie es so und nicht anders kennen.

Eine weitere Einstiegsmöglichkeit wird von einigen Psychologen bei der heranwachsenden Computergeneration vorausgesagt. Die Bindung der Kinder an den PC beginnt mit den allseits beliebten Computerspielen. Dieser Beschäftigung ihres Nachwuchses sehen viele Eltern mit Unbehagen zu. Ist der Nachwuchs endlich in der Lage, die Möglichkeiten des Computers umfassender zu nutzen, so gehört das Surfen im Internet heute zu den beliebtesten Freizeitbeschäftigungen. Auch das Versenden von E-Mails an unbekannte Partner hat Konjunktur. Gerade von Erwachsenen, die selbst keinen Computer für ihre Arbeit benötigen, ist häufig zu hören: »Es ist gut, wenn die Jugendlichen so selbstverständlich mit dem Computer umgehen. In Zukunft wird der Umgang mit diesen Geräten unverzichtbar sein. Wer heute alle Möglichkeiten beherrscht und nutzt, hat morgen die Nase vorn.« Das Dilemma dabei wird nur allzuleicht übersehen. Die Computerkommunikation täuscht zwischenmenschliche Beziehungen vor, die ohne technische Hilfsmittel keinerlei tragfähige Basis haben. Echte menschliche Nähe wird von Jugendlichen, die täglich vor dem Monitor sitzen, sogar als Bedrohung empfunden. Es ist leichter, auf eine Anweisung auf dem Bildschirm zu reagieren als auf menschliche Gefühle. Menschen sind nicht berechenbar wie die Technik. Die Flucht vor der menschlichen Bedrohung an den vertrauten Computer, getarnt als sinnvolle Freizeitgestaltung am Anfang, später als Arbeit, kann für Jugendliche zum Einstieg in die Sucht werden.

Die Last erfolgreicher Eltern

Dirk (43) ist Physiker in einem Forschungsinstitut. Er ist der erste Gesprächspartner, bei dem ich mir die Frage stelle: Kann man seine Arbeit wirklich gut machen, ohne arbeitsbesessen zu sein? Als Voraussetzung für eine erfolgreiche Tätigkeit gewissermaßen? Das junge Paar, das an der Straßenecke einen Bäckerladen eröffnet hat und von morgens um 4.30 Uhr bis abends um 19 Uhr im Geschäft zugange war, hat nach einem halben Jahr eine Verkäuferin eingestellt und die Öffnungszeiten um eine tägliche Mittagspause verkürzt. Eine Journalistenkollegin hat im zweiten Jahr ihrer freiberuflichen Arbeit damit begonnen, in einen Auftrag nur noch soviel Zeit zu investieren, wie auch einigermaßen angemessen honoriert wird. Wer genau nachdenkt, wird in allen besonders gefährdeten Personen- beziehungsweise Berufsgruppen Menschen finden, die über das normale Maß hinaus arbeiten, und solche, die sehr gesund mit ihrer Arbeit umgehen und trotzdem engagiert sind. In der Wissenschaft fällt mir kein Bekannter ein, bei dem Engagement und Ausgeglichenheit vereint sind. Vielleicht ist es nur ein scheinbarer Widerspruch, daß die Tätigkeit, die im verbreiteten Klischee mit einem Höchstmaß an Rationalität verbunden ist, gerade von Menschen ausgeübt wird, die ihr Privatleben höchst irrational gestalten.

Es ist fast unmöglich, Dirk zu Hause zu erreichen, zumal er zu den Menschen gehört, die nicht bereit sind, sich durch einen Anrufbeantworter den selbstbestimmten Tagesablauf durcheinanderbringen zu lassen. Bei Geburtstagsfeiern taucht er grundsätzlich erst nach 23 Uhr auf, weil er a) entweder so lange gearbeitet hat, b) im Theater war oder c) sich kurz mit einer Fachzeitschrift auf die Couch gelegt hat und eingeschlafen ist. Oder er erscheint bereits um 21 Uhr, muß dann aber spätestens um 23 Uhr gehen, weil er a) ins Kino zur Spätvorstellung will, b) einen Freund nach zweieinhalb Jahren nur heute treffen kann oder c) ein geliehenes Auto zurückgeben muß, weil das eigene seit drei Wochen vergeblich auf die Reparatur wartet.

Die beste Chance, ihn telefonisch zu erreichen, besteht nach 20 Uhr in seinem Institut, das außerhalb der Stadt liegt. Zu dieser Zeit sind nur noch wenige Kollegen dort. Das erhöht die Wahrscheinlichkeit, ihn im eigenen Zimmer zu erwischen. Hat man ihn endlich erreicht, freut er sich riesig, daß man ihn nicht völlig vergessen hat, man müsse sich unbedingt einmal zum Bier treffen. Doch ehe es zur konkreten Verabredung kommt, fällt ihm ein, daß in wenigen Minuten die S-Bahn fährt, die er für die Heimfahrt eingeplant hatte. Heute bin ich geistesgegenwärtig genug, ihn zu fragen, ob er in 90 Minuten zu Hause zu erreichen sei, und so kommt unsere Verabredung zu einem Treffen doch noch zustande. Als ich eine Woche später an seiner Wohnungstür klingele, empfängt er mich mit einem Käsebrot in der Hand. Er ist gerade erst nach Hause gekommen, ob mich sein Essen wohl stören würde? Auf einem kleinen Tischchen schaufelt er ein wenig Platz frei für die Teekanne und den Brotteller, der Laptop gerät in bedenkliche Nähe der Tischkante, doch Dirk beherrscht seinen Einsiedlerhaushalt. Vor dem Fenster steht ein großer Schreibtisch, der leider zum Arbeiten ungeeignet ist, er ist von mehreren Schichten aufgeschlagener Bücher bedeckt. Auf dem Fußboden steht, umgeben von Zeitschriftenstapeln, eine neue Stereoanlage. Endlich kann Dirk timergesteuert Rundfunksendungen aufnehmen, die er vermutlich hört, während er im Fernsehen die Mitternachtsnachrichten verfolgt und die Tageszeitung überfliegt. Interessante Artikel reißt er heraus und legt sie auf der Couch ab, wo sie darauf warten, gelesen oder von aktuelleren Ausschnitten überlagert zu werden. Nach der obligatorischen Entschuldigung für die Unordnung und dem hastig verzehrten Brot ist Dirk zum Gespräch bereit.

»Arbeitssüchtig? Nein, würde ich nicht sagen. Ich bin arbeitswütig, arbeitslustig. Ich könnte mich für ein Jahr, auch für 20 Jahre, wenn das die Beziehung trägt, mit einer lieben und aufregenden Frau in ein Dorf setzen und auf die Kinder aufpassen. Irgendwo im Norden, Süden, Osten Europas. Ja, ich könnte mir andere Lebensformen ohne meine derzeitige Arbeit vorstellen. Völlig ohne Arbeit, ohne Aufgabe, das kann ich mir nicht vorstellen. Es muß so etwas wie ein Sinn dasein.

Ich komme gerade aus London. Du wirst es kaum glauben

es war einfach Urlaub. Vorher hab ich mir ein paar Reiseführer geholt und durchgeblättert, mit Freunden gesprochen, was sehenswert ist. Ein paar der wichtigsten und schönsten Punkte in London hab ich abgearbeitet, und ansonsten waren wie immer die spontanen Sachen die schönsten. Leute zu treffen, ein Stück Landschaft außerhalb Londons zu sehen, aber mich auch bei einem de facto schon geplanten Besuch im Museum zu vergraben. An meine Arbeit hab ich zweimal gedacht. Einmal auf der fürchterlich langen U-Bahn-Fahrt von Heathrow ins Stadtzentrum, das wurde mir am Anfang langweilig. Da hab ich ein Arbeitspapier gelesen, auf das ich neugierig war. Natürlich nur halb konzentriert, weil die Stadt auf einem Teil der Strecke ja auch aus der Metro zu sehen ist. Das zweite Mal haben wir zusammen so einen viertel Abend damit verbracht, ein Café zu suchen, von dem heraus man sich in meinen Institutscomputer ›einloggen‹ konnte. Einfach aus Neugier, weil ich wissen wollte, ob irgendwas Wichtiges, Neues passiert ist. Das stellte sich nach ein paar vergeblichen Versuchen als nicht möglich heraus. Ist aber verwindbar gewesen, der Abend war so auch noch ganz lustig.

Der Urlaub war spontan, wie meine Urlaube generell. Wenn sie überhaupt stattfinden. Das war in diesem Jahr, wir haben jetzt November, die erste Woche von – ich weiß gar nicht, viereinhalb oder fünf Wochen hab ich wohl im Jahr. Sicher hat bei dem Entschluß im Hintergrund gestanden, daß ich von meinen vielen Urlaubstagen irgendwann mal ein paar nehmen muß, wenn sie nicht alle verfallen sollen im nächsten Jahr. Das letzte Mal war ich im Mai in Urlaub, eine Woche Resturlaub vom Vorjahr. Radfahren auf Korsika – endlich mal so ein bißchen körperliche Anstrengung. Ist dort sehr bergig, da mußt du schon treten, wenn du dir nicht gerade die wenigen Ebenen aussuchst. Wir hatten keine konkreten Tagesziele. Fest stand nur, irgendwann im Laufe der Reise wollten wir mal zum Meer, damit wir nicht bloß durch's Gebirge strampeln. Und das haben wir auch geschafft, haben einen Tag am Strand verbracht und sind dann wieder zurückgeradelt.

Früher hab ich auch mal längere Urlaube gemacht. Heute sind sie nie länger als zehn Tage. Das hängt natürlich von meiner relativ ›asozialen‹ Situation ab. Da sind meine Halbfamilienbeziehungen, sprich zwei Kinder aus unterschiedlichen Beziehungen, die möchte ich oft und gerne sehen. Andererseits bin ich relativ frei in meinen privaten Entscheidungen, das heißt, ich verschiebe meine Urlaube immer wieder. Es sei denn, es hängen Termine dran wie letztes Jahr. Da waren es sogar mal 14 Tage, allerdings nicht nur Urlaub. Der Anlaß war eine Tagung in den USA. Im Anschluß bin ich quer durchs Land gefahren und irgendwann am Pazifik wieder aufgetaucht. Ich hatte das Glück, daß mich noch jemand zu einem Vortrag nach Berkeley eingeladen hatte. Das ist eine Art Urlaub, die mir Spaß macht, wo man das Land am besten kennenlernt, in der Verbindung mit Arbeit. Solche Arbeitspunkte bringen so etwas wie eine Struktur in die Zeit.

Das entspricht auch ungefähr meinen Arbeitsbedingungen im Institut. Da ist der Ausgangspunkt klar und das Ziel definiert. Wir arbeiten als Gruppe über einen längeren Zeitraum an einer Aufgabe. Konkret heißt das, daß wir seit sechs Jahren an einem Projekt dran sind, das uns erlaubt, in die Tiefen des Alls zu gucken und festzustellen, ob eventuell noch Objekte da sind, von denen bis jetzt keine Signale, keine Nachrichten empfangen werden.

Am Beginn des Projektes spricht man generell die Arbeitsteilung in der Gruppe ab. Dann teilt sich jeder seinen Arbeitsalltag ein. Man arbeitet ja spezialisiert und auf verschiedenen Linien. Dann gibt es immer wieder paarweise Konstellationen, zwei, drei Leute, die sich konkret auf einen Zeitpunkt hin verabreden. Ich mach mir dann einen gewissen Tagesplan, aber nicht besonders streng. Ich tendiere da eher zur Undiszipliniertheit. Nach einigen Tagen merke ich, ich bin vom Projekt abgedriftet in eine Richtung, die ich eigentlich gar nicht verfolgen wollte. Aber bis zu dem vorgegebenen Zeitpunkt sollten die Aufgaben halt erledigt sein. Natürlich kommt es immer wieder vor, daß Sachen nicht fertig werden. Dann staut sich das zum Ende. Das ist ein ganz typisches Arbeiten, daß ich am Schluß, in der letzten Woche, so richtig zu größerer Arbeitswut auflaufe. Wenn eine Tagung ansteht, oder ein Manuskript muß fertig werden, zum Beispiel. Der Arbeitstag wird extensiver, man sitzt noch länger als sonst, und das Wochenende ist auch gebucht. Da schneide ich normale Beziehungen nach außen ab. Dann ist vielleicht nicht gerade Notstand angesagt, aber ein etwas strengeres Regime schon. Zwölf Stunden am Tag und das

Wochenende dazu. Das geht sehr vielen Kollegen so, daß man sich Ziele setzt, die doch nicht so einfach zu erreichen sind. Man hat gedacht, daß man die anstehenden Fragen besser, umfassender beantwortet. Oder das Projekt wird eher abgeschlossen. Dann muß man halt 'n bißchen strampeln. Ist ja auch ganz schön, ich meine, in den Bergen fährt man ja auch weiter, wenn die Steigung ganz unerwartet stärker wird. Man versucht es zumindest. Vielleicht ist das sogar vergleichbar, diese Lust. Ich hab schon seit geraumer Zeit Spaß daran, in den Bergen zu wandern, und wenn ein Anstieg zu sehen ist, den nicht gar so langsam zu nehmen. Um dann oben zu verschnaufen. Es macht mir mehr Spaß, zu verschnaufen bei dem Rundblick, der meistens sehr schön ist. Oder er ist eben schön, weil man sich so angestrengt hat, also das sind ja sowieso alles sehr relative Sachen, was man so unter Spaß, Lust und Schönheit versteht.

Probleme entstehen bei meiner Arbeit, weil man ja oft auf die Zuarbeit anderer angewiesen ist. Es ist natürlich schwierig, sowohl die eigene Arbeitswut als auch diesen Ehrgeiz auf andere Leute zu übertragen. Wenn man selbst in so einer Endphase seinen eigenen, sehr extensiven Stil fährt, muß das ja nicht unbedingt mit dem Arbeitsstil anderer übereinstimmen. Es gibt ja durchaus Leute, die ihre Ergebnisse mit mehr Ruhe erzeugen, in wohlorganisierter Arbeit. Die auch damit zufrieden sind und nicht sehr viel Verständnis dafür haben, daß da jemand kommt und sagt, nun aber hoppla, jetzt hab ich hier noch was, und daraus sollte man noch dieses oder jenes machen. Oder: Mir ist da noch etwas eingefallen, machen wir das doch schnell noch mal. Natürlich läuft das nicht so distanziert ab, wie ich jetzt darüber rede. Vielleicht ist das auch eine Generationsfrage. Ich bin jetzt seit 15 Jahren hier im Institut, da passen sich die Arbeitsstile aneinander an. Ich habe diese Probleme nie mit den Kollegen, die schon seit Jahren hier sind. Es gehörte immer zum normalen Arbeitsalltag, daß man sich verausgabt, daß man auf jeden Fall mehr als den achtstündigen Arbeitstag macht. Als ich hier angefangen habe zu arbeiten, 1980, gleich nach dem Diplom an der Universität, war das für mich ein sehr merkwürdiges Erlebnis, überhaupt acht Stunden auf einem Stuhl zu sitzen. Ich war höllisch froh, daß ich um 17 Uhr oder manchmal, wenn keiner hinguckte, auch vielleicht um 16.15 Uhr das Gefühl hatte, jetzt ist der offizielle Feierabend. Das war ein sehr sonniger Herbst damals, ich hab mich dann mit einem Buch in den nächsten Park gesetzt. Dachte, endlich kann ich machen, was ich will. Das hat eine Weile gedauert, bis ich verinnerlicht hatte, daß die anderen ganz merkwürdig geguckt haben, weil ich nicht von selbst länger blieb oder früher kam. Mir hat das auch nie jemand gesagt. Nach ein paar Wochen hatte ich meine Arbeitsaufgabe und hab mich da reinverbissen und bin abends ganz selbstverständlich länger geblieben. So hat sich das über die Jahre ganz organisch verstärkt. Unser Institut mußte mit internationalen Partnern mithalten, wir hatten schon zu DDR-Zeiten Zusammenarbeit mit Westinstituten. Da gab's mitunter technische Probleme, die bedeuteten, daß man am Wochenende nach dem Rechten sehen mußte. Wir hatten noch nicht die Computer, die man am Freitagabend anstellte, und dann haben die ihre dicken Magnetbänder fröhlich abgespult, sondern wir sind ins Institut gefahren und haben selbst nachgeguckt, ob die Bänder beim vierten oder erst beim zehnten Versuch erfolgreich gelesen wurden. Da gab es gar keine andere Wahl, und in dieser Zeit ist die Motivation gewachsen bei vielen der Kollegen, die länger dabei sind.

Wenn es eng wird, mach ich mal einige Nächte durch. Solche Crashzeiten sind aber selten. Vielleicht zusätzlich noch, wenn eine Veröffentlichung zu einem Termin fertig sein muß. Dafür möchte man sich nicht verstecken, die muß gut oder solide sein. Und bevor ich zu irgendeiner Tagung fahre, kommt es vor, daß die letzte Nacht durchgemacht wird. Da ist alles ziemlich genau getimet. Ich fahre die lange Strecke zum Institut mit dem Auto, arbeite die Nacht durch, komme morgens so zu Hause an, daß ich noch den Koffer zumachen kann und dann zum Flughafen fahre. Das ist meine Art, mich psychologisch einzustimmen auf eine Situation, in der man einfach gut sein muß. In so einer Anspannungsphase kommen auch immer noch neue Fragen und Ideen, man hinterfragt alles noch einmal. So eine produktive Selbstverunsicherung ist das: anstacheln, noch mal nachgucken, nachrechnen und auf die Weise dann vielleicht besser vorbereitet zu sein, als wenn ich's gemütlich machen würde. Nach solchen Anspannungen fordert der Körper natürlich seine Ruhephasen. Entweder mache ich –

was eher selten vorkommt – zum Beispiel eine Woche Urlaub, oder zumindest gehe ich die Arbeit ruhiger an. Man nimmt sich Zeit, mit den Kollegen eine Tasse Kaffee zu trinken oder etwas zu besprechen, was nicht so dringend ist. Dann freue ich mich auch auf das Wochenende. Da ist endlich Zeit und die Chance, mal wirklich einkaufen zu gehen. Ernsthaft, es ist ein Problem für jemanden, der nicht um halb sieben in der Nähe eines Ladens ist, sich zu verpflegen. Ich hab vor dem Urlaub gerade wieder eine Zeitlang nur von der Tankstelle gelebt. Das soll ja nicht so sehr gesund sein. Aber am Wochenende kann man zur Bibliothek gehen, seine sozialen Kontakte pflegen, außerdem ist manchmal der Besuch bei meiner kleinen Tochter angesagt. Dabei gerate ich in Widerspruch zu meiner ansonsten eher spontanen Lebensweise. Diese Kontakte müssen ja fest geplant sein. Vielleicht ist dieser Widerspruch auch so ein Stückchen mitverantwortlich dafür, daß ich heute allein lebe. Das entspricht ja durchaus nicht meiner Idealvorstellung.

Wenn ich mich nicht kennen würde oder wenn ich keine Erfahrungen mit mir hätte, würde ich sagen, natürlich kommt erst die Familie, dann die Arbeit. Weil ich die Familie oder die Beziehung eigentlich für sehr wichtig halte. Aber das ist mein Kopf, der das sagt. Irgendwie kam es dann immer anders in der Beziehung. Ich glaube, daß ich da ziemlich viel vom Partner verlangt habe. Was zum Beispiel heißt, daß ich wenig physisch präsent war zum Erledigen von diesen und jenen Dingen und mein ›Recht‹ in Anspruch genommen habe, am Wochenende zu verschwinden und zu arbeiten. Das ist alles in allem keine Situation, über die ich so sehr glücklich bin, aber ich weiß nicht genau, was ich da anders machen kann. Vielleicht liegt es auch daran, daß ich noch keine Beziehung hatte, die mir wirklich so ungeheuer wichtig war. Ich stelle das manchmal als Hypothese vor mich hin. Lächele zur Seite, weil ich denke, es ist vielleicht eine Ausrede, ich hab's nicht genau begriffen bis jetzt. Ich weiß nur, daß ich zugunsten einer Beziehung nicht darauf verzichten könnte, Spaß und Erfolg in meiner Arbeit zu haben. Ich glaube, das muß immer ein Gleichgewicht geben. Aber ich bin hier wie ein Blinder, der über schöne Gemälde spricht.

Dazu paßt ein Bild aus meiner Kindheit, das meine Mutter mir erzählt hat. Ich sitze da als kleiner Junge auf dem Hintern und versuche, meine Schnürsenkel aufzuknüppern. Das hab ich bis zum Umfallen getrieben und alles um mich herum vergessen. Bis ich es geschafft hatte. Das hat sich fortgesetzt in meinen Unternehmungen. Ich hab angefangen, die Fernseher und Radios meiner Eltern umzubauen, den Plattenspieler über den Fernseher abzuspielen und aus dem alten Radio und dem alten Fernseher eine Stereoanlage zu bauen, das Radio fernzusteuern und all solchen Tinnef. Ich hatte auch den Ehrgeiz, alles möglichst perfekt zu machen, hab lange daran herumgetüftelt. So an Flugzeug- und Schiffsmodellen gebastelt. Meine Eltern haben dann immer den Versuch unternommen, mich in irgendwelche entsprechenden Arbeitsgemeinschaften zu stecken. Ich begreife heute gar nicht, warum ich das nicht gemacht habe. Ich denke, aus dieser Zeit stammt auch der Ehrgeiz, sehr hohe Ansprüche an mich zu stellen. Daß man einfach gut sein muß, weil – wenn man nicht gut ist, ist man schlecht. Dazwischen gibt's nichts. Andererseits habe ich durch diese Einstellung auch gelernt, daß man sich doch bitte schön verausgabt bei dem, was man gerade tut, egal in welcher Situation man sich befindet. Daß man da dransitzt, bis die Sache eben fertig ist, verflucht noch mal. Also nicht im Sinne von Anweisung, sondern daß man aus einer gewissen moralischen Verpflichtung anderen gegenüber, aber auch aus eigenem Ehrgeiz, aus eigenem Erfolgsbedürfnis heraus, die Dinge so macht, daß man sich nicht für das Ergebnis schämen muß. Oder daß man sich selbst nicht sagen muß, also da hättest du aber lieber noch die letzten Wochenenden ranhängen sollen, dann wäre das richtig geworden. Und ich hab im Elternhaus eine Menge Leute kennengelernt, vor denen ich eine große Hochachtung hatte. Gestandene Leute waren das. Und da war wohl in mir so ein Stachel, nicht so sehr viel schlechter zu werden. Sicher war da auch ein freundlicher Erziehungszwang, wie ich ihn dann als Vater selbst versucht habe zu realisieren. Aber Erziehungszwang nicht im Sinne von Strafen, erst recht nicht drastischen, sondern durch das Vorleben der eigenen Arbeitsintensität, nicht daß da etwa darüber referiert wurde, wie erfolgreich jemand war. Nein, einfach nur Freunde von meinen Eltern, Kollegen, die präsent waren, die mich zutiefst beeindruckten. Das war vielleicht auch einer der Gründe, daß ich in meiner Berufswahl nicht auf der Strecke gelandet bin, auf der meine Eltern tätig sind, im künstlerischen Bereich. Ich hätte es nie ertragen, wenn es irgendwann geheißen hätte, ach, schau mal, das ist der Sohn von dem da. Also dieses Vorleben durch die Eltern war ganz klar auf Arbeit orientiert. Deshalb kann ich auch relativ gut beschreiben, was die Arbeit mir bedeutet. Arbeit ist zuallererst Spaß, tüfteln. So, wie man sich als Junge hinsetzt, wenn man 'nen Baukasten hat, und ein Haus baut. Nur, daß man seine Arbeitsergebnisse nicht wie so ein Haus wieder einreißt. Normalerweise. Ja, zu sehen, daß dabei vernünftige Sachen entstehen, die aber in der Wissenschaft natürlich von anderen verwertet werden. Ich bin nicht der Physiker, der fanatisch nach einer Formel sucht. Mir macht es einfach Spaß, das zu tun, was ich mir gerade vorgenommen habe. Ich glaube nicht, daß ich ohne tüfteln, ohne Anforderung an mich, ohne Wut darüber, daß es immer noch nicht klappt, und ohne Spaß an einem positiven Resultat, daß ich ohne diese Gefühle leben könnte. Ich denke, daß viele Leute, die in der Forschung sind, aus diesem Spaß heraus arbeiten und leben. Natürlich ist die Bewertung durch Kollegen äußerst wichtig. Das ist schon eines der Motive für mich, zu strampeln. Die Bewertung durch Freunde, durch die Familie, die Eltern, die Kinder, die Frau oder ich weiß nicht, wen, ist mir nicht unwichtig. Aber das Urteil von Laien, so sehr man sich manchmal wie ein bewunderter Exot fühlt, da kann ich nicht sehr viel drauf geben. Selbst bei meinen Eltern mußte ich ganz lange reden, bis auch dort klar war, daß das Märchen von der Naturwissenschaft, wo alles so wunderbar abrechenbar ist, wo Qualität, Erfolg, Mißerfolg ganz klar voneinander zu trennen sind, eben ein Märchen ist. Deshalb kann ich auch nicht sagen, daß mich die Ablehnung, die meine große Tochter mit ihren 19 Jahren meiner Arbeitswut oder meiner Arbeit gegenüber zeigt, besonders trifft. Obwohl ich sehr an den Kindern hänge. Wenn ich das jetzt überdenke, sind Kinder eine der wichtigsten und schönsten Erfahrungen, die es gibt. Ich genieße das Zusammensein mit ihnen immer mehr. Diese Momente von Genuß bedeuten mir mehr als Begriffe wie Selbstverwirklichung. Lieber Gott, das klingt alles so groß, aber das ist doch die Frage: Was ist Leben? Was hat man gemacht in der Zeit, die man bis jetzt verbracht hat, 40 Jahre? Und was tut man in den Jahren, die man noch hat?«

Individuelle Ursachen der Arbeitssucht

»Labor omnia vincit« *
Vergil

Hinter jeder Sucht verbirgt sich die Sehnsucht nach Anerkennung und Liebe. Zwanghaftes Arbeiten ist oft der Versuch, einen Mangel an Anerkennung und Zuwendung zu kompensieren. Fast immer sind Prädispositionen für zwanghaftes Arbeiten bereits in der Kindheit angelegt. Ein Baby bekommt erst für die vollständig geleerte Flasche Lob, selbst wenn der Hunger längst gestillt ist und die Nahrungsaufnahme zur Anstrengung gerät. Ein anderes Baby wird belohnt, wenn es frühzeitig lernt, den Topf statt die Windeln vollzumachen. Andere Eltern fördern ihre Kinder mit »pädagogisch wertvollem« Spielzeug. Und weil der Sprößling so wißbegierig ist, greift man stets nach Baukästen, Büchern und Puzzlespielen, die mindestens eine Altersstufe höher zielen. Ballettkurse, Tennis und Musikschule empfehlen sich ebenfalls zur kindlichen Freizeitgestaltung. Je früher man beginnt, desto leichter der Weg zur Meisterschaft. Nicht zu vergessen sind schulische Spitzenleistungen, der Nachwuchs soll fürs spätere Leben die besten Chancen haben. Ein raffiniertes System von Lob und Tadel sorgt für die richtige Stimulierung der Kinder. Auch sollte man keine Mühen scheuen, wenn es darum geht, das eigene Kind auf die olympischen oder Karrierestufen zu hieven, die man selbst so gern erklommen hätte.

Wohlbemerkt, es geht nicht um eine Kritik an der Förderung von Interessen und Begabungen. Gemeint ist eine frühzeitige Leistungsorientierung und die kindliche Erfahrung, daß Lob und Liebe nur als Reaktion auf besondere Anstrengungen zu erhalten sind. Auch die gegenteilige Erfahrung kann später zu zwanghaftem Arbeiten führen. Ein Kind, das niemals Lob und Wärme erhalten hat, kämpft als Erwachsener durch übermäßige Arbeitsanstrengungen darum. Natürlich kann die in der Kindheit schmerzhaft vermißte Anerkennung auf diesem

* Arbeit besiegt alles

Weg nicht nachgeholt werden. Konkurrenzsituationen unter Geschwistern, das Gefühl, Vorbild sein zu sollen oder dem Vorbild nacheifern zu müssen, kann als kindliche Erfahrung zu arbeitssüchtigen Entgleisungen im späteren Lebensalter führen. Nahezu jede Mangelerfahrung, jede Form von leidvoll erlebtem Zwang in einem Lebensalter, in dem relativierende emotionale Erfahrungen so wenig wie rationale Einsichten bei der Verarbeitung von Negativerlebnissen zur Verfügung stehen, legt den Grundstein für ein gestörtes Arbeitsverhalten. Wie bereits erwähnt prägt nicht zuletzt das Vorbild der Eltern, die ständig vielarbeitend erlebt werden, erfolgreich sind, gesellschaftlich geachtet, das Kind ganz wesentlich. Dieses Vorbild wirkt oft stärker als alle verbal vermittelten Werte. Roland, ein guter Bekannter, ist heute Rechtsanwalt, 43 Jahre alt und Vater zweier Kinder. Bis vor wenigen Jahren war er Richter am Oberlandesgericht, bewohnte eine Reihenhaus und litt darunter, daß sein Vater, ein Chefmanager der Pharmaindustrie, ihn ob seines schlechten Verdienstes bedauerte. Heute sitzt er bis tief in die Nacht an seinem Schreibtisch, morgens um 8 Uhr ist er noch vor den Sekretärinnen in der Kanzlei und bereitet die Unterlagen für den Tag vor. Vor zwei Jahren hat er eine Jugendstilvilla für zwei Millionen Mark gekauft. Voller Stolz erzählt er, wie sein Vater zu ihm sagte: »Du bist verrückt.« Auch seinen zweiten Traum hat sich Roland erfüllt: ein Reitpferd. Den endgültigen Sieg über seinen Vater feierte er in diesem Jahr. Neben den Mercedes (ein etwa gleichgroßes Modell, wie ihn der Vater seit Jahren fährt) stellte er sich einen Jaguar vor die Tür. Der Preis für diesen Sieg ist hoch: Roland fühlt sich nur noch an seinem Schreibtisch wohl, die Ehe ist eine moderne Variante von Strindbergs »Totentanz«, die Tochter wird beschimpft, wenn sie mit langen Ortsgesprächen die Telefonrechnung belastet.

Es geht hier nicht darum, ein Horrorszenario zu entwerfen. Selbstverständlich wird nicht jeder Mensch, der eine der genannten kindlichen Prägungen besitzt, in der einen oder anderen Form entgleisen. Vermutlich wären dann die gesunden und normal arbeitenden Menschen eine verschwindende Minderheit. Erst wenn diese Prädispositionen mit einer Reihe anderer begünstigender Faktoren zusammentreffen, ist die Gefahr einer Suchtkarriere sehr real.

Die ausgebliebene Belohnung

Eine schmale Gestalt, konturlos fast vor dem diffusen Dunkel des Hauseingangs, leichtgerötete Wangen in einem blaßgrauen Gesicht, die Stimme kraftlos wie der Händedruck – Helmut empfängt mich an der Tür seines Reihenhäuschens. Wir gehen ins Wohnzimmer. Liegt es an der Trübnis dieses Sommertages, daß wir Licht benötigen, oder ist es hier immer so dunkel? Eine holzgetäfelte Decke drückt auf den ohnehin flachen Raum wie eine Schrottpresse auf das Altauto. Es ist ordentlich aufgeräumt, die übergroße Sitzecke wirkt unbenutzt wie die lange Anbauwand. Ein wenig verloren stehen wir einen Moment in dem weiten Raum, dann setzen wir uns an den Eßtisch in der Ecke. Helmut schaut mich an mit dem traurigen Blick eines Hundes, der seinen Herren verloren hat. Die Suche hat er resigniert aufgegeben. »Vielleicht gehen wir lieber ins Arbeitszimmer?« fragt er und steht auf. Es ist kleiner, aber ebenso dunkel. Ein Zimmer, in dem das Auge nirgends hängenbleibt. Kein Farbtupfer, kein Bild, keine Blume. Ein Schreibtisch mit mechanischer Schreibmaschine, einige Bücher und Mappen liegen wohlgeordnet daneben. Die Wände sind mit Regalen zugebaut. Fachzeitschriften, korrekt nach Jahrgängen sortiert und beschriftet. Seine Stimme gewinnt an Kraft, stolz erläutert er die Ordnung der Bücherreihen: links die methodisch-didaktische Literatur, rechts Bücher für die inhaltliche Unterrichtsgestaltung. Geschichte und Technik sind die dominierenden Themen. Er greift hier ein Buch heraus, erinnert sich, wann er es benutzt hat, dann ein nächstes, ein drittes. Da ich mit den Anlässen nichts verbinde, unterbreche ich seine plötzliche Präsentationslust. Er stellt das letzte Buch zurück an seinen Platz, dann sieht er sich unschlüssig um. Es gibt in diesem Zimmer keinen geeigneten Platz für unser Gespräch. Wir wechseln zurück ins Wohnzimmer an den Eßtisch. Gerade aufgerichtet sitzt er vor meinem Mikrofon, die Situation erinnert ein wenig an eine Zeugenaussage vor Gericht. Keine Pause des Nachdenkens, keine Unsicherheiten, kein Verharren in Vergangenem. **Helmut** (57) erzählt seine Geschichte ohne spürbare Emotionen, die Stimme bleibt gleichmäßig tonlos. Nur wenn er von seinen erfolgreichen Auseinandersetzungen im Kollegenkreis spricht, dann huscht für einen kurzen Moment der Anflug eines Lächelns über sein Gesicht.

»Vor wenigen Monaten bin ich am Nachmittag während der Klassenarbeit in Tiefschlaf gefallen und wachte gegen 4 Uhr auf. Neben mir lagen die Klassenarbeiten, die Schüler waren weg.

In der Schule bin ich zunehmend gereizt, werde aggressiv und schreie die Leute an, den leitenden Regierungsdirektor, den Schulleiter, ist mir völlig egal, wer es ist. Und Schüler auch, da hat es schon böse Vorwürfe gegeben. Ich halte es einfach nicht mehr aus, wenn die Kopfschmerzen kommen, mal dumpfe, mal helle, stechende Schmerzen. Oder mir wird schwindlig, bis mir speiübel ist. Da weiß ich nicht mehr, ist es nur im Kopf, oder ist es auch im Magen. Nachmittags kommt einfach die totale Abschlaffung.

Seit 1965 bin ich im Schuldienst. Ich kann mich nicht erinnern, jemals bewußt mit negativen Gefühlen zur Schule gegangen zu sein. Deswegen hat mich das Ganze so überrascht. Es muß wohl im Unterbewußten viel mehr ablaufen, als ich wahrnehme. Sicher hängt es auch damit zusammen, daß die Arbeit ständig zunimmt. Ich muß auf meine alten Tage immer mehr tun, statt weniger. Aus der Schulleitung scheiden Kollegen aus und werden nicht mehr ersetzt, seit Jahren haben wir diesen Einstellungsstopp. Außerdem haben wir ein technisches Gymnasium eingerichtet, da muß ich ein neues Fach übernehmen, Geschichte. Das sind objektive Bedingungen, durch die der Streß immer größer wird. Dadurch gibt es zunehmend eine Ellenbogenmentalität, jeder fühlt sich schon jetzt bis an die Grenze belastet und versucht, möglichst viel auf den anderen abzuwälzen. Deshalb gibt es wenig Hoffnung, daß sich die Situation für mich verbessert. Die üblichen Methoden, Streß vermeiden, nicht alles in mich reinfressen, das mache ich ja längst. Wenn mich Probleme plagen, dann setze ich mich hin und denke drüber nach. So bin ich, was soll ich dagegen tun?

Dazu kommt mein Diabetes, und zwar ein Sonderfall. Ich kann nicht spritzen, das bringt nichts, ich bin insulinresistent. Das heißt, ich hab noch eigenes Insulin, aber es wirkt nicht.

Und die ganze Therapie ist nicht auf diesen Fall ausgerichtet. Normalerweise hat man entweder gar kein Insulin oder zuwenig. Das ist heutzutage kein Problem, man spritzt fremdes Insulin, oder die Bauchspeicheldrüse wird angeregt, welches zu produzieren. Für meinen Fall, daß man das vorhandene Insulin wirksam werden läßt, gibt es ein Medikament, das nehme ich schon, aber die Wirkung ist begrenzt. Dazu muß ich Diät halten und Bewegungstherapie machen, jeden Tag eine halbe Stunde Jogginglauf, wenn ich nach Hause komme. Egal wie das Wetter ist, ob eiskalter Winter oder sengend heißer Sommer, Tag für Tag. Dadurch sinkt der Blutzuckerspiegel nach der Anspannung in der Schule wieder auf ein erträgliches Maß ab. Das Ganze hab ich von meinem Vater geerbt, und es ist bei mir 1985 entdeckt worden. Zunächst ging es damit sehr gut, nur seit ungefähr einem Jahr sieht die Sache ziemlich schlecht aus. Der Blutzuckerspiegel schnellt ständig hoch, besonders in der Schule, am Nachmittag. Darauf hat keiner Rücksicht genommen, bis ich letztes Jahr mit der Hilfe eines Anwaltes durchgesetzt habe, daß mein Unterricht vor allem morgens stattfindet. Vorher ist mir freundlich lächelnd versprochen worden, klar machen wir das, dann ging es leider nicht anders, und alles ist beim alten geblieben. Unterrichtsvorbereitungen hab ich zum Glück nicht mehr so viele. Aber wenn ich mich in dieses neue Fach Technikgeschichte einarbeiten soll, da muß ich erst mal eine Menge für tun. Ansonsten habe ich immer Wert darauf gelegt, mich nicht auf den eingefahrenen Gleisen auszuruhen. Guter Deutschunterricht ohne Kenntnis der neuesten Literatur, das geht nicht. Außerdem bin ich didaktischer Koordinator in unserer Schule. Technikdidaktik, Politikdidaktik und Deutschdidaktik muß ich bearbeiten. Dazu muß ich mich in den Bezugswissenschaften schon einigermaßen auskennen. Ich lese Veröffentlichungen über neue didaktische Methoden, arbeite auch selbst etwas aus, um aktuell zu sein und den Kollegen Angebote zu machen. Leider ist es inzwischen so, daß viel Verwaltungsarbeit dazugehört. Seit ein anderer Kollege aus der Schulleitung ausgeschieden ist, haben sie mir noch die Einsatzplanung für Praktikanten angehängt. Und für die Einführung der Schulbücher bin ich auch zuständig. Neuerdings muß ich die Abrechnungen dazu machen, austeilen und diesen Mist, da hab ich natürlich überhaupt keine Freude. Das kostet halt viel Zeit. Dann bin ich noch für die schulinternen Lehrerfortbildungen zuständig. Das ist ganz viel Papierkrieg mit Antrags- und Genehmigungsverfahren. Wir hatten jetzt eine große Veranstaltung zum Thema Gewalt in der Schule. Da war ein bedeutender Professor aus Hamburg eingeladen, und von der Polizei hatten wir jemanden da. Das waren etliche Arbeitsgruppen, ich hatte auch eine. Es war sehr schwierig, das Ganze zu organisieren und über die Bühne zu kriegen. Am Anfang hatte der Schulleiter das selbst versucht und ist damit gescheitert, in der Gesamtkonferenz ist sein Konzept abgeschmettert worden. Dann wurde ich damit beauftragt, und mir ist es nach vielen Anstrengungen gelungen, diese Veranstaltung zur Zufriedenheit aller über die Runden zu bringen. Darüber hab ich einen ausgedehnten Bericht geschrieben, das muß auch sein. Bei solchen Dingen bin ich stark engagiert, da stecke ich viel Zeit rein und sitze schon mal mehrere Abende zu Hause daran. Ich habe ständig Ideen, schreibe Konzepte für irgendwelche Aufsätze. Manchmal liegt das jahrelang rum. Das entspricht gar nicht meiner Art, ich packe die Dinge an, die erledigt werden müssen. Auch wenn sie unangenehm sind. Das kenne ich von frühester Jugend an.

Ich bin 1939 in Ostpreußen geboren, kurz nach Ausbruch des Krieges. Mein Vater war natürlich im Krieg. 1944 mußte meine Mutter mit uns Kindern flüchten. Mein jüngster Bruder ist auf der Flucht geboren worden, da waren diese Angriffe. Das sind meine ersten Erinnerungen. Weiß ich noch, wir sind mit Zügen gefahren, plötzlich kamen Warnungen vor Tieffliegerbeschuß. Wir mußten aus dem Zug raus, neben dem Zug in den Graben rein. Das war schrecklich, das Gedröhne und die Schreie. Dagegen die Bombenangriffe auf Dresden hab ich als nichts Schlimmes in Erinnerung. Im Gegenteil, ich war froh, wenn die Sirenen heulten und es in den Luftschutzbunker runterging. Dort gab es Spielzeugautos. Von Dresden sind wir weiter und dann in Bayern als schlecht gelittene Flüchtlinge gelandet. Die wollten uns nicht haben. Die Amerikaner, die Besatzer, mußten uns gegen die Einheimischen schützen. Schließlich haben wir uns im Kreis Lychow-Dannenberg angesiedelt. Meinen Vater haben wir kurz nach dem Krieg hier oben wiedergefunden, besser gesagt, er hat uns gefunden. Ich war der Älteste und hab immer am meisten gearbeitet. Nebenbei hatten wir ein bißchen Landwirtschaft, wie das üblich war in der damaligen Zeit, mit Pachtland. Als mein Vater überraschend starb, war das eine Katastrophe. Wovon sollten wir jetzt leben? Versicherungen hatten wir nicht, und wir waren immerhin vier Kinder. Wir mußten alle zusammenhalten, meine Mutter suchte sich einen Job. Ich hab natürlich versucht, meine Geschwister zur Arbeit ranzukriegen. Das war mir unangenehm, aber ich fühlte mich halt am meisten verantwortlich. Wir mußten ja sehr früh schon immer nach der Schule beim Bauern helfen, Kühe hüten, Kartoffeln sammeln und all so was. Das war schon so, als mein Vater noch lebte. Spaß hat mir das nie gemacht. Aber je älter man wurde, desto mehr kam die Einsicht, es mußte einfach sein zum Überleben. Nachdem mein Vater nicht mehr da war, war ich im Grunde mit einem Schlag erwachsen. Ich war knapp 18 Jahre alt, damals war man erst mit 21 volljährig. Da war es vorbei mit dem unbeschwerten Leben. Wir hatten zwei Kühe, ein Pferd, ein paar Schweine, Hühner und Kleinvieh. Das mußte alles versorgt werden, die Pachtverträge liefen ja weiter. Ungefähr ein Jahr lang haben wir das noch betrieben, dann fand meine Mutter einen neuen Mann. Zu der Zeit war ich noch Schüler, ich ging zum Gymnasium. Dort fühlte ich mich wie ein Fremdkörper, zu der Zeit gingen die Kinder von den sogenannten oberen Zehntausend dorthin. Die waren allerdings zu mir recht nett, gehässig waren die Lehrer. Die haben einem ziemlich brutal gesagt, daß man als Arbeitersohn da im Grunde nicht hingehört. Das hat mich natürlich geärgert und verbittert. Ich fühlte mich herabgesetzt, als Mensch zweiter Klasse. Trotzdem hab ich das Abitur gemacht, als Arbeitersohn war das 1960 eine große Seltenheit. Mein Traum war, Raketenbauingenieur zu werden. Das war damals in Deutschland noch nicht möglich, dazu hätte ich nach Amerika gehen müssen. Das kam natürlich nicht in Frage, allein schon aus finanziellen Gründen. Ich hab mich dann für ein Maschinenbaustudium in Braunschweig entschieden. Wir waren 1000 Studenten im ersten Semester, ein Massenbetrieb ohnegleichen. Das war unerträglich, total unpersönlich. Auch dieses Fachidiotentum hatte ich mir so nicht vorgestellt. Nach dem ersten Semester hab ich deshalb an die Hochschule für Gewerbelehrer gewechselt und dort die Ausbildung zum höheren Lehramt für Berufsschullehrer, Hauptfach Maschinenbau, bekommen. Das hab ich sehr schnell durchgezogen, mit 25 Jahren hatte ich das erste Staatsexamen in der Tasche. Mitsamt der zweijährigen praktischen Ausbildung. 1967 dann das zweite Staatsexamen. Ich wollte so schnell wie möglich Geld verdienen und mir ein eigenes Leben aufbauen. Das Referendariat dauerte damals zwei Jahre, da mußte ich schon 14 Stunden selbständig unterrichten. Diese Zeit war schlimm, ich war der erste Jahrgang, für den der höhere Dienst an Berufsschulen eröffnet wurde. Da wurden die Berufsschullehrer den Gymnasiallehrern gleichgestellt, das war wie ein Angriff auf den Olymp. Wie das immer ist, man hat erst einmal rumexperimentiert, Druck ausgeübt. Man war der Meinung, nun muß besonders viel gemacht werden. Das war wirklich eine unangenehme Zeit. Man ist da auch total abhängig. Ich hab mich aber recht gut behauptet, würde ich sagen. Wenn man die ganze Ausbildung erst mal hinter sich hat, ist man ja König. Dann kann einem keiner mehr groß dreinreden, und man kann den Unterricht sehr stark gestalten, wie man will. Das hat mir großen Spaß gemacht.

Ich hab dann sehr bald den Deutschunterricht bei uns übernommen. Der Kollege, der das bis dahin machte, der wurde Fachleiter im Seminar in Berlin, nun ging es um einen Nachfolger. Es war keiner da, der eine Lehrbefähigung für das Fach Deutsch hatte, ich auch nicht. Aber mit meinem allgemeinen Abitur hatte ich noch relativ gute Voraussetzungen dafür. Interessiert hat mich Literatur schon immer, ich ließ mich also breitschlagen, mich da einzuarbeiten. Ich habe dann 20 Stunden übernommen, 14 Stunden Deutsch, sechs Stunden Geschichte. Da wurde der Stundenplan der ganzen Schule um mich rumgebaut, das war meine Bedingung. Schließlich hab ich der Schule aus einer großen Klemme geholfen. Zwingen konnte man mich ja nicht dazu. Weil Deutsch nicht mein Fachgebiet war, hab ich nebenbei ein bißchen Germanistik studiert. Das war wenig praxisbezogen und hat kaum etwas gebracht. Zunächst hab ich das als Gasthörer betrieben. Wir hatten damals den berühmten Germanisten Hans Mayer hier, das hat richtig Spaß gemacht. Nebenbei hab ich Psychologievorlesungen besucht und mich mit dem Professor angefreundet.

Der sagte eines Tages, Mensch, willst du nicht promovieren? In der Zeit wurde an der Pädagogischen Hochschule ein neuer Studiengang eingerichtet, Erwachsenenbildung. Da bin ich hingegangen, aus Neugierde. Meine Schüler sind ja Erwachsene gewesen, die in der Berufsaufbauschule, die waren alle volljährig. Weil das neu war, waren sehr wenige Studenten an der PH in diesem Studiengang. Der Professor war hocherfreut, daß ich da aufgekreuzt bin als Berufspädagoge, und er hat mich überredet, bei ihm erst mal das Diplom zu machen. Später sollte die PH auch das Promotionsrecht kriegen, dann könnte ich ja die Diplomarbeit aufstocken zu einer Promotion. Der brauchte natürlich Studenten. Ich hab das schließlich auch gemacht. Wobei das hochinteressant war, die Studenten bestanden in der Regel aus unzufriedenen Pastoren, die den Beruf wechseln wollten, und aus unzufriedenen Hauptschullehrern. Ich hab das alles nebenbei gemacht und hab Spaß daran gehabt. Mit dem Professor habe ich mich allerdings überworfen. Der bekam, nachdem das Studium angelaufen war, Forschungsaufträge. Nun wollte er die Studenten umfunktionieren, alle sollten eine empirische Diplomarbeit schreiben. Das hat er auch hingekriegt, selbst bei denen, die es nicht wollten. Bei mir nicht, ich hab gesagt, nein, interessiert mich nicht, ich will das machen, was wir besprochen haben. Das habe ich durchgezogen, und da war er mir ziemlich böse. Aber darauf hab ich keine Rücksicht genommen, ich hab das trotzdem mit einem guten Abschluß hinter mich gebracht. Natürlich kam es nicht mehr in Frage, bei dem zu promovieren. Das hab ich Jahre später in Technikdidaktik gemacht. Das kann sich kaum einer vorstellen, daß man nur zum Spaß promoviert. Ich habe mit dieser Arbeit fast zehn Jahre verbracht. Immer wenn ich Zeit und Lust hatte. Auch das Rigorosum, die zwei Stunden, daß einem das Spaß machen kann, kann sich kaum einer vorstellen. Ja, wie war es denn? Ich wußte doch mehr als meine Doktorväter über diese Sache. Viel mehr.

Nebenbei war ich sehr stark engagiert in der Gewerkschaft. Das hatte sicher mit meinem Vater zu tun, obwohl der nicht direkt mein Vorbild war. Er war gelernter Lederkaufmann, hat in dem Beruf aber nicht lange gearbeitet. Das Geld reichte nicht fürs täglich Brot. Darum ist er zur Gestapo gegangen. Später ist er für ›Volk und Vaterland‹ freiwillig in den Krieg gezogen. Nach dem Krieg ist er bei der Polizei natürlich nicht wieder eingestellt worden. In der Gegend gab es nicht viele Möglichkeiten, so ist er beim Wasserbau an der Elbe gelandet. In dem Betrieb ist er der Gewerkschaft beigetreten, und ganz schnell war er Personalrat, obwohl er vorher überzeugter Nazi war. Er hat nach dem Krieg geschimpft, Adolf, dieser Verbrecher! Wir haben dem geglaubt. Auf Adenauer war er auch nicht gut zu sprechen. Alles, was rechts war, war für ihn erledigt, er ist nach links gegangen. Später wurde er sogar Bezirkspersonalrat. Ich weiß nicht, ob ich stolz darauf war, aber sicherlich hat mich das der Gewerkschaft gegenüber aufgeschlossen gemacht. Der bin ich schon als Student beigetreten. Über seine Vergangenheit hab ich mit meinem Vater aber nie gesprochen. Politik hat mich damals nicht interessiert, das Fach Gemeinschaftskunde wurde erst ein halbes Jahr vor meinem Abitur eingeführt. Politisches Bewußtsein hab ich im Grunde genommen erst nach meinem Erwachsenenbildungsstudium entwickelt. Bis '74 ging das Studium, da rollte diese Emanzipationswelle, in der ging ich voll auf. Aufgewachsen war ich ja ziemlich konservativ, auch das erste Studium, Berufsschullehrer, war äußerst konservativ. Ich war überzeugt, daß man das ganze System reformieren müßte, und hab mich voll reingeschmissen. Wir haben Schulversuche gemacht, meistens ist nichts draus geworden, das lag an der Politik. Eine Gesamtschule habe ich mitgeplant, dort sollte eine Oberstufe mit beruflicher Bildung eingerichtet werden. Da habe ich den Arbeitsausschuß geleitet. Als wir das Konzept hatten, stellte sich heraus, die da oben wollten nur Geld aus Bonn haben. An unserem Konzept waren die gar nicht interessiert. Die Bezirksregierung hat das Projekt regelrecht boykottiert. Ich bin dann natürlich nicht an die Integrierte Gesamtschule gewechselt. Im Fachbereich Deutsch hab ich noch ein wenig mitgearbeitet, es machte mir einfach Spaß, mit anderen was zu machen. Nur ist der Erfolg schon wichtig, das gibt einem ja erst den Auftrieb. Wenn man Sachen plant, aus denen nichts wird, das verbraucht sehr viel Kraft. Als dann der Regierungswechsel kam, war mit einemmal Feierabend. Ich hab mich neu orientiert und wurde Pressereferent der GEW, auf Landesebene. Das ergab sich, weil unser Schulleiter geschäftsführender Landesvorsitzender der GEW war. Ich hab Artikel geschrieben für die

Mitgliederzeitung, Veranstaltungen besucht, Seminare mitgemacht. In der Zeit bin ich Sozialdemokrat geworden. Da war ich kommunalpolitisch aktiv, ich war sogar mal zwei Jahre Ratsherr. Damals ging es darum, einen unangenehmen Bonzen abzusägen. Da war ich natürlich dabei, wenn es um so etwas Konkretes geht, kann man auf mich rechnen. Das lief alles neben der Schule, da gab's kein Stundendeputat extra.

Mit meinen Kollegen hab ich ein gutes Verhältnis, mit unserem Schulleiter dagegen kommt keiner gut aus. Das ist einer, der konkret überhaupt keine Arbeit leistet, aber trotzdem Herrschaftsallüren pflegt. Mit dem hat jeder Probleme, ich hab mich vielleicht am offensten mit ihm angelegt. Wir hatten die schlimmsten Auseinandersetzungen. Ich hab das schon zurückgeschraubt, weil ich weiß, daß das für mich nicht gut ist. Nur, man kann das nicht völlig unterdrücken. Unterschwellig wirkt das weiter, da stehen natürlich Emotionen dahinter. Er wollte auch verhindern, daß ich in die Schulleitung komme. Das ist ihm nicht geglückt, ich bin jetzt über 20 Jahre dabei. Aber Beziehungen muß man dafür leider haben heute, über solche Stellen wird ja bereits parteipolitisch entschieden. Also A-15-Stellen, Studiendirektor, das ist schon eine politische Entscheidung. Schulleiter wollte ich nie werden. Auf keinen Fall an unserer Schule, unser Kollegium ist mir zu schwierig. Man hatte mir sogar schon mal einen Schulleiterposten angetragen. Das war nach einem landesweiten Schulversuch, es ging um die Einführung des schulischen Berufsgrundbildungsjahres. Ich war der stellvertretende Leiter für den Versuch. Das Ganze war von der SPD eingefädelt worden. Nachdem der Versuch gerade begonnen hatte, kam dieser Wechsel zur CDU. Der Kultusminister von der CDU hat an diesem Schulversuch festgehalten, und ich hab mit CDU-Leuten im Ministerium sehr gut zusammengearbeitet. Die haben Arbeit geschätzt und nicht Parteipolitik. Nachdem das vorbei war, wollte man mich belohnen und hat mir angeboten, Schulleiter zu werden. Aber ich hätte irgendwo aufs Land gehen müssen, das hab ich abgelehnt. Ich hatte ja hier meine Frau und das Haus.

Meine Frau hab ich 1975 im Urlaub kennengelernt. Später sind wir nach N. gekommen, weil hier Dienstwohnungen für Landesbedienstete angeboten wurden.

Wir waren übereingekommen, daß meine Frau nur halbtags arbeiten geht. Sie sollte mich versorgen und meine Sekretärin spielen. Sie hat auch relativ schnell in H. einen Fünf-Stunden-Job bekommen, den sie heute noch macht. Kinder wollte ich keine, das war für mich von vornherein klar, und meine Frau hat sich dem angeschlossen. Es ist dadurch einfach ein sorgenloses, bequemes Leben möglich. Wir fliegen zum Beispiel jedes Wochenende aus. Mindestens an einem Tag gehen wir wandern über mehrere Stunden, zehn bis 20 Kilometer, manchmal auch am Samstag und Sonntag. Das ist unser gemeinsames Hobby. Für meinen Diabetes ist das sehr gut.

Ein Haus wollte ich eigentlich gar nicht haben. Meine Mutter hatte in S. ein Haus gebaut, da war ich beteiligt zu einem Viertel. Das war Anfang der siebziger Jahre. Der Bauunternehmer machte pleite, und ich mußte mitarbeiten am Haus, was ich nicht vorgehabt hatte. Ich wollte das Leben genießen. Nach der Erfahrung hatte ich mir gesagt, selbst bauen kommt nicht in Frage. Dann bekamen wir allerdings in der Mietwohnung Ärger, die anderen Mitbewohner haben nur gekuscht, wie das so üblich ist. Und Ende '79 standen diese Reihenhäuser hier als unvermietbar leer, da haben wir uns kurzfristig entschlossen, dieses Haus, das schon fertig war, zu kaufen. Ein bißchen einschränken mußten wir uns, weil die Zinsen plötzlich hochkletterten. Aber ohne Kinder war das kein ernsthaftes Problem. Wenn meine Krankheit nicht gekommen wäre, hätten wir unser Leben in Ruhe genießen können. Aus diesem politischen Kram hab ich mich weitgehend zurückgezogen, da ist sicher ein wenig Resignation dabei. Man entschuldigt das gern mit Lebensweisheit, das ist natürlich nur ein Teil der Wahrheit. Aber natürlich muß ich mich auch schonen. Im Grunde genommen weiß ich das seit letzten Herbst. Das war, nachdem ich da eingeschlafen war im Unterricht. Die Amtsärztin hat festgestellt, daß ich depressiv sei. Das hat sie aber auf meinen Diabetes zurückgeführt. Nachdem sie mich untersucht hatte, sagte sie zu mir: Jetzt will ich Ihnen mal einen Rat als Ärztin geben. Vergessen Sie, daß ich Amtsperson bin. Wenn Sie so weitermachen, dann sind Sie bis zu Ihrer Pensionierung kaputt. Das wollte ich natürlich nicht wahrhaben, hab ich erst mal protestiert. Ja, sagt sie, verstehe ich ja, denken Sie mal darüber nach. Sie hat mich dann zur Kur in eine

Diabetesklinik geschickt. Dort ging es mir relativ gut, nach zwei Wochen wurden sogar die Tabletten abgesetzt. Daraufhin sagte der Professor, das wäre sehr ungewöhnlich, meine Krankheit hätte wahrscheinlich psychosomatische Ursachen. Er wollte mir eine andere Klinik empfehlen. Für den war die Sache praktisch erledigt. Ich hab gefragt, wie das wird, wenn ich im Beruf zurück bin, und die alte Leier läuft wieder ab? So kam es auch, ich mußte sehr bald die Tabletten wieder nehmen. So bin ich in die Hardtwaldklinik nach Bad Zwesten gekommen. Das war verbunden mit der Vorstellung, daß ich die Sache noch mal in den Griff kriegen kann. Ich hatte natürlich mit Kollegen über all das gesprochen. Die gesehen haben, wie kaputt ich bin am Nachmittag oder wie ich mit finsterer Miene rumlaufe. Im Grunde müßte ich ein abgestumpfter Mensch sein, mich nicht so aufregen und mich nicht über die Schüler und Kollegen ärgern. Der Professor in der Klinik sagte aber, das sind Adrenalinstöße, die werden ausgelöst durch den Ärger und entladen sich auf diese Art. Da bin ich nachdenklich geworden. Nun ist der Vorschlag Stundenreduzierung dort ins Gespräch gekommen. Da werde ich mich jetzt drum kümmern. Das könnte ja eine Entlastung bedeuten.

In den Gruppensitzungen in der Klinik kam der Rat, einfach mal Arbeit liegenzulassen. Sich bewußt nicht mehr als so zuverlässig erweisen. Damit tue ich mich schwer, da geht es um eine grundlegende Einstellung. Das wird meiner bisherigen Rolle zu wenig gerecht. Auch die Empfehlung, mich bei diesen schlimmen Kopfschmerzen krank schreiben zu lassen, ganz bewußt, damit die in der Schule merken, es geht nicht wie bisher. Es wurde mir klargemacht, daß dies der übliche Weg ist. Man kann nicht erwarten, daß auf jemanden, der jahrelang gesund war, auf einmal Rücksicht genommen werden soll. Leider ist das der einzige Weg, den unser System bietet. Entweder umkippen, ob tot oder sehr krank, und das andere ist dieses Daraufhinarbeiten durch Krankheit, daß die merken, es geht nur mit mehr Rücksicht. Notfalls bleibt dann noch die Frühpensionierung. Aber das kann ich mir nur als Zwangsmaßnahme vorstellen, wenn es anders nicht mehr geht. Das wäre ja eine mächtige Veränderung. Ich meine, jetzt in den Ferien, das ist kein Problem. Aber wenn ich mir vorstelle, das soll jetzt immer so sein, ich weiß nicht, wie mir das bekommen würde. Ich denke immer noch, vielleicht geht es ja irgendwie, das mit den Kopfschmerzen. Nur wenn es mir wieder schlechter geht, ich fürchte, dann muß ich doch in die Richtung arbeiten. Das widerstrebt mir vollkommen, ich bin fast nie krank gewesen. Durch den Aufenthalt in der Klinik habe ich die Krankheitstage in meinem gesamten Arbeitsleben nahezu verdoppelt. Bevor ich in die Klinik fuhr, habe ich 36 Tage wegen Krankheit gefehlt in 31 Dienstjahren. Und da ist schon zweimal Diabetesklinikaufenthalt mit drin. Und jetzt war ich sechs Wochen in der Hardtwaldklinik. Von der Schulleitung will das auch keiner wahrhaben, daß es mir auf einmal schlechter geht und ich nicht mehr so kann wie früher. Und jetzt fühle ich mich da auf einmal im Rechtfertigungszwang. Jedenfalls, ohne Schule habe ich mir meine Zukunft noch nicht vorgestellt. Ich kann wandern, aber immer nur wandern, das kann nicht mein Lebensinhalt sein. Das würde mir schnell auf die Nerven gehen. Hier in der Gegend kenne ich sowieso alle Wege. Ich bin im vorletzten Jahr an einem Wochenende von Bad Harzburg bis an die holländische Grenze gewandert. Der ganze Keller hängt voller Urkunden und Pokale. Das ist keine sinnvolle Beschäftigung. Ich mach zwar noch praktische Arbeiten im Haus, die notwendigen Handwerkerarbeiten. Ich denke, ich kann das besser als die Handwerker, die unheimlich viel Pfusch machen. Denen muß man doch ständig auf die Finger gucken. Nur als Hauptbeschäftigung kommt das auch nicht in Frage. Deshalb schieb ich das einerseits weg, die Beschäftigung mit dieser Möglichkeit einer vorzeitigen Pensionierung. Andererseits will ich nicht daran denken, was nach den Ferien auf mich zukommt. Vielleicht muß ich mich wirklich häufiger krank schreiben lassen. Nur, wenn man krank ist, ist man auch nicht leistungsfähig, und wohl fühlen werde ich mich da nicht. Sicher spielt da dieses Pflichtgefühl auch eine Rolle. Als Kind hat man ja diese Arbeitstugenden mitbekommen, Pünktlichkeit, Sauberkeit, Ordentlichkeit, Fleiß, Zuverlässigkeit. Und die hab ich sehr stark verinnerlicht. Das kann ich nicht abschütteln. Und wenn ich diese Dinge nicht mehr leisten kann, das ist einfach nichts Normales, da ist man abgewrackt. Da ist man nicht viel wert, für die anderen nicht, und für sich selbst natürlich auch nicht. Und die Meinung anderer über mich spielt schon eine Rolle.

Bei so einer Situation bleibt es nicht aus, daß ich darüber nachgedacht hab, ob ich zufrieden bin mit meinem Leben. Spaßeshalber, wenn es um ein sehr bequemes Leben geht, dann sage ich immer: Wenn ich noch mal anfangen könnte, würde ich als Katholik auf die Welt kommen wollen und Professor an der katholischen Uni in Eichstädt werden. Dort mit ein paar engagierten Studenten arbeiten können, und die Welt draußen wäre mir gleichgültig. Das wär's.«

Phasen der Arbeitssucht und Typen von Arbeitssüchtigen

»Arbeit ist die Mission des Menschen auf dieser Erde. Es kämpft sich ein Tag herauf, es wird ein Tag kommen, an dem der, welcher keine Arbeit hat, es nicht für geraten halten wird, sich in unserem Bereich des Sonnensystems zu zeigen, sondern sich anderwärts umsehen mag, ob irgendwo ein fauler Planet sei.«
Thomas Carlyle

Sucht ist ein Prozeß, kein statischer Zustand. Insofern ist die mancherorts in der Literatur anzutreffende Unterscheidung in substanzgebundene Süchte und prozeßgebundene Süchte eher irreführend als erhellend. Wichtigstes Merkmal einer Sucht ist, daß der Mensch zunehmend die Kontrolle über den Prozeß verliert. Ob Alkohol, Drogen oder Süßigkeiten, ob Glücksspiel, Sex oder Arbeit, ob stoffgebundene oder stoffungebundene Sucht: Am Beginn seines Suchtverhaltens, in der Vorphase, kann der Mensch noch kontrollierend und korrigierend in den Prozeß eingreifen. Im fortgeschrittenen Stadium, der kritischen Phase, verliert er diese Fähigkeit. Bekommt er Hilfe von anderen Menschen (Psychotherapeuten, Selbsthilfegruppen) kann er unter glücklichen Umständen den weiteren Verlauf noch positiv beeinflussen beziehungsweise stoppen. Im Endstadium, der chronischen Phase, ist Hilfe kaum noch möglich.

Jede Phase der Arbeitssucht ist von Verhaltensmerkmalen bestimmt, die in unterschiedlichen Kombinationen zu finden sind.

Meist beginnt es damit, daß ein Mensch mit hochgelobten Eigenschaften wie Zielstrebigkeit, Erfolgsorientierung und Ehrgeiz an seinem Arbeitsplatz auffällt. Er wird belohnt, besondere Aufgaben werden ihm anvertraut. Irgendwann gelangt er an einen Punkt, an dem die selbstgesteckten oder fremdbestimmten Ziele in der normalen Arbeitszeit nicht mehr zu erreichen sind. Der Feierabend wird herausgeschoben, das Wochenende wird zur Zeitreserve, später zur selbstverständlich verplanten Arbeitszeit. Nichtabgeschlossene Aufgaben sind ihm ein Greuel. Aus Mißtrauen in die Zuverlässigkeit anderer beginnt er, Arbeiten an sich zu ziehen. Da verliert sich ein Chef schon mal in den Abrechnungen, die die Sekretärin machen könnte. Kontrolle der Mitarbeiter sei schließlich seine Pflicht, verteidigt er seine unkollegiale Verhaltensweise. Mitunter arbeitet er heimlich, gibt zum Beispiel arbeitsbedingtes Lesen als Freizeit aus. Er nimmt Arbeit mit in den Urlaub, auch hier muß die Selbsttäuschung helfend einspringen: Aus reinem Interesse geschieht dies und selbstverständlich völlig unverbindlich.

Gespräche mit Anspielungen auf Überarbeitung vermeidet er, sucht aber vordergründig interessiert das Gespräch über die Arbeit der anderen. In seinen Gedanken jedoch ist er ständig mit der eigenen Arbeit beschäftigt.

Es bleibt nicht aus, daß unser »Arbeiter« außergewöhnlich ausgepowert ist bei diesem Arbeitspensum. Entweder er ignoriert seine physischen und psychischen Erschöpfungszustände, oder er greift zu Gegenmitteln: Alkohol, Kaffee, verschwenderisches Geldausgeben. Er befindet sich in der zweiten Phase. Das Familienleben und Freundschaften vernachlässigt er zwangsläufig. Sie stören bei der Arbeit und werden, so gut es geht, einfunktioniert in den Arbeitsablauf, oder sie zerbrechen. Schlafprobleme, Kopf- oder Rückenschmerzen und Apathie machen ihm zu schaffen. Er versucht, die Kontrolle über sein Arbeitsverhalten wiederzuerlangen: Er stellt Arbeitspläne für den Tag auf, hakt Listen ab und schafft sich ein strenges Zeitregime: Jedes zweite Wochenende ist arbeitsfrei, Feierabend täglich um 19 Uhr. Mit diesen Mitteln bekommt er die Arbeitsmenge nicht mehr in den Griff, er resigniert und gerät tiefer in den Strudel seiner Arbeit. Ohnmachtsgefühle stellen sich ein.

In der Endphase sind schwere körperliche oder psychische Schädigungen zu erwarten. Wie viele Herzinfarkttote auf das Konto von Überarbeitung gehen, ist statistisch nicht erfaßt. Wie viele Menschen ihre dauerhaften Depressionen nur mit Psychopharmaka ertragen können, ließe sich feststellen. Wie viele von ihnen arbeitssüchtig sind, kaum.

Die amerikanische Psychologin Diane Fassel nennt die Phasen Stadien einer fortschreitenden Krankheit.

Das frühe Stadium:
Hetze, Geschäftigkeit, Sorgen und Helfersyndrom
Unfähigkeit, nein zu sagen
Ständiges Denken an die Arbeit
Besessenes Aufstellen von Listen
Überschätzung der eigenen Fähigkeiten
Keine freien Tage
Ständig mehr als 40 Wochenstunden Arbeit

Das mittlere Stadium:
Andere Süchte nehmen zu: Essen, Alkohol, Beziehungen, Geld und so weiter
Das soziale Leben schrumpft oder existiert gar nicht
Man fängt an, Beziehungen und diesbezügliche Verpflichtungen zu vernachlässigen
Versuche, sich zu ändern, schlagen fehl
Körperlich erschöpft, Schlafprobleme
Phasen von Apathie, Luftlöcher starren
Blackouts bei der Arbeit, im Straßenverkehr
Chronische Kopfschmerzen, Rückenschmerzen, hoher Blutdruck, Magengeschwüre, Depressionen

Das Endstadium:
Schwere Krankheiten, Gehirnschlag oder Herzinfarkt, Krankenhausaufenthalte
Alle Emotionen abgestorben
Moralischer und spiritueller Bankrott
Tod

Diane Fassel stellt den Krankheitsverlauf in Trichterform dar[4], was mir problematisch scheint. Wer einmal im Trichter drin ist, rutscht unweigerlich abwärts. So weit, so richtig. Nur ist ein Herauskommen aus dem Trichter nahezu unmöglich. Nehmen wir dagegen das Bild eines Satelliten, der auf einer stabilen Bahn um die Erde kreist. Die Situation entspricht einem gesund arbeitenden Menschen. Durch einen technischen Defekt gerät der Satellit aus der Bahn. Er kommt ins Schlin-

4 Fassel, Diane: Wir arbeiten uns noch zu Tode. München 1991, S. 71

gern und nähert sich in Spiralbahnen dem Gravitationszentrum, der Erde. Ein schnelles Zünden der Steuerungstriebwerke kann den Kurs vielleicht korrigieren und den Satelliten zurück auf eine stabile Umlaufbahn führen. Gelingt dies nicht, nähert er sich mit steigender Geschwindigkeit der Erde und stürzt in die Atmosphäre. Ein Teil verglüht, der Rest zerschellt beim Aufprall auf die Erdoberfläche.

Vergleichbar dem Menschen, zerbrochen an seiner Sucht.

Den typischen Arbeitssüchtigen gibt es nicht. Dennoch gibt es eine Reihe von Versuchen, verschiedene Kategorien von Arbeitssüchtigen nach inneren Ursachen oder nach äußeren Verhaltensweisen zu bestimmen. Der New-Yorker Psychotherapeut Jay B. Rohrlich kommt sogar auf zwölf Typen, die er nach den treibenden Kräften unterscheidet, die die psychische Konstitution der Arbeitssüchtigen beschreiben[5]. Die Frage erhebt sich, welchen Sinn eine Typologie macht, die nach eigenen Aussagen weder zur Diagnostik noch zur Therapie geeignet ist, sondern lediglich ein en détail letztlich sehr variierendes Ursachenfeld umreißt, zum Beispiel »Der latent homosexuelle Arbeitssüchtige«, »Der sexuell frustrierte oder impotente Arbeitssüchtige«, »Der einsame Arbeitssüchtige« etc. Die Grenze von Rohrlichs Versuch wird meines Erachtens sichtbar, wenn er neben den obengenannten einen »abwehrend arbeitssüchtigen Typ« erkennt, der sich auf seine Arbeit stürzt, um Bedürfnisse, Sehnsüchte oder andere Gefühle nicht zuzulassen. Dieses Abwehrverhalten trifft letzten Endes auf alle Arbeitssüchtigen zu und führt in der Konsequenz eher zu einer Vermischung der Unterschiede als zu einer sinnvollen Unterscheidung. Bei einer Therapie muß das Defizit in seiner individuellen Ausprägung von Ursache und Erscheinung bearbeitet werden, um die arbeitssüchtige Entgleisung in gesteuerte Bahnen zu lenken.

Am sinnvollsten erscheint die Beschreibung von Marilyn Machlowitz, die geeignet ist, jenseits der schwerwiegenden Entscheidung, ob man ein süchtiger, das heißt zwanghaftkranker Arbeiter ist oder nicht, ein eigenes, im weitesten Sinne problematisches, Arbeitsverhalten zu konstatieren.[6]

5 Vgl.: Rohrlich, Jay B., a.a.O., S. 172 ff.
6 Machlowitz, Marilyn, a.a.O., S. 43 ff.

Typ 1: Der eingleisige Arbeitssüchtige hat keine anderen Interessen als seine Arbeit. Er ist oft humorlos und brüsk. (Dieser Typ entspricht dem am stärksten verbreiteten Klischee.)

Typ 2: Der vielseitige Arbeitssüchtige. Auch ihm bedeutet seine Arbeit alles, aber sie schließt andere Interessen ein. Er engagiert sich mit Vorliebe in Berufsverbänden, Politik und gesellschaftlichen Institutionen. Er genießt die sozialen Beziehungen, die diese Tätigkeiten mit sich bringen.
(Für den eingleisigen Arbeitssüchtigen sind soziale Beziehungen sekundär, oft sogar störend.)

Typ 3: Der »Hans Dampf in allen Gassen« hat seine Finger überall, er tanzt auf vielen Hochzeiten in Arbeit und Freizeit. Er verzettelt sich leicht und wechselt oft den Arbeitsplatz und das Betätigungsfeld.
(Der Begabte mit vielen Ideen, er ist sehr unstrukturiert, aber begeisterungsfähig. Er beginnt viele Projekte und Arbeiten, bringt aber nur einen geringen Teil zum Abschluß.)

Typ 4: Der passionierte Arbeitssüchtige betreibt Freizeitaktivitäten mit gleicher Leidenschaft und Intensität wie seine Arbeit. Sein Hobby ist für ihn eine andere Art von Arbeit. (Was er anfaßt, das wird unter seinen Händen zu Arbeit. Halbe Sachen sind ihm ein Greuel. Das kann die Münzsammlung im stillen Kämmerlein genauso sein wie die soziale Hilfeleistung für notleidende Menschen.)

Die Unschärfe auch dieser Typologie wird sichtbar, wenn es zu Überschneidungen kommt. So besitzen Typ 2 und Typ 4 Verhaltensweisen, die im Sinne einer Abgrenzung nicht unbedingt eindeutig sind. Der Vereinsvorsitzende kann seine Tätigkeit als Hobby oder als gesellschaftlich nützliche Arbeit begreifen, im Ergebnis für sein Verhalten (und seine Gesundheit) bleibt es dasselbe. Zwei Dinge eint sie alle: Sie kennen keinen Unterschied zwischen Selbstverwirklichung und Arbeit, und sie befinden sich in einem andauernden Wettlauf gegen die Zeit.

Irrfahrt auf der Suche nach sich selbst

In Böblingen, beim Treffen der Selbsthilfegruppen, fällt mir ein junger Mann auf. Lange Haare, zerschlissener olivgrüner Rucksack aus Opas Wanderzeiten, an seiner Seite ein Hund. Wären die Haare grün oder rot, ich würde ihn der Punkszene zuordnen, die sich vor dem Hauptbahnhof versammelt, vielleicht den Autonomen, die in der besetzten Fabrik leben. Nie den Arbeitssüchtigen. Wir kommen ins Gespräch. Er fährt im Anschluß an das Treffen in Urlaub. Vielleicht ist er in zwei Wochen zu Hause zu erreichen, vielleicht in vier. Nun bin ich vollends verwirrt, dafür um so neugieriger. Die Verabredung mit ihm stellt mich auf eine doppelte Geduldsprobe. Am Telefon auf der Arbeitsstelle meldet sich niemand. Wochenlang. Unter dem Privatanschluß entschuldigt sich Oliver via Anrufbeantworter, daß er, wie leider fast immer, nicht zu erreichen ist. Er gelobt Besserung und verspricht einen Rückruf. Es bleibt ein leeres Versprechen. Zweifel kommen auf. War mein erster Eindruck zutreffend? Ist Oliver gar kein Arbeitssüchtiger?

Liegt die Meßlatte seiner subjektiven Leistungsfähigkeit einfach so niedrig, daß ein relativ geringes Arbeitspensum ihm bereits Leidensdruck, vielleicht auch Leistungsdruck, verschafft?

Mir fallen Bekannte ein, die aus meiner Beobachtung heraus wenig arbeiten. Trotzdem höre ich von ihnen das Wort Streß besonders häufig. Oder die Klage, sie bekämen nichts mehr auf die Reihe, alles wäre zuviel. Andere sind tatsächlich viele Stunden mit ihrer Arbeit beschäftigt, aber wenig effektiv. Wo ist das Kriterium, an dem ich süchtiges oder zwanghaftes Arbeiten festmachen kann? Gibt es eine objektiv meßbare Grenze zwischen einfacher Überarbeitung und ungesunder Abhängigkeit von Arbeit? Gerade beim Gespräch mit Menschen, die sich in den Selbsthilfegruppen zusammenfinden, stellt sich diese Frage immer neu. Und es bedarf einer Reihe von Begegnungen, bis ich zu einer veränderten Perspektive meiner Wahrnehmungen finde. Es geht mir immer weniger darum, wem dieses Etikett zu Recht oder zu Unrecht aufgeklebt wird. Wer selbst Probleme mit seinem Arbeitsverhalten im Sinne des Zuvielarbeitens hat, der sollte nicht von mir be- oder verurteilt werden, wenn er daran etwas ändern will. Zumindest, solange es nicht um schlichte Faulheit geht, die zu Lasten anderer ausgelebt wird. Ob das Verhalten süchtig, zwanghaft oder neurotisch genannt oder empfunden wird, ist in diesem Zusammenhang zweitrangig.

Darüber hinaus macht mir die Begegnung mit Selbsthilfegruppenmitgliedern klar, wie schwer es für den Außenstehenden ist, zu entscheiden, ob ein Mensch bereits süchtig ist oder nicht. Wenn ein Bekannter fünf Zigaretten am Tag raucht, jeden Abend ein bis zwei Flaschen Bier trinkt und in diesem Zusammenhang von seiner Sucht spricht, so würde ich das vermutlich nicht allzu ernst nehmen. Meine Einschätzung würde sich auch kaum verändern, wenn er aus dieser Selbsteinschätzung heraus den Versuch unternimmt, das Rauchen oder Biertrinken einzustellen. Mit Sicherheit würde ich mich hüten, ihn bei seinem Vorhaben mit ironischen Kommentaren zu begleiten oder ihn davon abzuhalten. Es geht nicht darum, nur ein bestehendes Bild vom Workaholic zu bestätigen, sondern darum, mehr über die Menschen zu erfahren, die auffällig viel arbeiten oder unter zuviel Arbeit leiden.

Nach Wochen endlich ruft Oliver an, tausend Entschuldigungen und Erklärungen, die Verabredung kommt zustande. Eine Woche später stehe ich pünktlich um 16 Uhr vor seiner Wohnungstür. Niemand öffnet. Das akademische Viertel ist lange verstrichen, die Zweifel an seiner Glaubwürdigkeit kommen erneut auf. Nach 45 Minuten resigniere ich. Auf dem Hof kommt er mir entgegen. Wieder unzählige Entschuldigungen, ein Kräutertee wird gekocht, dann kommt **Oliver (29)** zur Sache.

»Eigentlich ist man eher ein Held, wenn man arbeitssüchtig ist. Als ich einen Raum für die Selbsthilfegruppe suchte, da haben die Leute gesagt: Arbeitsssüchtig? O ja, so etwas können wir noch gebrauchen. Schick uns doch mal jemanden vorbei. Ich bin anschließend mit vielen ins Gespräch gekommen, und sie haben sich davon überzeugen lassen, daß man damit auch ein wirkliches Problem haben kann, daß es nicht unbedingt was Schönes ist.

Mein Problem ist, daß ich Arbeit benutze, um Gefühle nicht zu spüren. Meine Arbeitssucht ist gar nicht so direkt damit gekoppelt, daß ich unbedingt irrsinnig viel arbeite. Ich bin zwar jemand, der dazu neigt, sehr viel zu arbeiten. Ich kenne aber genauso gut das Gegenstück, mich mit der Arbeit zu beschäftigen, die ich nicht erledige. Im Kopf zu beschäftigen. Arbeitssucht beginnt im Kopf, in dem Moment, wo ich an meine Arbeit denke. Und es gibt sehr viele, wie der Volksmund sagt, faule Menschen, die sich aber den ganzen Tag mit ihrer Arbeit beschäftigen. Die leiden sehr darunter, und die gehören bei uns in den Selbsthilfegruppen genauso dazu.

Bei mir sieht das konkret so aus, daß ich mindestens immer drei Aufgaben gleichzeitig habe. Und dann noch Hobbys und Interessen nebenher. Es ist so eine Rastlosigkeit, nie stillsitzen und einfach nur sein zu können. Ich konnte es sehr lange nicht aushalten, mich selbst zu spüren. Deswegen mußte ich ständig irgendwas tun. Oder ich hab wahnsinnige Pläne geschmiedet in meinem Kopf, was ich alles tun will und tun könnte. Genauso am Abend, bevor ich ins Bett gegangen bin, habe ich mich damit beschäftigt, was ich alles nicht erledigt hab. So lange, bis ich eingeschlafen bin. Also, ich war rund um die Uhr immer nur mit diesem Thema im Kopf besetzt.

Im Moment baue ich mir gerade einen neuen Arbeitsplatz auf. Mein Arbeitgeber ist ein gemeinnütziger Verein, in dem ich selber mitarbeite. Das bezeichne ich so als meinen zweiten Beruf. Und ansonsten ist meine Suchtarbeit für mich eine Aufgabe, die sehr wichtig ist. Die hat sich allerdings mittlerweile soweit entwickelt, daß sie, was die Meetingsbesuche angeht, eher zur Freizeit geworden ist. Das Organisatorische, was dahintersteht, ist ein richtiger Job. Kein Full-time-Job, aber immerhin. Und ansonsten sind es die Alltagsarbeiten, Haushalt und so. Dabei ist es typisch für mich, daß ich halt ganz viele Dinge noch mal eben mitmache. Ich ziehe mal eben um, jetzt gerade zum drittenmal in knapp zwei Jahren.

Früher hab ich auch ein schlechtes Verhältnis zu meiner Zeiteinteilung gehabt. Die Planung war total unrealistisch, ich hab mich in ganz vielen Alltagsdingen verhaspelt und bin eigentlich nie richtig zu Potte gekommen. Zum Beispiel, ich hab einen Termin, was Wichtiges mit der Arbeit, und nur mal eben noch abwaschen, und nur mal eben noch das wegräumen, und nur mal eben noch Wäsche aufhängen. Eigentlich hab ich mit Unwichtigkeiten die Zeit rumgebracht, bis es dann wieder zu spät war. Und über dieses Zuspätkommen habe ich mir meinen Streß und mein Adrenalin geholt. Immer unter Druck sein. Ich hab direkt getrödelt, um später diesen Streß zu haben, ich hab ihn regelrecht inszeniert.

Streß war für mich Ablenkung. Ich bin nie zur Ruhe gekommen und brauchte nicht über das nachdenken, was ich tue. Weniger das, was ich tue, ich hab mich vom Empfinden abgehalten. Es war für mich früher zum Beispiel praktisch unmöglich, alleine zu sein. Wenn ich alleine war, hab ich das Radio und den Fernseher angestellt und für Ablenkung gesorgt. Und meine Arbeit war halt meine liebste Ablenkung. Arbeit war für mich auch wie – ich sage heute oft –, wie eine Beziehung. Ich hab eine wirkliche Beziehung zu meiner Arbeit gehabt, das war die wichtigste Beziehung in meinem Leben, und die hab ich sehr gepflegt. Also es war etwas, dem gegenüber ich mich vollkommen verantwortlich gefühlt hab und wofür ich mich aufgeopfert hab. Das war so, was man eigentlich – auch im süchtigen Sinne – versteht unter: sich für eine Beziehung aufopfern.

Im Hauptberuf war ich Student. Nebenbei hab ich alte Autos restauriert und ein kleines Fachwerkhaus in Ordnung gebracht, in dem ich gewohnt hab. Meine Freunde wohnten interessanterweise nie in der Stadt, in der ich gerade lebte. Es war immer ein echter Akt, sie zu besuchen, ich bin quer durch ganz Deutschland gefahren. Mit einem Freund zusammen hab ich das richtig ausgelebt. Das war ein wahnsinniges Gefühl, in der Nacht noch das Auto zusammengeschweißt und dann am nächsten Tag on the road again, und weg für vier, fünf Tage. Oder auch mal für zwei Tage nach Berlin von Stuttgart aus, regelrechte Torturen waren das, damals noch mit Grenze und 100 Stundenkilometern in der DDR. Heute würde ich sagen – Freizeitstreß.

Das Bauen an den Autos und am Haus war für mich Erholung. Mein Prinzip war immer, mich mit einer Arbeit von der anderen Arbeit zu erholen. Handwerkliche Arbeit ist für mich etwas Befriedigendes, was mir gut tut, wobei ich mich entspannen kann, also hab ich zur Entspannung gehandwerkert. Was natürlich so nicht funktioniert hat. Ich hab zwar danach neue Energie gehabt, um mich wieder meiner Kopfarbeit zu widmen, aber ich hab mich nicht entspannt.

Studiert hab ich Industriedesign, das hat mir unglaublich viel Spaß gemacht. Ich hab das auch teilweise mit einem sehr großen Perfektionismus betrieben. Nebenher konnte ich in dem Bereich schon Jobs bekommen. Zusätzlich waren da noch diverse Hobbys, für die brauchte ich immer Geld. Und irgendwann hintendran kam auch mal eine Beziehung. Das Studium konnte man ganz leger machen. Gar keine Frage. Es waren eigene Ansprüche, die mich getrieben haben. Heute weiß ich, bei allen Arbeiten kommt der Druck nur von innen, ich mach ihn mir selber. Das ist so ein Antrieb, die Dinge noch besser zu machen, perfekter zu machen. Ich habe nie oder selten unter äußerlichem Druck gestanden. Ich hab es zwar immer so interpretiert – und für mich war es auch die Wahrheit –, daß ich nur unter Sachzwängen stehe. Zum Beispiel war mein Studium finanziell geregelt, ich bin großzügig von meinen Eltern unterstützt worden. Ich hätte da überhaupt keine Probleme haben müssen, nur bin ich gleichzeitig süchtiger Schuldner. Ich hab also vom ersten Tag meines Studiums an immer nur Schulden auf meinem Konto gehabt. Das hat mir so einen Vorwand gegeben, daß ich arbeiten mußte, um das Geld wieder zu verdienen, das ich schon lange ausgegeben hatte.

Ich habe verschiedene Taktiken gehabt, mir einen Arbeitsvorrat anzulegen. Einmal hab ich einfach mit Spaß mein Studium gemacht. Das war ein sehr starker Antrieb, viel dafür zu tun. Überhaupt bin ich leicht zu begeistern für eine Sache, und dann betreibe ich sie entsprechend. Nimm dieses Hobby mit den alten Autos. Da war es dann üblich zu gucken, Zeitungen zu studieren, und da war ein Angebot. Ja, das ist so billig, das kann man sich nicht entgehen lassen. Wir sind oft an den Wochenenden einfach Autos angucken gegangen. Und für uns war dann nur das Thema: Das ist billig, das müssen wir jetzt kaufen. Obwohl es natürlich Geld kostete, aber es war ja billig, wir haben ja am Ende Geld gespart. Und das war so ein Ding, das hat immer funktioniert. Dieser Glaube daran, ich hab was gespart, nur weil es billig war. Hatte ich dieses Auto, dann war klar, jetzt kümmere ich mich auch darum. Die Preise für so alte Ersatzteile sind natürlich enorm. 700 Mark für ein Autoersatzteil, das Geld ging raus, völlig selbstverständlich,

ich habe das gar nicht wahrgenommen. Zehn Minuten nachdem es über die Kassentheke gegangen war, hab ich nicht mehr empfunden, daß das viel Geld war. Es gab einfach bestimmte Bereiche, wo das Geld nur so geflossen ist, und andere Bereiche, wo ich richtig geizig war. Und die haben mir gereicht, daß ich sagen konnte, ich schmeiß ja nicht mit dem Geld um mich. Ich spare ja an ganz vielen Stellen. Bis mir meine Freundin gesagt hat, daß ich mein Geld rausschmeiße. Die konnte nicht mehr anhören, daß ich immer gejammert hab, ich hätte zuwenig Geld. Eines Tages hat sie gesagt, jetzt setzen wir uns mal hin und gucken, wo es geblieben ist. Und es stellte sich heraus, daß genau das Geld, was mir fehlte, immer in die alten Autos geflossen ist.

Gefahren sind die natürlich selten, es war eher ein zusätzlicher Streßfaktor. Man mußte immer zusehen, daß ein genügend großes Ersatzteillager da war. Für so ein Auto kann man nicht eben mal zu VW gehen und sich in 24 Stunden ein Teil besorgen. Also hatten wir ein großes Lager, um jederzeit das Auto wieder fahrtüchtig machen zu können. Es war wie ein Wahn, dieser Anspruch, daß die alten Autos immer fahrbereit sein mußten. Und das wurde dann ein Kreislauf. Immer Geldnot, und wenn dann irgendein interessanter Job kam, war es natürlich unmöglich, den abzulehnen, auch wenn keine Zeit da war. Ich hatte das Glück, daß ich von meinem Vater regelmäßig gute Jobs angeboten gekriegt habe. Einerseits konnte ich sie nicht ablehnen, weil sie einfach zu gut waren, und andererseits haben sie diesen Auto-Tick auch wieder gefüttert, weil das nötige Geld reinkam, um diese ganzen Aktivitäten weiterbetreiben zu können.

Der Reiz an den Jobs war auch, schon in dem Beruf zu arbeiten, den ich studiere, also damit einfach auch 'nen Vorsprung zu haben. Und selbstverständlich wollte ich meinem Vater imponieren mit meiner Arbeit. Die Arbeit war immer das, was in unserer Familie am meisten zählte. Und wenn ich viel und gut gearbeitet hatte und das vorzeigen konnte, war ich einfach ein guter Mensch. Das war der Maßstab.

In den letzten Monaten hab ich mich gefragt, warum ich die gleiche Berufsrichtung gewählt hab wie meine Eltern. Irgendwie war das für mich gar keine Entscheidung, das ist wie von allein gewachsen. Ich hab die Arbeit der Eltern von klein auf mitbekommen, hab mich sehr früh in dieser Richtung ausprobiert. Ich hab zwar damals nach der Schule gesagt, niemand kriegt mich jemals wieder in irgendeine Lehrinstitution rein, nicht zehn Pferde auf einmal. Dann hab ich mich aber genauer mit dem Studium Industriedesign auseinandergesetzt und gehört, das sei sehr handwerklich, und so hab ich mich langsam damit anfreunden können. Dann hab ich das auch mit Begeisterung gemacht, ich hab mich von diesem Beruf erst nach meinem Studium verabschiedet. Zwar nicht ganz, aber ich bin jetzt doch in einem anderen Bereich tätig, erst mal.

Die Vision bei meiner Entscheidung für das Studium war, daß man viel Anerkennung kriegt, auch viel Geld damit verdienen kann. Damit verbunden war natürlich die Vorstellung, mich selbständig zu machen. Und es kam erst ganz am Ende des Studiums diese Erkenntnis, ich muß nicht alles alleine machen, ich muß nicht immer der Beste sein, ich kann auch mit anderen Leuten zusammenarbeiten, kann mir auch vorstellen, einen Chef zu haben, und ich möchte nicht unbedingt alle Verantwortung übernehmen. Vielleicht war das auch der Punkt, mich erst mal von dieser Arbeit zu verabschieden und was anderes zu tun. Das kam einfach in einer Zeit, in der ich angefangen hab, mich sehr viel mit mir selbst zu beschäftigen. Unterstützt wurde das durch eine Beziehung, die ich damals hatte und die mir sehr wichtig war. Es ging darum, das erstemal meinen Gefühlen nachzugehen. Dann habe ich gemerkt, daß Geld für mich das große Problem ist. Die Welt des Geldes hat mich im Griff und hindert mich daran, mal zu gucken, wie's mir geht. Wie ich mich fühle, was ich so treibe den ganzen Tag.

Diese Gefühle betreffen zuerst das Thema Einsamkeit, allein sein und Ängste, die damit gekoppelt sind. In erster Linie war es die Angst, verlassen zu werden. Ich habe die Angst nie besonders hochkommen lassen. Hab das sehr gut mit meiner Arbeit und meinen Beschäftigungen dosieren können, wieviel ich von diesen Gefühlen rauskommen lasse. Und es war einfach ein unendliches Bedürfnis nach Nähe, nach Kontakt zu Menschen da.

Meine Freundin hat mir, kurz nachdem wir uns kennengelernt hatten, ins Gesicht gesagt, ich wäre ein Workaholic. Da hab ich wild getobt und gesagt, du kennst mich doch überhaupt noch nicht, wie kannst du so etwas beurteilen. Aber sie hatte sich damals schon etwas länger mit dem Thema Sucht beschäftigt, und irgendwann, nach vielen Gesprächen, bin ich dann mal mit in die Selbsthilfegruppe gegangen. Nicht aus dem Glauben heraus, arbeitssüchtig zu sein, sondern eher aus Neugierde. Ich wollte mir das mal angucken. Dort hab ich zum erstenmal gehört, was Arbeitssucht ist.

Und dann gibt es dort die Werkzeuge der Genesung, die hab ich einfach ausprobiert. Die haben mir unglaublich gutgetan. Und dann hab ich den Rückschluß gezogen und gesagt, wenn mir die Werkzeuge der Genesung so sehr helfen, dann scheine ich ja auch arbeitssüchtig zu sein. Es kam häufiger vor, daß sich meine Freundin alleingelassen gefühlt hat von mir, vernachlässigt in wichtigen Situationen und daß mir meine Arbeit wichtiger war als unsere Beziehung. Das waren diese Streitereien, die immer wieder ausgetragen wurden. Da war ich aber schon in der Suchtarbeit. Ich konnte solche Probleme dann mit anderen Leuten besprechen, und dadurch wurde das immer wieder aufgefangen. Wir haben beide in der Beziehung viel dafür getan, diese Dinge aufzuarbeiten. Und wir haben es so empfunden, daß es das erstemal für uns beide eine Beziehung ist, die wir nicht benutzen, um unsere Gefühle nicht zu spüren. Also eigentlich eine Beziehung, die nicht süchtig ist und die uns deswegen auch sehr wichtig geworden ist. Die hat uns immer wieder die nötige Kraft gegeben, weiter diesen Weg zu gehen.

Das hat sich ganz klar auch auf Sexualität ausgewirkt. Es gab zwischen uns eigentlich nie eine richtig gute Sexualität. Und trotzdem war es für uns beide eine sehr wertvolle Beziehung. Wir haben gelernt, Nähe und Sexualität voneinander zu trennen. Wir konnten uns sehr viel Nähe geben, wonach wir beide sehr bedürftig waren, ohne daß es unbedingt Sexualität sein mußte. Und irgendwann, so nach dreieinhalb Jahren, war klar, daß die Sexualität zwischen uns nie richtig auf die Reihe kommt. Das war eigentlich der Grund für die Trennung. Weil für beide anstand, eine Beziehung zu finden, in der auch die Sexualität funktioniert. Wir hatten uns genau an dem Punkt getroffen, wo wir sehr gut zusammengepaßt haben, und haben uns an dem Punkt getrennt, wo wir wieder neue

Wege gehen mußten oder wollten. Wir hatten gerade beschlossen, zusammen nach Berlin zu gehen, und 14 Tage nachdem wir in die gemeinsame Wohnung eingezogen waren, hat sie sich dann von mir getrennt. Das war für mich ein Weltzusammenbruch. Aber ich hab zum erstenmal auch eine respektvolle Trennung erlebt. Es war für mich im nachhinein eine sehr positive Erfahrung, ich hab heute keine Angst mehr vor Trennungen. Ich glaube, ich hab in meinem Leben zuvor nie die Fähigkeit gehabt, mich von Orten, von Menschen zu verabschieden. Es war immer mehr ein Getriebensein, eine Flucht. Und das Verabschieden hab ich erst gelernt, als diese Beziehung auseinanderging. Wir haben dann, obwohl wir getrennt waren, noch drei Monate zusammen gewohnt, haben uns gegenseitig mit unserer Trennung konfrontiert, und jeder war dem anderen eine große Stütze. Wir haben diese Dinge aufgearbeitet, was ich vorher nie so erlebt habe.

Heute weiß ich, daß das alles mit meiner Kindheit zusammenhängt. Ich hab praktisch keine Erinnerungen an meine Kindheit bis fast zum achten Lebensjahr. Ich weiß nur aus Erzählungen, daß ich als Kind mehr oder weniger in der Firma meiner Eltern großgeworden bin. Oft war ich allein zu Hause, schon als eineinhalbjähriger Säugling. Und ich weiß ziemlich sicher, daß mir diese Erinnerungen fehlen, weil ich mich an Dinge nicht erinnern will. Und daß in dieser Zeit meine Verlassenheitsängste begraben sind.

Ich hab immer einen guten Rückhalt gehabt in meiner Familie, in allererster Linie in finanzieller Hinsicht, aber auch, wenn ich Fehler gemacht hab, wenn was schiefgelaufen ist. Nur für meine Gefühle gab's keine Heimat. Heute kann ich mit meiner Familie auch über Gefühle sprechen. Und merke, daß ich in dem Bereich einen Rückhalt habe, den ich vorher nie wahrgenommen hab und den wohl auch niemand mir gegenüber zeigen konnte. Meine Eltern haben sich sehr viel gestritten, und meine größte Sorge war, nie als Kind Stein des Anstoßes für irgend etwas zu sein. Also war ich immer der liebe, brave Junge, der keine Probleme hat, damit es bloß nicht noch einen Grund mehr gibt, sich zu streiten. Und deshalb hätte ich nie gewagt, mit meinen wirklichen Problemen zu meinen Eltern zu gehen. Die hatten genug eigene Probleme. Ich weiß nicht, was passiert wäre, wenn ich es getan hätte.

Jetzt bin ich soweit, daß ich mich wieder von meiner Familie angenommen fühle. Das ist eine Geschichte, die auf Gegenseitigkeit beruht. Ich habe auch gelernt, meine Familie anzunehmen, so wie sie ist.

Meinen Vater kannte ich nur arbeitend, außer bei den Mahlzeiten. Wochenende im eigentlichen Sinne gab es nicht, weil die Wochenenden für meine Eltern genauso Arbeitszeit waren wie die Werktage, und ich habe schon als Kind angefangen, selber zu gucken, wie kann ich mich nützlich machen. Dann bekam ich Aufmerksamkeit. Ich hab kleine Dinge repariert, durfte die Werkstatt meines Vaters benutzen, und meine Eltern waren stolz darauf, was der Kleine alles schon kann. Als sie merkten, ich konnte kaputte Gegenstände wieder zurechtbasteln, bekam ich regelrecht Aufträge. So konnte ich immer durch Leistung glänzen. Das war ganz besonders hoch angesehen.

Die Schule war die reine Quälerei. Ich war ein relativ schlechter Schüler. Meine Mutter hat es trotzdem geschafft, mich auf das Gymnasium zu bringen. Ich hatte eine Rechtschreibschwäche, und es war eigentlich vollkommen klar, daß ich damit nicht auf das Gymnasium kann. Meine Mutter hat das nicht akzeptiert. Sie ist zum Rektor gegangen und hat gesagt, der Junge kommt aufs Gymnasium und nirgends sonsthin. Wenn es nicht klappt, gut, dann kann es sein, daß er woandershin muß. Ich hab das Gymnasium durchgestanden und das Abitur gemacht. Schule war für mich irgendwie Durchhalten, ich mußte da lauter Dinge tun, die mich überhaupt nicht interessiert haben. Wichtig während der Schulzeit war alles, was ich nebenher machen konnte. Ich habe eine Schülerzeitung herausgegeben, Theater gespielt und Bühnenbilder gebaut, Plakate entworfen und Kunstobjekte gebastelt. Dafür bin ich zur Schule gegangen. Der Rest war Quälerei. Dabei hatte ich den großen Vorteil, daß meinen Eltern die Schulleistungen, solange ich durchkam, relativ egal waren. Da ich in dem gestalterischen Bereich in derselben Richtung gearbeitet hab wie meine Eltern, wußten sie diese Arbeit zu schätzen und haben die auch ganz massiv unterstützt.

Der oberste Wert war Leistung. Mein Vater sagte immer, die Leute nehmen sich alle viel zu wichtig, es ist doch viel wichtiger, was jemand leistet, was er arbeitet, was er macht. Und persönliche Freiheiten oder Freizeit, das ist doch alles Kasperkram. Vielleicht hatten sie deshalb auch keine Freunde. Abgesehen von ihren Geschäftsbeziehungen, haben meine Eltern immer sehr isoliert gelebt. Und, ja, Harmonie war ein großes Bedürfnis, obwohl es nie gut geklappt hat. Gesprochen wurde sehr viel über die Probleme der Eltern, über ihre Firma, über Alltagsorganisation. Das mußte einfach klappen. Für unsere Belange war da wenig Raum. Wir sind schon sehr früh, als ganz kleine Kinder, in alle wichtigen Entscheidungen mit einbezogen worden. Das fand immer bei den Mahlzeiten statt, weil das die einzige Zeit war, wo die Familie zusammen war. Alles mußte ausdiskutiert werden, das hat sich irgendwann verselbständigt. Es wurde nur noch geredet, aber nichts mehr geklärt.

Deshalb brauchte ich wahrscheinlich auch die Hilfe meiner Freundin, um an meine Probleme ranzukommen. Der Mechanismus, den ich als Kind gelernt hatte, war, die Probleme runterzuschlucken. Und deshalb hat es mir in der Gruppe dann so unheimlich gutgetan, daß da jemand einfach zuhört.

In den 12-Schritte-Gruppen wird der Suchtbegriff sehr viel weiter gefaßt, als er medizinisch gefaßt wird. Wir sagen ja, alles was ich benutze, um mich und meine Gefühle nicht zu spüren, ist Sucht. Es ist ein spirituelles Programm, Grundlage ist der Glauben an eine höhere Macht. Und diese spirituelle Gemeinschaft ist eine sehr freie, also jeder definiert seinen Glauben selbst und bestimmt, an was und wen und wie er glaubt. Es gibt einige Menschen, die die Gruppe selbst als ihre höhere Macht bezeichnen, andere, die die Natur als ihre höhere Macht bezeichnen, und viele, die aus dem christlichen Glauben kommen, finden dort ihren Gott. Das Programm baut darauf auf, daß ich mir meine Machtlosigkeit gegenüber dieser Krankheit eingestehe und mich meiner höheren Macht anvertraue. Vielleicht sagen Leute, es ist eine Krücke. Ich bediene mich dieser Krücke sehr gerne, weil ich damit besser durchs Leben komme. Am Anfang war das ein großes Problem mit dem Thema Gott und Glauben, ich bin da ganz langsam reingewachsen, weil die Selbsthilfegruppen Glauben und Gott anders definieren, und sie definieren auch Sucht anders. Dieser erweiterte Begriff von Sucht wird von vielen Menschen als Bedrohung verstanden. Weil sie Angst haben, daß ihnen die

Dinge, die eigentlich Spaß machen und die für sie das Leben bedeuten, genommen werden. Einfach dadurch, daß es plötzlich heißt, das ist eine Krankheit. Das Interessante ist, mir wird nichts genommen, ich behalte alles, ich bekomme nur ein besseres Verhältnis dazu. Ich arbeite heute immer noch, aber ich habe eine andere Einstellung zu meiner Arbeit.

Ich empfinde mittlerweile einen Druck, wenn meine Arbeit – ich sag mal – nicht gesund ist. Irgendwann kommt der Punkt, wo ich merke, jetzt ist es ungesund, ich muß es bleibenlassen. Dafür habe ich eine Sensibilität entwickelt. Ich arbeite in dem Moment gesund, wo ich noch den Kontakt zu mir selbst habe. Das heißt, ich spüre, wann ich müde werde, ich spüre, wann ich Hunger habe, ich spüre andere Bedürfnisse, ich spüre, wann ich eine Pause machen muß. Früher war es so, daß ich eine Arbeit angefangen habe, und ich hab sie durchgezogen, bis sie fertig war, ohne Rücksicht auf Verluste. Ich habe nichts mehr wahrgenommen außerhalb der Arbeit, war nicht mehr ansprechbar, und ich hab auch an nichts anderes mehr gedacht. Also die Welt war für mich weg. Und das hab ich immer entschuldigt mit besonders hoher Konzentration auf meine Arbeit. Heute weiß ich, wenn ich klar bin, kann ich meine Arbeit viel effektiver, viel schneller, viel konzentrierter machen, als wenn ich unklar bin und süchtig arbeite. Ich weiß, daß ich heute in acht Stunden mehr leiste, als ich früher in 16, 17 oder 18 Stunden geleistet habe. Ich habe zuviel Energie darauf verwendet, meine Bedürfnisse zu unterdrücken.

Also ein klassisches Beispiel ist dieses Nicht-aufs-Klo-Gehen, wenn ich arbeiten muß. Unglaublich, wie ich dann abgelenkt bin und mich gar nicht mehr richtig auf meine Arbeit konzentrieren kann. Aber ich kann die Arbeit nicht loslassen und gehe nicht. Ob ich nun später auf das Klo gehe oder früher, es kostet mich immer dieselbe Zeit. Aber ich bin nicht in der Lage, mir diese Erleichterung zu verschaffen. Und heute gehe ich einfach und arbeite danach erleichtert weiter. Und das sind die Momente – auf die Toilette gehen, eine kurze Pause machen –, wo ich zu mir komme. Und wo ich unter Umständen auch entscheide, nicht mehr weiterzuarbeiten. Ich denke, es war manchmal auch die Angst davor, mich in solchen Pausen entscheiden zu können, meine Arbeit bleibenzulassen. Die Arbeit ist jetzt nicht mehr mein einziger Lebensinhalt. Sie ist nicht mehr so wichtig für mich wie früher, als ich sie brauchte, um mich nicht spüren zu müssen. Heute sind meine Gefühle und das, was ich da in meinem Körper spüre, mein Lebensinhalt.

Das heißt ja nicht, daß die Arbeit völlig unwichtig ist. Nicht umsonst hab ich meinen zukünftigen Arbeitsplatz selber entwickelt. Ich rede jetzt mal so, als würde das klappen, was ich ja heute noch nicht sicher weiß. Wir bauen in einem alten Gutshof in Mecklenburg ein Zentrum auf für Kinder- und Jugendfreizeit und Kinder- und Jugendarbeit vor Ort. Meine Aufgabe ist die gestalterische Arbeit mit Kindern. Also, ich hab das Ziel, das Umfeld für Kinder mit ihnen gemeinsam zu gestalten. Da kommt wieder mein Beruf als Designer durch, aber ganz eng gekoppelt an die Bedürfnisse von Menschen. Und weniger gebunden an das, was die Industrie an Verkaufsargumenten vorschreibt. Das ist sozusagen der Wechsel, den ich gemacht habe oder vorhabe.

Natürlich ist die Arbeit in so einem Verein sehr unregelmäßig. Das bedeutet, auch die Menge an Arbeit kann ich nicht immer beeinflussen. Ich muß unterscheiden, was ist wichtig, was ist nicht so wichtig. Und alles, was nicht absolut wichtig ist, will ich weglassen. Das war früher nicht möglich, weil ich absolut perfektionistisch veranlagt war und immer alles bis zu dem Termin fertig sein mußte. Ich habe heute viel mehr Mut, Termine zu verschieben, zu fragen, krieg ich ein bißchen mehr Zeit? Ich merke, es gibt nicht nur einen Weg, es gibt auf einmal ganz viele Entscheidungsmöglichkeiten. Ich kann die Arbeit vereinfachen, ich kann nur einen Teil machen, ich kann den Termin verschieben, ich kann mir Hilfe holen. Früher war es für mich fast unmöglich, heute ist das ein ganz wichtiges Thema: Wer kann mir helfen? Vor allem ist wichtig, rechtzeitig Hilfe zu organisieren. Und das A und O ist, realistisch zu planen. Damit bin ich auch heute noch sehr viel beschäftigt, zu lernen, einen vernünftigen Arbeitsplan zu machen. Früher bin ich chaotisch in meiner Planung versackt. Ich hätte alle Zeit der Welt kriegen können, und ich wäre trotzdem nicht fertig geworden. Das ist ja der Wahnsinn bei dieser Sucht: Wenn ich wirklich meine Arbeit brauche und mein Adrenalin und alles, was dazu gehört, dann kann man mir eine noch so einfache Aufgabe stellen, und ich könnte Jahrzehnte damit verbringen.

Adrenalin war für mich die einzige Möglichkeit überhaupt, diese Arbeitsleistung am Stück zu erbringen. Spätestens nach sieben, acht Stunden war ich erschöpft. Dann hab ich unbewußt Taktiken entwickelt, um Streß zu organisieren. Und dieser Streß hat Adrenalinausschüttungen bewirkt, die mich befähigt haben, weiterzuarbeiten. Wenn ich dann nach einem sehr langen Arbeitstag oder nach einer durchgemachten Nacht irgendwo ankam, habe ich mich noch topfit gefühlt, und innerhalb von Minuten bin ich in die totale Erschöpfung gefallen. Es gab auch ein körperliches Zeichen. Immer, wenn meine Hände zittrig wurden, wußte ich, ich bin über meine Erschöpfung drüber und hätte längst Schluß machen müssen.

Den Streß hab ich mir mit einem Problem organisiert. Ich brauchte mir nur vorzustellen, daß die Arbeit in drei Stunden beendet sein mußte. Das hat gereicht, das hat den Streß perfekt gemacht. Und ich habe eben keine Pause gemacht und geguckt, wieviel Zeit habe ich noch, wie kann ich damit umgehen? Nein, ich habe mich einfach wie im Wahn hochgeschaukelt, dann war der Streß da. Bis vor einem halben Jahr habe ich alle meine Aufgaben am Ende irgendwie hingekriegt. Es war immer ein Erfolg. Und wenn ich während dieser Arbeitsphasen sehr gelitten hatte, dann tat es gut, wenn die Leute sagten, mein Gott, bist du arm dran, daß du soviel arbeiten mußt. Wenn dann noch jemand gesagt hat, oh, ist aber toll, das war natürlich Spitze für mich. Und ich war immer der Überzeugung, solche Ergebnisse kann man nur erreichen, wenn man so arbeitet wie ich.

Ich konnte wahnsinnig lange Streßphasen aushalten. Die hab ich nie abbrechen lassen, weil die nächste Arbeit schon wartete. Nach solchen Aktionen bin ich grundsätzlich krank geworden, meistens schon in der Endphase. Ich hab es nur nie als Zusammenbruch gewertet. Ich hab mich halt ein paar Tage ausgeruht und hingelegt. Aber ich habe diese Krankheiten auch ganz gut wieder mit Arbeit in den Griff gekriegt. Meine Krankheiten sind immer Erkältungen. Mit Halsschmerzen, dicken Mandeln, bis zu Kopf- und Gliederschmerzen, alles, was so dazugehört. Das ist die Notbremse, die mein Körper immer wieder zieht. Heute sendet mein Körper früher Signale und macht mich eher darauf aufmerksam, daß es zuviel ist. Und ich lasse es zu. Ich erhöhe nicht die Dosis, sondern ich lasse die Krankheit zu. Ich gönne meinem Körper, wenn es irgendwie möglich ist, eine Pause und fange danach wieder an.

Meinen Hund hab ich jetzt erst seit vier Monaten. Ich hab ihn geschenkt bekommen, und heute weiß ich, daß er ein Stück meiner Genesung ist. Weil ich einfach jeden Tag in der Natur bin, jeden Tag laufe. Und laufen und in der Natur sein ist für mich die beste Voraussetzung, den Kontakt zu mir und zu meiner höheren Macht zu bekommen. Und den bekomme ich dank dieses Hundes jeden Tag. Es hat fast was Meditatives für mich, mit dem Hund rauszugehen. Und er verlangt von mir, daß ich eine gewisse Struktur in meinem Tag habe, er reagiert sehr negativ darauf, wenn ich zuviel Streß habe, dann wird er sehr anstrengend. Ich erlebe ihn als Begleiter in meinem Leben, und ich glaube, er stillt auch einen Teil meines Bedürfnisses nach Nähe.

Im Moment bin ich in so einer Art Schwebezustand. Der Umzug von der Stadt aufs Land, das ist eine Entscheidung einerseits für den neuen Job, andererseits ist es eine Entscheidung für eine andere Lebensform, die – das hoffe ich jedenfalls – mir mehr Raum für mich selbst gibt. Ich bin also in einer Umbruchsphase, da fehlt mir sehr stark der innere Halt, und ich merke jetzt erst, wie sehr ich eine feste Struktur im Tag brauche, um zurechtzukommen. Je stärker meine Struktur im Alltag ist, zum Beispiel durch Arbeit, und je wohler ich mich fühle, um so weniger Zeit brauche ich für mich. Da kann ich in ganz kurzen Phasen der Besinnung gucken, wie geht es mir, was ist los? Es stehen dann auch nicht so viele Gefühle an, die ich leben möchte und die ich in irgendeiner Form verarbeiten muß. Das heißt, am Ende ist es meiner Meinung nach so, daß mir die Genesung von meiner Arbeitssucht hilft, wesentlich besser und effektiver zu arbeiten. Das süchtige Arbeiten ist oft sehr destruktiv, produziert sehr viele Fehler, und es braucht viel Zeit, diese Fehler wieder in Ordnung zu bringen. Ich sehe heute konstruktives Arbeiten nicht so, daß ich keine Fehler mache, aber ich brauche einfach viel weniger Zeit, um zu derselben Lösung zu kommen.

Ich kenne auch die Gefahr, von der Arbeitssucht in die Arbeitsflucht zu sacken. Das ist wie ein Pendel, das immer hin- und herschwingt. Es ist oft so, daß ich eine Arbeit erst sehr lange vermeide und nicht ran will, auch morgens nicht aus dem Bett will. Und dann irgendwann kommt der Rappel und das Vielarbeiten. Und Ausgewogenheit bedeutet, weniger Arbeit zu vermeiden und so letztlich weniger zu arbeiten. Aber am Ende damit mehr zu leisten.«

Klinische Therapie und Selbsthilfe

»Ohne Fleiß kein Preis«
Deutsches Sprichwort

Die Frage, ob eine Sucht überhaupt heilbar ist, ist umstritten. Richtig ist ganz sicher die Sicht therapierter Suchtkranker, die als persönlichen Erfolg verbuchen, wenn sie nach der Therapie mit ihrer Sucht leben können. Das bedeutet, sie haben akzeptiert, daß es etwas außerhalb ihrer Person gibt, wovon sie abhängig sind. Der trockene Alkoholiker, der Drogensüchtige, der heute clean ist, der Spielsüchtige, der standhaft jede Automatenhalle meidet: Sie können problemlos leben, solange sie ihrem »Suchtmittel« ausweichen. Der erste Klare, der erste Joint, ein Versuch am einarmigen Banditen kann mühevoll erarbeitete Abstinenz vergessen machen. Wie groß die Gefährdung nach langen abstinenten Zeiträumen ist, darüber gibt es keine gesicherten Aussagen.

Das Problem jedes Therapieversuches bei Arbeitssucht ist, ähnlich übrigens wie bei der Eßsucht, daß das Ziel nicht die Abstinenz sein kann. Insofern bekommt der Satz »Mit der Sucht leben lernen« hier eine andere Bedeutung.

Natürlich kann kein 40jähriger in Rente gehen, weil er süchtig arbeitet. Abgesehen von den psychischen Problemen für den Betroffenen und der geringen Erfolgsaussicht eines derartigen Antrages – der Arbeitssüchtige würde sich, sofern er körperlich einigermaßen dazu in der Lage ist, eine Beschäftigung suchen, die er bald mit ähnlicher Intensität betreiben würde wie zuvor seine Arbeit. Der Wechsel des Arbeitsplatzes kann insofern Abhilfe schaffen, als suchtbegünstigende Faktoren ausgeschaltet werden. Ein sicheres Mittel gegen die Sucht ist das nicht. Der Süchtige muß den gesunden Umgang mit seiner Arbeit lernen. Nur das kann Ziel der Therapie sein.

Es gibt keine Klinik oder Kureinrichtung in Deutschland, die auf die Therapie von Arbeitssucht spezialisiert ist. Es gibt einige Kliniken, die Arbeitssüchtige mit dieser Diagnose konfrontieren und in der Therapie immer wieder darauf Bezug nehmen, ohne daß von einer Spezialtherapie für Arbeitssüchtige gesprochen werden kann.

Die folgenden Darstellungen von Diagnose und Therapie beziehen sich auf die Arbeit der bereits erwähnten hessischen Hardtwaldklinik II, einer Klinik für psychogene Erkrankungen, die auf der Grundlage eines tiefenpsychologischen Behandlungskonzeptes arbeitet.

Der Schritt, die Hilfe von Psychotherapeuten in Anspruch zu nehmen, fällt vielen Menschen schwer. Zu leicht werden auch heute noch Personen mit psychischen Problemen und Erkrankungen stigmatisiert, begleitet von Vorurteilen, Halbwissen und eigenen, uneingestandenen Ängsten. Oft gehen Menschen erst dann zum Psychotherapeuten, wenn der Hausarzt, der Internist oder Kardiologe mit seinem Latein am Ende ist, wenn keine organischen Ursachen für Erkrankungen gefunden werden. Schlägt der Psychotherapeut eine stationäre Therapie vor, stellt das viele vor ein weiteres Problem: Wie reagieren Familienmitglieder, Kollegen oder der Arbeitgeber darauf? Kann vor ihnen verheimlicht werden, daß der Kuraufenthalt eine Psychotherapie ist? Ein Patient der Hardtwaldklinik aus dem Topmanagement eines großen Konzerns zum Beispiel nahm für die Behandlungsdauer von sechs Wochen Sonderurlaub. Als Begründung gab er einen Intensivsprachkurs in den USA an. Zum Konzept des Kurses gehöre, so die Vorsorge des Patienten für alle Fälle, keinerlei Telefonkontakte während des Kurses in der Muttersprache zu haben. Insgesamt sind nur wenige Topmanager bereit, ihre Probleme in einer stationären Behandlung lösen zu wollen. Neben vielen anderen Erklärungen spielt vermutlich ein Aspekt eine besondere Rolle: Das Eingeständnis, ein Problem im eigenen Leben nicht managen zu können wie die Arbeitsaufgaben, ist eine subjektive Überforderung. In der Selbstwahrnehmung erfolgsorientierter Menschen bedeutet das eine Niederlage, die kaum einer hinzunehmen bereit ist, solange andere Auswege möglich erscheinen.

Der Gang zum Psychotherapeuten beziehungsweise in die stationäre Psychotherapie schließt nicht automatisch die Bereitschaft des Patienten ein, seiner Krankheit auf den Grund zu gehen. Er hat nervöse Magenbeschwerden, Schlafprobleme oder Rückenschmerzen. Der Patient erhofft sich Hilfe in bezug auf dieses Leiden. Kommt der Therapeut in der Eingangsdiagnose auf den Punkt, daß ein unmäßiger Arbeitsstil verantwortlich für die Beschwerden ist, so wird sich der Patient wehren. Wer seine Arbeit in Frage stellt, der stellt vielleicht Sinn und Inhalt des gesamten bisherigen Lebens in Frage. Das um so stärker, je deutlicher das Patientenleben an Kriterien wie beruflichem Erfolg, Karriere, Macht oder materiellen Ergebnissen der Arbeit orientiert ist. Der erste Therapieschritt ist, bei dem Patienten die Krankheitseinsicht zu wecken. Sie ist unabdingbare Voraussetzung für eine erfolgreiche Weiterarbeit. Im weiteren Verlauf gilt es herauszufinden, welches konkrete Problem dem zwanghaften Arbeiten zugrunde liegt. Anders gesagt, in wessen Dienst steht das arbeitssüchtige Verhalten? Dient es dem Betreffenden zur

- Befriedigung unbewußter Wünsche, der
- Abwehr unangenehmer Gefühle oder der
- Kompensation objektiver oder subjektiv erlebter Mängel oder Defizite?

Im nächsten Schritt geht es darum, subjektive und objektive Faktoren des süchtigen Arbeitsverhaltens zu erkennen, Verhaltensspielräume zu erkunden und eine persönliche Bewältigungsstrategie zu entwickeln.

Die Behandlung wird getragen von Ärzten, Psychologen und Kreativtherapeuten im Zusammenwirken mit Krankenschwestern und Mitpatienten. In einem ganzheitlichen Therapiekonzept werden die seelischen, körperlichen und sozialen Aspekte der Krankheit zusammengeführt. Dazu dienen Einzelsitzungen mit dem Psychotherapeuten, Gruppensitzungen der Patienten im Beisein des Therapeuten und Bewegungs-, Musik- oder Gestaltungstherapie. Ergänzt wird die Behandlung durch die notwendige ärztliche Betreuung, zum Beispiel bei Herz-Kreislauf-Beschwerden, durch die Vermittlung von Entspannungstechniken sowie das Angebot themenzentrierter Gruppenarbeit zu Abhängigkeitsfragen.

Die Gruppensitzungen sind minimal vorstrukturiert. Außer der Verabredung von Ort und Dauer des Treffens gibt es keine Vorgaben. Für viele Patienten stellt dies eine völlig ungewohnte Situation dar, die starke Verunsicherung auslöst. Sie werden sich zurückhalten. Da auch der Therapeut sich zurückhält, wird sich in der Gruppe eine Person finden, die die Führungsrolle übernimmt. Oft sind das Menschen, die im Alltag eine ähnliche Aufgabe haben. Es können auch Konkurrenzen um die Führung unter den Patienten oder zwischen einem Patienten und dem Therapeuten ausgetragen werden. Die Führungsperson wird versuchen, eine Aufgabenstellung, vielleicht eine Zielformulierung für die Sitzung zu erarbeiten. In diesem Prozeß spielt jeder Gruppenteilnehmer eine Rolle, die als Reinszenierung seines Alltagsverhaltens gedeutet werden kann. Während der Gruppensitzung greift der Therapeut ein, indem er zum Beispiel durch Fragen einen scheinbaren Gruppenkonsens bezüglich des Verhaltens eines oder mehrerer Teilnehmer erschüttert und andere Perspektiven ermöglicht. Besonders, wenn argumentativ starke oder autoritäre Führungspersonen den Prozeß der Meinungsbildung zu sehr steuern, kann er eindimensionale Bewertungs- und Entscheidungsmuster zerstören, aber auch etablierte Gruppenstrukturen aufbrechen. Der Therapeut wertet seine Beobachtungen später in den Einzelsitzungen aus, der Patient soll bekannte oder unbewußt erfahrene Verhaltensweisen aus dem Alltag wiedererkennen. Ein zu verausgabungs- und unterordnungsbereiter Mensch wird zum Beispiel in der therapeutischen Situation mit der eigenen Benachteiligung konfrontiert. Ein zu mittelpunktstrebiger und machtbewußter Mensch bekommt die Folgen seines Verhaltens gespiegelt. Durch die geschützte Kliniksituation kann keiner objektive Zwänge, Ehepartner oder Vorgesetzte für sein Verhalten verantwortlich machen. Es kommt darauf an, dem einzelnen deutlich werden zu lassen, wo er sich in letzter Konsequenz gegen seine eigenen Interessen verhält. Orientierung bei der Interessenbestimmung und zugleich Zielvorgabe der Therapie sind intakte Sozialbeziehungen sowie ein harmonisches Gleichgewicht von Arbeit und Freizeit.

Der gleiche Personenkreis trifft sich in den Kreativgruppen wieder. Die Ziele sind keine wesentlich anderen als in den Sitzungen, nur können die dabei verwendeten Methoden bei dem einen oder anderen Patienten andere, unbewußte Erfahrungen sichtbar machen. Kaum einer der Teilnehmer ist mit den Methoden der Bewegungs-, Musik- oder Gestaltungstherapie im Alltag konfrontiert. In diesen Runden versagen bewährte Alltagsmethoden, mit denen ein Schutzschild vor dem eigenen Innenleben errichtet wird. Ein rhetorisch erfahrener Lehrer, Journalist oder Pfarrer mag in den Gesprächsrunden seine Verletzungen oder Unsicherheiten routiniert verbergen. In den Kreativrunden gelingt dies keinem mehr.

In der Musiktherapie wird mit Instrumenten, über Rhythmus, Lautstärke und Klang kommuniziert. Zum Beispiel stellt sich dort ein Mensch, der sich im Alltag von allen angegriffen fühlt und sich zurückzieht, an den großen Gong. Alle klimpern vorsichtig vor sich hin, testen die Möglichkeiten ihres Instrumentes. In diesem Moment haut der Getretene mit brachialer Gewalt in den Gong. Und wundert sich, daß alle anderen einen Schreck bekommen. Diese Szene kann soziale Beziehungen für alle Teilnehmer deutlicher erfahrbar machen als eine verbale Beschreibung dieser Beziehung. Ähnliches geschieht in der Gestaltungstherapie. Vorgegeben sind zum Beispiel eine große freie Fläche, Farben und die Aufgabe, gemeinsam ein Bild zu gestalten. Allein die Auswahl der Farben oder die Zuteilung durch einen wie auch immer bestimmten Gruppenführer gibt Auskunft über das Alltagsverhalten. Wer achtet auf Farbharmonien, wer auf Bildinhalte, wer malt für sich allein, wer im Sinne eines Ganzen und so weiter. In der Bewegungstherapie geht es um die Bewegung im Raum. Wie ordnet sich einer dem anderen zu, in räumlicher Distanz oder Nähe suchend? Wie nutzt er den Raum für seine Bewegung, sucht er die Ränder oder das Zentrum? Wie geht einer auf andere zu, wie kämpft er mit anderen, um einen Ball zum Beispiel? Bei der Auswertung aller Gruppenerfahrungen nehmen die Beschreibung und Bewertung des eigenen Verhaltens durch die Mitpatienten, aber auch deren Verhaltensvorschläge, eine zentrale Rolle ein. Weil alle in einer ähnlichen Situation sind und es außerhalb des geschützten Klinikraumes keinerlei Abhängigkeiten gibt, können Mitpatienten Ratschläge geben und die Wahrnehmung des anderen in einer Offenheit beschreiben, die außerhalb des geschützten Raumes keiner geben könnte beziehungsweise keiner anzunehmen brauchte. Zum Beispiel wird ein Patient den Vorwurf des autoritären Verhaltens vom Ehepartner vielleicht brüskiert abweisen. Sagt ihm dies ein Gruppenteilnehmer, so kann eine andere Offenheit und Nachdenklichkeit gegenüber dem Vorwurf die Folge sein. Ein anderer Vorgang: Ein 55jähriger arbeitssüchtiger Gruppenteilnehmer wirft einem jüngeren Mitglied mangelndes Engagement bei einer Gruppenaufgabe vor. Der beschreibt seine Wahrnehmung so: »Genau wie du ist mein Vater mir begegnet, nur fordernd und die eigene Arbeitsweise zum Maß aller Dinge erhebend. Mit dem rede ich heute nicht mehr.« Der eigene Sohn konnte dies seinem Vater nie sagen, der hätte diese Meinung nicht zugelassen. Im Schutz der Patientenrolle und der Klinik wird dieser Austausch möglich. Da alle Patienten in einer hilfsbedürftigen Grundsituation sind, gibt es gleichzeitig ein Maß an Sensibilität, das vor bösartigen Verletzungen des anderen weitgehend schützt.

Nicht unkompliziert ist der Übergang aus der geschützten Kliniksituation in den ungeschützten Alltag. Sofern es erforderlich und möglich ist, stellen die Kliniktherapeuten Kontakte zwischen Patienten einerseits und Arbeitgebern oder Betriebsräten, Familienmitgliedern und ambulanten Therapeuten andererseits her. Diese sollen helfen, den Übergang in den Alltag zu erleichtern. Dort ist der Patient in der Regel mit den gleichen Arbeitsbedingungen, -anforderungen und Kollegen konfrontiert wie vor der Therapie. Draußen fragt niemand, wie es ihm geht, keiner ist jederzeit für ihn da. Die Gefahr, nach dem Klinikaufenthalt in ein psychisches Loch zu fallen, ist genauso groß wie die Grauzone des Rückfalls. Erst sieben bis acht Monate nach der stationären Therapie wird sichtbar, ob der Patient es geschafft hat, seinen Alltag anders zu leben. Nicht wenige kommen nach ein oder zwei Jahren erneut zur stationären Behandlung.

Die Arbeit von Selbsthilfegruppen ist heute aus der Suchttherapie nicht mehr wegzudenken. Orientiert am Vorbild der Selbsthilfegruppen Anonymer Alkoholiker (AA) entstanden in den USA Selbsthilfegruppen für Arbeitssüchtige. In Deutschland gründete 1986 eine Frau in Freiburg die erste Gruppe Anonymer Arbeitssüchtiger (AAS). Heute gibt es mehr als zehn Gruppen in der ganzen Bundesrepublik.

Oberstes Gebot ist die Anonymität. Gruppenmitglieder sprechen sich nur mit dem Vornamen an, Adressenlisten werden ausschließlich für Zwecke der überregionalen Vernetzung angelegt. Zu den Gruppentreffen haben keine anderen Personen als Arbeitssüchtige Zutritt, für Angehörige von Betroffenen werden gesondert Informationsveranstaltungen durchgeführt. Es gibt keinerlei professionelle oder institutionelle Unterstützung. Über alle Dinge, die in den Sitzungen besprochen werden, herrscht strenge Schweigepflicht nach außen, auch gegenüber Gruppenmitgliedern, die nicht anwesend waren.

Die Treffen der Gruppen finden in der Regel wöchentlich statt. Ein Gruppenmitglied leitet das Meeting. Zu Beginn werden die zwölf Schritte der Anonymen Arbeitssüchtigen, die Werkzeuge der Genesung oder ein anderer Text laut gelesen. Anschließend schlägt der Meetingsleiter das Thema vor. Freizeit, Geld, Selbstkontrolle, Macht, heimlicher und offener Zwang im Alltag und bei der Arbeit, Erwartung an die Gruppe – das sind einige der besprochenen Probleme, immer vor dem Hintergrund der eigenen Suchterfahrung. Keiner wird zur Rede aufgefordert. Jeder spricht nur von sich selbst, Kommentare zu Beiträgen anderer sind untersagt. In der Gemeinsamkeit der Betroffenen suchen viele Süchtige eine Stütze und den Mut zum offenen Umgang mit sich selbst. Wichtig ist die Erfahrung, mit seinem Problem nicht allein zu sein. Die Chance, aus den Geschichten der anderen für sich selbst etwas zu lernen, ist groß. Jede »süchtige Biographie« hat ihre Eigenheiten, ist unvergleichbar und enthält trotzdem immer wiederkehrende Versatzstücke. Sich in den Erfahrungen der anderen wiederzufinden, quasi im Spiegel das eigene Verhalten zu erkennen und als Krankheit zu akzeptieren, daraus Mut zu schöpfen und Rückschlüsse für das eigene Leben zu ziehen, das sind die Möglichkeiten, die diese Gruppen bieten.

Die Selbsthilfegruppen sprechen auch die sogenannten »Arbeitsflüchtigen«, die »Aufschieber«, an. Für sie sind das zwei Seiten einer Medaille.

Richtig ist, daß bei einigen Arbeitssüchtigen Erscheinungen des Aufschiebens von Arbeit zu beobachten sind, zum Teil in Form alternierender Schübe von Arbeitssucht und Arbeitsflucht. Es können auch gleiche Ursachen für die diametralen Verhaltensweisen verantwortlich sein: überhöhte Ansprüche an sich selbst bezüglich Perfektion und Tempo. Die Angst vor der Frustration, den selbstgestellten Anforderungen nicht gerecht zu werden, verhindert ein Beginnen der Arbeit. Der Betroffene flieht in Scheinwelten und verfällt in Lethargie.

Unter Fachleuten ist dieser Ansatz, den auch Diane Fassel vertritt, umstritten. Von vielen Psychotherapeuten wird er abgelehnt. Zu nah liegt die Gefahr, daß eine labile Persönlichkeit, die vor sich selbst und allen Anforderungen davonläuft, unter dem Etikett der Arbeitssucht Schutz sucht und Bestätigung findet. Gerade weil kein Gesprächsteilnehmer seine Wahrnehmung des anderen äußern darf, kann ein Arbeitsflüchtiger sich unter den anonymen Mantel der Gruppe flüchten, ohne sein Verhalten zu verändern. Sich selbst beruhigt er mit der begonnenen »Therapie«.

Die Gruppen suchen keinen Kontakt zu Sekten und Religionen. Ihr Programm aber baut grundsätzlich auf Spiritualität. Wer dort eine persönliche Grenzlinie zieht, die er nicht überschreiten will oder kann, wird bei den AAS-Gruppen keine Hilfe finden können. Nach anderen Prinzipien organisierte AAS-Gruppen gibt es nicht in Deutschland.

Die 12 Schritte der Anonymen Arbeitssüchtigen, basierend auf dem Selbsthilfeprogramm der Anonymen Alkoholiker:

1. Wir geben zu, daß wir unserem zwanghaften Arbeiten oder Nicht-Arbeiten gegenüber machtlos sind und unser Leben nicht mehr allein meistern können.
2. Wir kommen zu dem Glauben, daß eine Macht – größer als wir selbst – uns unsere geistige Gesundheit wiedergeben kann.
3. Wir fassen den Entschluß, unseren Willen und unser Leben der Sorge Gottes – wie wir ihn verstehen – anzuvertrauen.
4. Wir machen eine gründliche und furchtlose Inventur von unserem Inneren.
5. Wir geben Gott, uns selbst und einem anderen Menschen gegenüber unverhüllt unsere Fehler zu.
6. Wir sind völlig bereit, all diese Charakterfehler von Gott beseitigen zu lassen.
7. Demütig bitten wir ihn, unsere Mängel von uns zu nehmen.
8. Wir machen eine Liste aller Personen, denen wir Schaden zugefügt haben, und sind bereit, ihn bei allen wiedergutzumachen.
9. Wir machen bei diesen Menschen alles wieder gut – wo immer es möglich ist –, es sei denn, wir verletzen dadurch sie oder andere.

10. Wir setzen die Inventur bei uns fort, und wenn wir Unrecht haben, geben wir es sofort zu.
11. Wir suchen durch Gebet und Besinnung unsere bewußte Verbindung zu Gott – wie wir ihn verstehen – zu verbessern. Wir bitten ihn, seinen Willen für uns erkennbar werden zu lassen, und um die Kraft, ihn auszuführen.
12. Nachdem wir durch diese Schritte ein seelisch-geistiges Erwachen erlebt haben, versuchen wir, diese Botschaft an andere Arbeitssüchtige weiterzugeben und unser tägliches Leben nach diesen Grundsätzen auszurichten.

Diese Schritte soll jeder für sich in der aufgeschriebenen Reihenfolge gehen. Die Berichte von Erfolgen oder Mißerfolgen auf diesem Weg gehen in die Gruppen-Meetings ein. Jeder muß selbst herausfinden, wie lange er mit welchem Schritt zubringt, wann er vielleicht einen oder zwei Schritte vor- oder zurückgehen muß auf dem Weg der persönlichen Genesung. Möglich ist, daß sich Einzelpartnerschaften finden, die sich als »Sponsoren« gegenseitig helfend außerhalb der Gruppenarbeit zur Verfügung stehen. In aktuellen Krisensituationen kann individuelle Hilfe wichtiger sein als Gruppenarbeit. Hier liegt ein weiteres Problem: Da keine Beobachtung der Gruppe von einer außenstehenden Person stattfindet, können sich fehlerhafte, suchtfördernde Verhaltensweisen bei den einzelnen verfestigen beziehungsweise aus der Gruppendynamik heraus fortpflanzen. Wie soll ein Süchtiger den Konflikt, der seiner Sucht zugrunde liegt, bearbeiten, wenn keiner in der Gruppe ihn erkennt? Natürlich ist es keinem Gruppenmitglied verwehrt, im Einzelgespräch nach dem Gruppen-Meeting Ratschläge zu geben. Nur gibt es eben keine Sicherheit für so ein direktes Feedback, und das kann gefährlich werden.

In der breiten Öffentlichkeit wird mit anonymen Selbsthilfegruppen sofort Alkoholismus in Verbindung gebracht. Das sind Zusammenkünfte in notdürftig ausgestatteten Räumlichkeiten, abgelegen in Nebenstraßen, alternativen Freizeitzentren oder kirchlichen Einrichtungen der Sozialarbeit. Alkoholiker in Selbsthilfegruppen, das sind die Absteiger, bei denen keine Entzugstherapie erfolgreich war, die Loser der Leistungsgesellschaft. Die eingangs beschriebenen Arbeitssüchtigen aus der Welt des Big Business und der Führungsetagen tauchen in den AAS-Gruppen selten auf. Zu groß ist die Gefahr der Stigmatisierung, sollte etwas bekanntwerden. Wer sein eigenes Arbeitsverhalten nicht mehr in den Griff bekommt, der weiß oder ahnt zumindest, daß es vielen dieser scheinbar starken Menschen, denen er täglich begegnet, ähnlich gehen könnte. Sollte der Zufall ihn in der Gruppe mit einem Bekannten aus seiner Arbeitswelt zusammenführen, so könnte es von nicht absehbarer Konsequenz für die eigene Laufbahn sein. Auch wenn die Anonymität in der Gruppe Gesetz ist, draußen herrschen weiter die Wolfsgesetze. Die Angst um das eigene Dasein kann den anderen zum Angriff treiben. Es gibt einfach keine Sicherheit. Deshalb nehmen Manager, Ärzte oder Rechtsanwälte lieber die Hilfe hochbezahlter Privattherapeuten oder Coaches in Anspruch, als sich in das gefährliche »Milieu« der Selbsthilfe zu begeben.

Selbsthilfegruppen für Arbeitssüchtige produzieren einen eigenen Widerspruch.

Ehe eine Gruppe ins Leben gerufen wird, muß mindestens ein Süchtiger ein zusätzliches Arbeitspensum bewältigen: die Organisation der Gruppentreffen.

Jeder Erfolg der Gruppenarbeit bedeutet eine tendenzielle Schrumpfung der Gruppe bis hin zur Selbstauflösung. Bleiben drei oder weniger Teilnehmer einer Gruppe übrig, kann kaum noch erfolgreich gearbeitet werden. Das bedeutet, die einzelnen müssen aktiv werden in der Öffentlichkeit, Kontakte zu Netzwerken von Selbsthilfegruppen herstellen, damit potentiell Hilfesuchende auf die Gruppe aufmerksam werden. Im Zweifelsfall werden aufwendige Aktivitäten entwickelt, um die Gruppe am Leben zu erhalten. Ein Circulus vitiosus für Arbeitssüchtige. Dabei bringt das strikte Anonymitätsgebot ein weiteres Problem mit sich. Wie soll man in der Öffentlichkeit wirksam werden, wenn man die Hilfe von PR-erfahrenen Organisationen ebensowenig in Anspruch nehmen will wie die Medien? Wenn selbst die Liste der aktiven Selbsthilfegruppen nicht an die Öffentlichkeit gelangen soll? »Unsere Beziehungen zur Öffentlichkeit stützen sich mehr auf Anziehung als auf Werbung«, heißt es in den 12 Traditionen der AAS-Gruppen. Wie soll anziehend wirken, was unbekannt ist?

Die kritischen Überlegungen sollen die Arbeit der Gruppen nicht geringschätzen. Sie benennen nur Grenzen. Besonders im frühen Suchtstadium und als Fortführung oder Ergänzung einer professionellen Therapie können die AAS-Gruppen für den einzelnen von unschätzbarem Wert sein.

Keine Zeit für Gefühle

Die Verabredung mit **Gerhard** (52) klappt überraschend unkompliziert. Schon beim zweiten Anlauf erreiche ich ihn am Telefon. Erstaunlich, daß ein Mann in seiner Position nicht grundsätzlich von einer Sekretärin abgeschirmt wird. »Kommen Sie mit dem Auto oder mit der Bahn?« fragt er. Die Vernunft siegt, ich entscheide mich für die nervenschonende Variante. »Ich lasse Sie vom Bahnhof abholen.« Auf meine Frage, wie ich die Person, die mich abholen wird, erkennen werde, folgt eine kurze Pause des Nachdenkens. »Das Einfachste ist, ich hole Sie selbst ab.« Die zweite Überraschung. Ein Mann in dieser Position nimmt sich dafür Zeit?

Auch ohne Personenbeschreibung und Blume im Knopfloch erkennen wir uns auf dem Bahnhof sofort. »Journalisten rieche ich förmlich, ich brauche sie ständig für meine Arbeit«, sagt er lachend. Gerhard sprüht vor überschüssiger Energie. Fast habe ich das Gefühl, er vergißt einen Moment, weshalb ich gekommen bin. Wie auf einer Pressekonferenz erklärt er mir sofort die wirtschaftlichen Schwierigkeiten der Region und welche Konsequenzen das für seine Arbeit hat. Im Auto schaltet er als erstes das Telefon ein, obwohl wir nur wenige Minuten bis zu seinem Büro fahren. »Meine neue Errungenschaft, eine Rufumleitung. Auf die Art bin ich fast immer zu erreichen. Das ist sehr praktisch, da bin ich nicht mehr auf die Sekretärin angewiesen.« Aus seiner freundlichen, offenen Art spricht kein Mißtrauen gegen seine Mitarbeiterin. Es klingt eher ein Stolz durch, jederzeit präsent zu sein. Als wir seine Niederlassung betreten, finde ich die Erklärung für sein Verhalten. Transparenz, Präsenz und ständige Erreichbarkeit sind Grundpfeiler von Gerhards Berufsauffassung. Mit allen nervenaufreibenden Konsequenzen. Keine Sekretärin versperrt den Zugang zu seinem Büro. An ihrem offenen Arbeitsplatz im Großraum vorbei gelangt man direkt zu seiner Tür. Immerhin bittet er die Sekretärin, während unseres Gespräches keine Anrufe weiterzuleiten. Doch ist es Zufall, daß er vergißt, den Ruf von seinem Apparat auf den der Sekretärin umzuschalten?

Gerhard hat keinen Schreibtisch, sondern einen überdimensionalen Arbeitstresen. Links der PC, daneben ein Laptop mit Terminkalender auf dem Display. In der Mitte stapeln sich Papiere auf einer so großen Schreibfläche, daß der Anschein von Übersichtlichkeit gewahrt bleibt. Rechts ein Besprechungsplatz, an den wir uns setzen, nachdem er noch schnell zwei Telefonate erledigt und Kaffee geholt hat. Gerhard braucht nur Stichworte, dann rauscht der Erzählstrom los. Mitten in unser Gespräch platzt ein Anruf. »Wie lange brauchen wir noch?« fragt er. Und schon ist kurzfristig die nächste Verabredung getroffen. Fast unmerklich erhöht sich jetzt das Tempo seines Redeflusses. Eine halbe Stunde später der erste Blick zur Uhr, von nun an in kürzer werdenden Abständen. Seine Antworten werden knapper, das Tempo nimmt weiter zu. Irgendwann die Frage: »Haben wir etwas Wichtiges ausgelassen? Ich habe noch eine Verabredung.«

»An meinem Weg liegen reihenweise Leichen. Alles Menschen, die versucht haben, mit mir freundschaftliche Beziehungen einzugehen. An irgendeiner Stelle breche ich die Beziehung ab. Da will ich niemanden mehr an mich rankommen lassen. Ich hab Angst, da dringt jemand in mich ein. Der will mich schwächen. Außerdem würden Freundschaften mich zusätzlich unter Zeitdruck bringen. Mit Frauen ist das auch so. Ich bin in dritter Ehe verheiratet. Kein Wunder, ich habe nie Zeit, bin nie da. Wie soll so eine Ehe halten? Jetzt hab ich zwei kleine Kinder. Ich hab geglaubt, daß über Kinder die Verpflichtung der Familie gegenüber eine größere wäre. Ist natürlich Unsinn. Meine Tochter hat zum Beispiel jetzt Geburtstag, und ich hab sofort ein großes Terminproblem. Wobei ich da bloß in den Kalender hätte reinschreiben müssen, daß meine Tochter Geburtstag hat. Tu ich aber nicht. Und ich kann ja nicht im Büro verlangen, daß jeder weiß, wann meine Tochter Geburtstag hat. Also, ich hab den Termin nicht drin. Das führt natürlich zu einem Konflikt zu Hause. Aber das Problem ist, als Geschäftsführer des Gewerkschaftskreisverbandes kommt einfach unheimlich viel auf mich zu. Jetzt zum Beispiel: Frage Sozialabbau, Organisation von neuen Aktionen, Auseinandersetzungen mit der Kommunalpolitik über Stellenabbau und die Haushaltslage. Dazu kommt, daß ich natürlich ein Bild habe von dem Beruf, den ich ausübe. Dieses Bild ist nicht allein durch mich entstanden. Mein Vater war Gewerkschafter, Betriebsrat, nachher hat er Selbstmord gemacht. Ich hab daneben gestanden, als er sich umgebracht hat, als 16jähriger. Ich hatte 'ne sehr enge Bindung an ihn. Während des Faschismus war er im KZ, dadurch fühle ich noch so eine besondere Verpflichtung, mich mehr in den Job einzubringen, als man das üblicherweise zu tun hat: Erstens muß ich besser sein als mein Vater, zweitens darf so was alles nicht noch mal passieren, Drittes Reich und Faschismus, und drittens gibt's da die Verpflichtung gegenüber den Menschen, die ihre Beiträge bei uns entrichtet haben. Für das alles hab ich mich geflissentlich einzusetzen. Und da ist immer dieses Gefühl: Du mußt mehr tun! Das ist wichtig! Was du nicht tust, wird gar nicht getan!

Morgens stehe ich um halb sieben auf, wenn ich um 8 Uhr ins Büro muß. Ich schlafe ausgesprochen schlecht, zwischen vier und fünf Stunden im Schnitt. Oft stehe ich nachts auf, um drei oder um vier, manchmal gehe ich an den Kühlschrank und fange wie verrückt an zu essen. Übrigens, mitunter brauche ich auch am Abend zwei oder drei Tafeln Schokolade. Nachts lege ich mich irgendwann wieder hin. Dabei denke ich ständig an meinen Job, an den vergangenen Tag oder an den kommenden Tag oder was alles auf mich zukommt. Und bin dann natürlich völlig kaputt, wenn ich morgens aufstehe. Beim Frühstück bin ich wenig kommunikativ, bin schlecht gelaunt wegen des unzureichenden Schlafes, bin in Gedanken schon wieder bei der Arbeit. Die ersten Stunden im Büro sind in der Regel mit technischen Sachen ausgefüllt, mit Terminplanungen zum Beispiel. An Inhalte wage ich mich erst später ran. Wobei es zwischen heute und der früheren Zeit einen riesengroßen Unterschied gibt. Ich war jemand, der relativ schnell beim Lesen Zusammenhänge erkennen konnte. Beim Durchsehen von Schriftsätzen oder Fachbüchern hatte ich schnell 'nen Durchblick. Heute gelingt mir kaum, daß ich mehr als eine dreiviertel Seite zusammenhängend lesen kann. Es stellen sich erhebliche Konzentrationsschwächen ein, ich kann das einmal Gelesene nicht als Substanz wieder abrufen. Früher war das kein Problem. Ich konnte in Reden oder Stellungnahmen relativ gut mit dem umgehen, was ich gelesen hatte. Dies ist weitgehend weg, so daß also bestimmte Dinge, die ich tue, heute nicht mehr auf demselben Fundament ruhen, auf dem ich früher meinen Job gemacht habe. Ein Teil läßt sich mit Erfahrung kompensieren, aber nicht alles. Ich kann's noch so kaschieren, daß es außer mir keiner merkt. Irgendwann wird das aber nicht mehr klappen.

Ich lege viel Wert darauf, daß möglichst jeden Tag eine Arbeitsbesprechung stattfindet. Wenn mir was nicht gefällt, dann sage ich, das geht so nicht, nehme den Betreffenden mit in mein Büro, bespreche das mit ihm und mach's am Schluß selbst. Da ich der Chef bin, widerspricht mir da niemand. Dazu kommt natürlich auch, daß ich relativ erfolgreich hier arbeite. Wir sind eine Kreisverwaltung, die keine Mitgliederverluste hat, sondern steigende Mitgliederzahlen. Und das ist fast bundesweit eine Ausnahme und in unserem Bezirk sowieso. Und ich achte darauf, daß keine Einbrüche passieren. Da schlage ich auch schon mal barsche Töne an gegenüber meinen Kolleginnen und Kollegen. Das Arbeitsklima im Büro ist davon nicht negativ beeinflußt. Im Gegenteil. Kommt ein Mitarbeiter und sagt: Du, ich müßte heute zur Personalversammlung, hab aber hier noch eine dringende Anfrage zu bearbeiten, was machen wir da? Sage ich: Mach du deine Anfrage, die Personalversammlung übernehme ich. Oder einer kommt mit 'nem Arbeitsrechtsfall und fragt: Wie geht das? Dem sage ich nicht, sieh mal dort in dem Buch nach, sondern ich sage: Komm, das sehen wir uns jetzt mal an, oder ich mach's gleich ganz allein. Dadurch bleiben ständig andere dringende Papiere liegen. Das muß ich natürlich abends dranhängen.

Mittags merke ich, daß ich körperlich nicht mehr gut drauf bin, und gehe dann auch eine oder anderthalb Stunden nach Hause. Früher hab ich kaum Pausen gebraucht. Nach dem Mittag komme ich wieder ins Büro oder nehme Außentermine wahr, die fast täglich bei 19 oder 20 Uhr und im Ausnahmefall bei 22 Uhr liegen. Zu auswärtigen Terminen fahre ich immer mit dem Auto. In der Bahn müßte ich mich hinsetzen und möglicherweise vieles über mich ergehen lassen. Das heißt, ich werde fremdbestimmt transportiert. Ich laß mich nicht gern fremd bestimmen, ich bestimme gern selber. Zum Beispiel kann ich nicht leiden, wenn ein Mitarbeiter sagt: Dann und dann fährt dein Zug, drei Stunden später kommst du an. Da geht bei mir sofort eine rote Lampe an: Achtung, jetzt schreibt dir jemand was vor. Mit dem Kopf sehe ich ein, wenn ein Kollege sagt: Mensch, da kannst du zwischendurch lesen oder hast Ruhe. Nur – das will ich nicht aus der Hand geben. Das hat wohl auch was mit Macht zu tun.

Wenn ich in einen Stau gerate, dann werde ich unruhig. Aber neuerdings hab ich ja das Telefon im Auto, und das hilft mir über vieles hinweg. Also ich hab dann Kontakt mit dem Bezirk, oder mit diesem oder jenem wollte ich immer mal reden, dann mach ich das. Dazu kommt, daß ich jetzt ein Projekt entwickelt habe für systematische Mitgliederwerbung, da reise ich in den neuen Bundesländern herum. Das mache ich natürlich liebend gern, weil das auch wieder ein Stück Bestätigung ist. Und Zeitdruck. Zeitdruck ist unheimlich wichtig. Ein guter Chef hat nie Zeit. Dahinten liegt ein Buch und wird nicht benutzt, mein Arbeitszeitplan. Eigentlich hatte ich mir vorgenommen genau zu gucken: Wann machst du was? Welche Termine mußt du für dich freihalten? Wie kannst du das organisieren? Das funktioniert nicht. Wenn ich damit angefangen habe, schmeiß ich alles wieder über Bord. Diese Woche ist wieder so eine Woche, wo quasi jeden Tag Termine umgekippt werden. Ich hatte einen Termin mit einem guten Bekannten, da sagt der: Ich will dich mal einladen, zum Segeln. Ich hab keine Beziehung zum Segeln und zu ihm auch keine, unsere Kontakte sind ausschließlich politischer Art. Der war früher SPD-Landes- und Fraktionsvorsitzender im Landtag. Als er hier mal saß, sagte ich: Ich kann mir vorstellen, was du hast. Kein Mensch redet mehr mit dir. Du stehst nicht mehr im Rampenlicht der Öffentlichkeit. Hast nicht gelernt, mit deiner Freizeit umzugehen. Und warum kommt der zu mir? Natürlich, weil man sich in der Regel mit den Menschen umgibt, mit denen man auch beruflich zu tun hat.

Am Sonnabend und Sonntag gehe ich nach wie vor ins Büro, das müssen mindestens eineinhalb bis zwei Stunden sein. Früher hab ich da dunkle Pfade gesucht. Die Leute müssen's ja nicht wissen. Im Büro selber kann ich schlecht verheimlichen, daß ich da war. Die Sekretärin sieht einfach, daß am Montag ein paar Dinge weniger auf dem Stapel liegen oder daß da irgend etwas gemacht worden ist. Heute versuche ich nicht mehr, das zu verstecken. Ist sowieso nicht möglich, hier kennt mich fast jeder. Aber hingehen muß ich einfach, selbst wenn ich dazu gezwungen bin, meine Kinder mitzunehmen. Meistens gucke ich mir Post an, die liegengeblieben ist, bestimmte Papiere, die hier angekommen sind, für die ich keine Zeit hatte. Allerdings, ob ich die lese oder nicht, ist oftmals einerlei. Die meisten kann man gleich in den Papierkorb schmeißen. Tue ich aber nicht, das ist die Crux. Könnte ja doch was Wichtiges sein. Ich meine, das ist sowieso die Gefahr heutzutage mit der Informationsgeschichte, womit Menschen, die so veranlagt sind wie ich, ein großes Problem kriegen werden. Nicht mit der Frage der Anwendung, aber der Zugang zur Information ist so breit geworden, daß sie dazu neigen werden, alle möglichen Informationen aufzunehmen, aber alles oberflächlich. Nichts mache ich mehr zielgerichtet und präzise. Ich bin ständig in Aktion. Jeder sagt: Mein Gott, der Mensch ist ja nun wirklich mit allem beschäftigt. Auf das Ergebnis bezogen bleibt das völlig ohne Wirkung. Und deshalb sage ich, wenn da jemand ans Internet ran will hier im Büro, werde ich gleich ablehnen. Wir nehmen nur Informationssysteme, die für einen bestimmten Aufgabenbereich erforderlich sind. Den muß man dann enger beschreiben, der muß zielgerichtet ausgesucht werden, weil man sonst Gefahr läuft, daß im Grunde genommen eine Informationsbreite kommt, aber nirgendwo mehr in der Tiefe was passiert. Und das ist dann das große Dilemma.

An mein Büro kommen viele Anfragen, ob ich nicht zu einem bestimmten Termin reden könnte oder im Präsidium sitzen. Ich suche dann nicht aus, was könnte für meine Organisation wichtig sein, ich versuche, alle wahrzunehmen. Kommt 'ne Anfrage vom Mühlenverein, ob ich da nicht als Beisitzer agieren könnte, schon bin ich dabei. Nicht, weil ich so 'n toller Typ bin, sondern weil ich Zugang zu Fördermitteln habe. Ich bin ja neben meinem Job hier beim Arbeitsamt Vorsitzender für Arbeitsbeschaffungsmaßnahmen. Ich verteile relativ viele Millionen im Jahr für diese Stadt. Ich bin im Verwaltungsrat des Arbeitsamtes, ich bin bei der AOK im Landesbereich tätig und hier AOK-Vorsitzender, bin im Aufsichtsrat der Stadtwerke, im Verwaltungsrat der Sparkasse, im Aufsichtsrat der Hafen-Umschlagsgesellschaft und seit neuestem in diesem Mühlenverein. Das läuft alles wie von selbst, wenn du auf so 'ner Position sitzt. Die fragen an, du fühlst dich geschmeichelt, und so geht das immer weiter. Vor ein paar Wochen ruft am Morgen ganz aufgeregt die Presse an, da war in der Lokalzeitung ein Interview mit dem Oberbürgermeister drin. Da fordert der mich auf, in die Lokalpolitik zu gehen. Nun hat mir natürlich keiner geglaubt, daß das nicht abgesprochen war. War's aber tatsächlich nicht. Das Ergebnis ist, daß ich jetzt auf dem 2. Listenplatz meiner Partei für die Kommunalwahlen in diesem Jahr stehe. Ich habe mir überlegt, wenn das sinnvoll sein soll, dann muß ich zusehen, daß ich in zwei Jahren Fraktionsvorsitzender bin. Am liebsten wär's mir sogar, wenn ich später auf Bezirksebene Verantwortung übernehmen könnte. Aber das ist Zukunftsmusik.

Meine ganze Karriere verlief so. Angefangen hab ich mit einer Bergmannslehre. Warum, kann ich heute gar nicht mehr sagen. Mit 14 bin ich in die Gewerkschaft, mit 17 in die Partei. Hab mich immer nur in diesem Kreis bewegt, hab immer versucht, dort eine Hauptrolle zu spielen. Bin in die Jugendarbeit eingestiegen, zu Seminaren gefahren von der Gewerkschaft, mit 17 war ich Konzernjugendsprecher, mit 18 wurde ich zu Veranstaltungen mit dem Auto abgeholt. Da war man nicht irgendwer, in Spitzenzeiten hatten wir 3000 Auszubildende. Mit 20 war ich Ratsmitglied, der jüngste Ratsherr in Nordrhein-Westfalen. Immer war ich der Jüngste. Da wurde mal von der Partei eine Broschüre aufgelegt, die sich nur auf meine Person bezog. Das war damals was. Da war ich sehr stolz drauf. Später ging ich dann auf die Sozialakademie in Dortmund, das ist ein Direktstudium für Arbeitnehmer. Da wirst du freigestellt von der Gewerkschaft, kriegst ein Stipendium von der Hans-Böckler-Stiftung, danach ist dein Weg klar. Man kann sagen, das ist die Kaderschmiede der Gewerkschaften. Ich wurde hauptamtlich. Erst freigestellter Betriebsrat, später Betriebsratsvorsitzender. Du lebst dann ganz schnell nur noch in dieser Welt. Die Organisation und du, das ist eins. Gekauft hab ich bei Coop, mein Konto hatte ich bei der BfG, die Wohnung von der Neuen Heimat, versichert war ich bei der Volksfürsorge. Alles um mich herum, Berufliches wie die Freizeit, war organisiert über dieses Umfeld. Es gab nichts, was irgendwo von außen einen Zugang auf mich hatte oder möglicherweise in diesen geschlossenen Kreis hätte eindringen können.

Der war weitestgehend abgeriegelt, und ich hab auch nie Kontakt zu anderen Kreisen gesucht. Dein ganzes Leben hat dann irgendwie nur noch mit deiner Arbeit zu tun. Dort findest du auch immer wieder Bestätigung, gerade, wenn du so jung bist.

Schwierig war es mit Frauen. Ich hatte nie 'ne Freundin, weil ich ja immer bei der Gewerkschaft war und später bei der Partei. Zu der Zeit haben Frauen oder Mädchen dort keine Rolle gespielt. Schon gar nicht, wenn man im Bergbaubereich war. Wenn in der Politik bei 'ner großen Mitgliederversammlung mal 'n Mädchen zu sehen war, dann hast du schon Glück gehabt. Meine erste Frau hab ich durch Zufall kennengelernt. Auf irgendeiner Zusammenkunft hat jemand seine Schwester mitgebracht. Die war 's dann gleich. Das ging natürlich auch relativ schnell in die Hose. Bis ich dann auf der Parteiveranstaltung die zweite kennenlernte. Meine dritte ist 'ne ÖTV-Kollegin.

Meine Frau ist zuständig für die Organisation von meinem Privatleben, genauso übrigens wie meine Mitarbeiter. Ich kenne mein Gehalt nicht, kümmere ich mich nicht drum. Ich hab auch keine eigene finanzielle Verwaltung oder Buchführung. Ich gebe einfach Geld aus, ob viel oder wenig, finde ich nicht so spannend. Und hier im Büro verwalte ich 'ne Kasse. Bis vor nicht allzulanger Zeit hab ich nicht mal gewußt, wie ich unten Geld abholen muß. Schicke ich meine Kollegin hin. Die läßt mich dann den Schein unterschreiben und holt das Geld. Oder mein Auto ummelden beim Umzug hab ich nicht gemacht, das hat der Personalratsvorsitzende der Stadt übernommen, weil ich keine Zeit hatte. Hat mir das Auto wiedergebracht mit 'nem neuen Nummernschild und gesagt, das kostet soundsoviel. Daß er sein Geld bekommt, dafür ist dann meine Frau zuständig. Das ließe sich fortsetzen. Deshalb ist es sehr gefährlich, wenn solche Typen wie ich sich scheiden lassen. Die müssen sofort wieder heiraten. Beim letztem Mal war ich schon zur Hochzeit angemeldet, bevor die gesetzlichen Voraussetzungen vorlagen. Genauso der Hausbau. Ich hab die komplette Finanzierung der Bank übertragen. Auf die Art bin ich immer abhängig von anderen. Das ärgert mich dann maßlos, denn es schränkt meine eigenen Möglichkeiten wieder ein. Zum Ausgleich suche ich mir andere Aktivitäten, wo ich vielleicht auch mehr Bestätigung bekomme. Die Bestätigung ist immens wichtig. Vor ein paar Jahren suchten sie jemanden für den geschäftsführenden Hauptvorstand bei der Gewerkschaftszentrale in Stuttgart. Da bin ich gefragt worden und hab dann auch zugesagt. Aber das ist total in die Hose gegangen. Ich bin hin zum Gespräch mit dem Vorstand, da sind bei mir sämtliche Sicherungen durchgebrannt, überhaupt keine Ruhe und Konzentrationsfähigkeit mehr, auf einmal versagte die Stimme. Ich hab die Kandidatur sofort zurückgezogen und das Ganze erstaunlicherweise ohne Beschädigung für meine Karriere überstanden. Da hab ich aber das erste Mal gemerkt, daß etwas nicht stimmt mit mir.

Vorher war ich ja so gut wie nie krank gewesen. Wenn ich erkältet war, bin ich nie zum Arzt gegangen, aber als die Konzentrationsfähigkeit nachließ, da dachte ich, hier stimmt was nicht. Bin hin zum Arzt und sag, ich bin absolut erschöpft, ich kann nicht mehr. Der guckt mich ziemlich verständnislos an, dann sagt er, ich glaube, Sie sollten mal zum Diplom-Psychologen gehen. Ich sage, aber am liebsten ein Stück weg von hier, sonst sagen die Patienten zu mir, Morgen, Herr Soundso, das würde mir nicht besonders Spaß machen. Die Therapeutin hat mich meine Geschichte rauf und runter erzählen lassen, bis ich irgendwann völlig fertig und in Tränen aufgelöst war. Dann sagte sie, ich glaube, Sie müssen mal zur Kur. Ich mich also im Apparat umgehört, und siehe da, es tauchte Bad Zwesten auf. Ich komme da hin und finde mehrere Gewerkschaftssekretäre und Pastoren. Da war ich sehr erstaunt und denke, was ist das denn? Bis ich dahintergekommen bin, daß ein großer Teil sicher individuelle Geschichte ist, aber ein Teil eben auch organisationsbedingt. Durch die Aufgabenstellung dieser Organisationen zum einen, und wie man mit den Menschen in der Organisation umgeht zum anderen. Dabei meine ich ausdrücklich nicht die Fragen von Bezahlung und Urlaub, das ist hervorragend geregelt. Aber die Organisation ist da für Menschen, denen es nicht gut geht, und sie tut etwas, damit es denen besser geht. Ganz allgemein gesagt. Und neuerdings geht's der Organisation selber auch nicht gut. Im Prinzip sind die Mitarbeiter dafür da, daß sich das verändert, völlig klar. Und nun fang an, du wirst nie fertig. Deine Fähigkeiten werden Stück für Stück verschlissen oder gehen verloren. Die Gewerkschaft müßte in Schulungen viel mehr

Wert darauf legen, ihren Mitarbeitern zielgerichtet die Organisation von Arbeit beizubringen. Weil – die Frage ist doch nicht, ob ich 60 oder 70 Stunden arbeite, sondern, was am Ende dabei rauskommt. Und wenn ich genau hingucke, dann stelle ich fest, mein Ergebnis wird immer geringer bei gleichzeitiger Erhöhung der Arbeitszeit. Das hab ich aber erst in Bad Zwesten allmählich begriffen. Und das heißt längst nicht, daß ich heute, weil ich das vom Kopf her weiß, vernünftig damit umgehen kann. War bei der Kur genauso. Ich fahre da hin, weil ich Probleme hab. Das hab ich schon mal akzeptiert. Deswegen verhalte mich aber noch nicht entsprechend. Ich hab immer Kontakt zu meinem Büro. Wenn die Sekretärin zwei Tage nicht bei mir angerufen hat, dann rufe ich an und frage, was los ist. Und dann höre ich meinen Anrufbeantworter hier vom Büro ab. Kommt jemand etwa auf die Idee, das Ding abzuschalten, dann werde ich sauer. Oder der Betriebsrat von der Klinik kommt ständig zu mir und will Tips haben. Hab ich natürlich liebend gern angenommen die Aufgabe. Bei der ersten Kur war noch die Geschichte mit dem Sport. Bis die Therapeuten dahintergekommen sind, was ich da mache, das dauerte ja 'ne Zeit. Daß da jemand Sport macht, das ist o. k. Aber ich bin 20 bis 30 km gejoggt und jeden Morgen 'ne dreiviertel Stunde geschwommen. Bis ich Gelenkprobleme kriegte. Dann hab ich angefangen, Tennis zu spielen. Hab auf dem Tennisplatz gestanden, drei, vier Stunden, wollte gar nicht wieder aufhören.

Bei der ersten Kur fängt der ärztliche Direktor plötzlich an und erzählt mir was von Arbeitssucht. Da hab ich gesagt, die spinnen. Ich hab die erste Zeit total geblockt. Bis die mir dann über 'nen bißchen Körperlichkeit die Zunge gelockert haben. Das sind so die Tricks, die die draufhaben. Irgendwann kam's dann, wie's fast immer bei mir läuft: Ich hab 'ne abwartende Haltung eingenommen, das Ganze beobachtet, dann hatte ich's begriffen und fing an, die Gruppe zu manipulieren. Das ist ja die Klaviatur, die man in meinem Job auch lernt. Als ich merkte, der Therapeut will was von mir, hab ich die anderen als Front gegen ihn aufgebaut. Hab denen die Fragen gestellt, hab die Gespräche geführt und die Spielregeln vorgeschlagen. Das geht relativ einfach. Die sind ja alle dort, weil sie irgendwelche Probleme haben und nicht wissen, wie sie damit fertig werden. Die sind froh, wenn jemand in der Gruppe stark ist und die Führung übernimmt. Mein Vorteil war, daß ich die Leute auch außerhalb der Sitzungen beeinflussen konnte, da war der Therapeut nicht dabei. Und wie man sich Mehrheiten organisiert, das hab ich bei der Arbeit in der Organisation und der Politik gelernt. Bis der Therapeut merkte, was da läuft. Der hat mich dann zusammengefaltet, in der Einzelsitzung zuerst, und dann hat er in der Gruppe die Rollenspielchen mal auseinandergenommen. Da wird einem einiges bewußt, also wie du dich im Alltag verhältst und was vielleicht falsch läuft. Direkt nach der Kur bin ich in Teilbereichen besser klargekommen. Bei der Terminplanung zum Beispiel, da hab ich 'ne höhere Selbstkontrolle eingeführt. Aber spätestens, wenn sich der Druck erhöht, bist du wieder gefährdet. Das ist wie 'ne Gratwanderung, vielleicht vergleichbar mit dem Alkoholiker, der ständig am Schnaps vorbeiläuft. Der Druck erhöht sich, das geht ein halbes Jahr, ein dreiviertel Jahr, und dann bist du wieder im alten Sumpf drin und fühlst dich ganz wohl dabei. Das ist ja das Komische, wenn hier viel Druck ist und irgendwelche Menschen, überhaupt viel auf mich zukommt, fange ich an, mich wohl zu fühlen. Meinetwegen in einer Tarifrunde mit viel Hektik, wo's echt um was geht und nicht vorher alles klar ist: morgens um 4 Uhr aufstehen, Sitzungsvorbereitung, hier noch schnell in 'ne Versammlung, eine Rede halten, Tarifkommission, Pressekonferenz, Auswertung der Sitzung, da bin ich in meinem Element. Das geht bis spät in die Nacht und am nächsten Morgen weiter. Nur, irgendwann ist das zu Ende, dann geht nichts mehr. Da kippe ich um, hab schwere Depressionen, totale Ermattung. Denke, wozu quälst du dich, was soll die ganze Scheiße überhaupt. Am besten, du bringst dich gleich um. Zwei Selbstmordversuche hab ich auch schon hinter mir und einen dritten, der war nicht ernst gemeint. Die anderen wahrscheinlich auch nicht, ich hab viel zu viel Angst, mir weh zu tun. Es gab auch keinen konkreten Anlaß dafür, sondern einfach Selbstmitleid, körperliche und seelische Erschöpfung, das wächst bis zu so 'nem Punkt an, das ist wie ein Aufschrei. Nach außen bin ich immer stark, denn ich kann doch nicht ins Büro kommen und sagen: Hört mal, mir geht's beschissen, ich brauche Hilfe! Das beste wäre wahrscheinlich, einfach in die Kneipe zu gehen und 'n Bier zu trinken. Mach ich aber nicht, weil ich genau weiß, ich müßte dann ungeheuer viel trinken. Und da hab ich wieder 'ne Riesenangst vor dem Ansehensverlust. Das Verrückte ist, vom Kopf ist mir das alles klar. Aber in diesem Jahr werde ich wohl wieder nach Bad Zwesten fahren. Das ist das drittemal in fünf Jahren.«

Die suchtfördernde Organisation

»Diese Gesellschaft ist eine Arbeitsgesellschaft, die von den Fesseln der Arbeit befreit werden soll. Und diese Gesellschaft kennt kaum noch vom Hörensagen die höheren und sinnvolleren Tätigkeiten, um derentwillen die Befreiung sich lohnen würde.«

Hannah Ahrendt

Nein, es ist nicht die Mafia. Im Gegenteil. Die Organisationen, um die es geht, verfolgen Ziele, die unterstützenswert sind. Hilfe für Kinder und Alte, Kampf für Arbeitnehmerrechte und Vertretung der Rechte politischer Minderheiten, Betreuung von Obdachlosen, Häftlingen und Kranken. Die Aufzählung ist unvollständig wie die Liste der Organisationen: Gewerkschaften, Parteien, Kirchen, karitative Verbände und Vereine, Menschenrechts- und Umweltschutzorganisationen. So verschieden die Ziele im einzelnen sind, haben alle eine Gemeinsamkeit. Ihre Ziele sind idealistischer Natur, also per definitionem unerreichbar. Ein Schichtleiter bei Opel kann seinen Feierabend genießen, wenn die geforderten Stückzahlen in ausgezeichneter Qualität das Werk verlassen haben. Wann kann sich ein Betriebsratsvorsitzender guten Gewissens zurücklehnen und sagen: Ich habe genug getan für meine Kollegen. Wann ist der Arbeitstag eines Streetworkers beendet, der Straßenkinder betreut? Mitarbeiter, die eine festgelegte Arbeitszeit haben, können leichter sagen, bis hierher und nicht weiter. Der Großstadtpfarrer muß am Samstagabend ein Taufgespräch führen, am Sonntagmorgen den Gottesdienst halten und am Nachmittag den Gemeindebasar eröffnen. Er weiß, wie viele alleinlebende Rentner auf seinen Besuch warten, und daß die von Abschiebung bedrohten Ausländer auf seine Hilfe hoffen. Der Bewährungshelfer kann nicht einfach in der Nacht sein Telefon abstellen. Die Betreuung gefährdeter Menschen läßt sich nicht auf Sprechstunden festlegen. Nach einer erfolgreichen Kampagne zur Freilassung eines politischen Häftlings in Mexiko kann der Mitarbeiter von Amnesty International sich nicht ausruhen und seinen Erfolg genießen, wenn er an die Häftlinge denkt, die noch vom Tode bedroht sind. Ungeachtet des schlechten Rufes unserer Volksvertreter: Selbst der Abgeordnete einer etablierten Partei wird selten einen Tag mit dem guten Gefühl beschließen, seine Welt in Ordnung gebracht zu haben. Wahlkreis, Parlamentsausschuß und Parteigremien stellen zum Teil unvereinbare Anforderungen. Er muß sich entscheiden, Prioritäten setzen und mit dem Gefühl leben, ständig eine Aufgabe zu vernachlässigen. Vielleicht findet er sich damit ab, daß seine Arbeit so unvollkommen ist wie diese Welt. Nimmt er den Anspruch seiner Partei ernst, Interessenvertreter der Wähler zu sein, bleibt außer Arbeit wenig Raum für andere Dinge im eigenen Leben.

Ein innerer Widerspruch der Organisationen reduziert ihre Effektivität. Sie fordern von den Mitarbeitern höchsten Einsatz für andere Menschen. Ein großer Teil der Energie wird aber innerhalb der eigenen Struktur verbraucht. Gerade weil sie nicht nach Wirtschaftlichkeitskriterien strukturiert sind, verschleißen oft Machtkämpfe, Bürokratie, Chaos und chronischer Finanzmangel die Motivation und Arbeitskraft ihrer Mitarbeiter rücksichtslos. Den Verschleiß soll der einzelne mit erhöhtem Einsatz ausgleichen. Wer in einer solchen Organisation arbeitet, von dem wird als conditio sine qua non eine überdurchschnittliche Einsatzbereitschaft erwartet. Im Normalfall wird jeder Mitarbeiter dazu bereit sein, weil er sich mit den Zielen der Organisation identifiziert. Kaum einem wird bei Beginn seiner Tätigkeit für die Organisation klar sein, wie schnell zwanghaft süchtiges Arbeiten die Folge sein kann, das die Privatsphäre durchdringt und zerstört. Die Gedanken kreisen nur noch um unerledigte Aufgaben, Termine und neue Projekte. Unerwartete Rückschläge und Mißerfolge müssen durch zusätzliche Arbeit ausgeglichen werden, neue Erfolge sollen das angeschlagene Image aufpolieren. Es zählt die Sache, nicht der Mensch, der für die Sache tätig ist.

Viele Menschen, die in Sozialberufen arbeiten, kompensieren ihre eigenen Defizite, indem sie anderen helfen. Das sogenannte Helfersyndrom. In einem Obdachlosencafé treffe ich eine Frau, die Sozialhelferin wurde, nachdem ihr Mann gestorben war. Sie wollte dem Alleinsein entfliehen, sagt sie. Jetzt lebt sie für die Menschen, denen sie die Suppe ausschenkt, redet mit ihnen, hört ihnen zu, läßt jede Geschichte ganz dicht an sich heran, geht im Winter auch nachts noch los, um ihnen

Decken zu bringen. Ihr Lebensinhalt ist das Helfen. Sie brauchen mich, sagt sie. Aber ist es nicht eher umgekehrt? Schöpft sie nicht aus der Hilflosigkeit der Menschen eigene Stärke? Ist nicht sie von den Menschen abhängig, die ihre Hilfe brauchen? Warum nicht, könnte man sagen. Gut, daß es solche Menschen gibt. Die Gefährdung liegt darin, daß die Arbeit funktionalisiert wird, um eigene Konflikte und Gefühle zu verdrängen. Das kann selbstzerstörerisch auf die Arbeit zurückwirken. Und letztlich kann das Helfersyndrom auch den Weg versperren, Menschen Hilfe zur Selbsthilfe angedeihen zu lassen. Denn der süchtige Helfer ist abhängig von der Hilflosigkeit anderer.

Unsanftes Erwachen aus dem Rausch

Auf der Fahrt zum Treffen mit Rolf lese ich ein Buch von Anne Wilson Schaef. Die amerikanische Suchttherapeutin beschreibt die Gesellschaft als komplexes Suchtsystem.[7] Jeder Mensch hat sein Suchtverhalten. Da jede Verhaltensweise süchtig entgleisen kann, ist es unmöglich und zugleich überflüssig, das Spektrum aufzufächern. Sofern kein konsequenter Ausstieg erfolgt, wird jede Sucht früher oder später tödlich enden. Der individuelle Ausstieg ist letztlich unmöglich, weil er bedeuten würde, aus der Gesellschaft auszusteigen. Keine sinnlosen Arbeiten mehr übernehmen, keine irgendwie künstlich erzeugten Lebensmittel konsumieren, keine verpestete Luft atmen, kein chemisch gereinigtes Wasser verbrauchen, und und und ... Interessant als Denkmodell, aber ein wenig konstruiert, denke ich. Wenige Stunden später lerne ich zwei Menschen kennen, die mir von ihren verschiedenen Süchten berichten. Beziehungssucht, Medikamentensucht, Nikotinsucht, Arbeitssucht. Einer von ihnen ist seit Jahren damit beschäftigt, immer neue Sucht-Selbsthilfegruppen ins Leben zu rufen. Kann auch das zu einer Sucht werden? Kann die Suche nach der eigenen Rolle im Leben zur Sucht werden?

Rolf muß sich entscheiden. Wir waren vor zwei Stunden verabredet, unser Treffen hat sich durch meine Verspätung verzögert. In wenigen Minuten beginnt das Meeting der Selbsthilfegruppe. Es kommt zu einer kurzen Auseinandersetzung mit einem anderen AAS-Mitglied. Außer Rolf sind heute nur zwei Teilnehmer gekommen. Spricht er mit mir, kann die Gruppe nicht arbeiten. Rolf sitzt gelassen auf der Bank. Kommen die knappen, atemlosen Sätze wirklich aus seinem Mund? Zu seinem »Ausstiegsprogramm« gehört, daß er sich in diesem Moment für das entscheidet, was »jetzt dran« ist. Nicht die Erwartung anderer erfüllen, sondern dem eigenen Befinden folgen. Der Wortwechsel eskaliert. Ich trete ein paar Schritte

7 Vgl. Schaef, Anne Wilson: Im Zeitalter der Sucht, Hamburg 1989, S. 21 ff.

beiseite, fühle mich als Voyeur: Zwei Menschen tragen einen Kampf aus. Jeder will seine Interessen durchsetzen. Setzen Arbeitssüchtige rücksichtslos eigene Interessen durch, oder vernachlässigen sie rücksichtslos sich selbst, um fremden Erwartungen gerecht zu werden? In letzter Konsequenz ist es immer die zweite Variante. Doch solange das Pendel nur in die Gegenrichtung ausschlägt, wird sich kaum etwas am Arbeitsverhalten ändern. Es geht um die Balance.

Rolf (48) entscheidet sich für das Gespräch.

»Ich denke im Jetzt und Heute. Mein Lebensziel besteht darin, 24 Stunden am Tag gut zu leben. In der Zukunft sehe ich sicherlich die Perspektive, eine Beziehung und eine Familie zu haben und ein schönes Haus und mich da wohl zu fühlen. Früher hab ich darum gerungen und gekämpft wie ein Irrer, das zu erreichen, was ich als Ziel vor mir gesehen habe. Oder glaubte zu sehen. Heute denke ich, wenn es ansteht, dann kommt es von allein. Ich kann es eh nicht erzwingen, sondern kann nur sehen, daß ich an dem heutigen Tag, in diesem Moment, liebevoll, friedlich und mit mir selbst in Ordnung bin.

Der Punkt zur Umkehr kam vor drei Jahren. Ich bin selbständiger Unternehmer, habe eine Firma gehabt mit 40 Mitarbeitern, die ging in Konkurs. Zur gleichen Zeit flog meine dritte Beziehung auseinander, da wurde wieder ein Kind in Mitleidenschaft gezogen. Ich bin Vater von fünf Kindern. Der Kontakt zu den drei Kindern aus meiner vorhergehenden Beziehung wurde mir vom Gericht untersagt. Das hat viel mit meinem Leben und auch mit meiner Arbeit zu tun. Gleichzeitig mit dem Zusammenbruch der Firma setzte eine starke körperliche Erschöpfung ein, so daß ich nicht mehr weitermachen konnte wie bisher. Ich hab eine Therapie gesucht, die nicht nur ein paar äußerliche Symptome kurierte. Dazu muß ich sagen, damals wog ich 100 Kilo, jetzt bin ich bei 70, damals hatte ich Asthma, Gicht und Rheuma. Asthmatiker bin ich seit meinem dritten Lebensjahr. Heute kommt das Asthma nur noch in Schüben, immer dann, wenn ich meinen Körper und meine Seele vernachlässige. Gicht und Rheuma sind gar kein Thema mehr. Das klingt für einen Fremden vielleicht merkwürdig, es sind einfach spirituelle Dinge, die sich schwer erklären lassen.

Ich habe bis heute keine genauere Bestimmung meiner höheren Macht gefunden. Ich bin an sich kein gläubiger Mensch, habe aber erkannt, daß es etwas gibt außer mir, das mein Schicksal bestimmt. Wer das ist oder wie ich das genau bestimmen und benennen soll, da bin ich noch dabei, das für mich zu klären. Dazu muß ich sagen, ich komme aus dem Waldorfbereich, daran habe ich mich erinnert und erst mal meine gesamte Ernährung umgestellt. Ich esse heute nur noch makrobiotisch vegetarisch, kein Fleisch, keinerlei Süßes, trinke keinen Kaffee, kein Tein und keinen Alkohol mehr. Früher brauchte ich das alles in Mengen, Zigaretten natürlich auch. In der Therapie habe ich erfahren, daß alle meine Krankheiten aus dem Seelischen kommen. Wenn ich lerne, auf meinen Körper zu hören, auf seine Bedürfnisse, dann benötige ich sehr viel weniger Dinge, als ich früher geglaubt habe. Dabei geht es mir besser als je zuvor. Wenn ich wieder Asthmaanfälle bekomme, sehr selten, dann gelingt es mir in der Regel, ganz schnell die Ursachen zu erkennen: daß ich zum Beispiel Angst habe, zu mir selbst unehrlich bin, mich unkontrolliert in Beziehungen oder Arbeit stürze. Gerade bei diesen Dingen hilft mir die Arbeit in den 12-Schritte-Gruppen. Da bin ich jetzt seit zwei Jahren dabei, zusätzlich zu meiner Therapie. Also einmal die Einzeltherapie und dazu die Prozeßarbeit in den Gruppen. Ich weiß, das Schwerste kommt erst noch. Die körperlichen Dinge, also die Ernährung, das ist nur der Anfang. Das wichtigste ist das, was im Kopf abläuft, dort Raum zu finden für ganz einfache Gefühle und Gedanken: eine Blume wieder schön zu finden, nicht nach immer neuen Beziehungen zu lechzen, wenn etwas vorbei ist; auf einer Bank zu sitzen und zu fühlen, wie die Sonne die Haut wärmt. Einfach wieder ein ganz normales Leben zu führen.

An meine Kindheit hab ich wenig Erinnerungen. Ich glaube, meine Eltern haben sich gegenseitig nicht akzeptiert, ich fühlte mich nicht geliebt. Konkrete Bilder sind nicht vorhanden. Ich weiß nur, daß ich früh das Bedürfnis hatte nach einer eigenen Beziehung. Ich wollte unabhängig sein, eine eigene Familie haben. Nach der Schulzeit habe ich Werkzeugmacher gelernt. Den Beruf kannte ich, mein Vater war das und sagte, das ist richtig für dich. Dann wurde mir die Decke zu niedrig. Auf der Abendschule habe ich die Mittlere Reife nachgeholt und ein

Studium begonnen. In diese Zeit fiel auch meine erste Beziehung. Wir bekamen ein Kind, da hab ich das Studium abgebrochen und sehr viele Jobs gemacht, weil ich mit mir unzufrieden war und Geld verdienen mußte. In der Immobilienbranche habe ich endlich eine Tätigkeit gefunden, die mir Spaß gemacht hat. Ich habe mich dort selber ausgebildet, am Anfang nur verkaufen, freie Mitarbeit auf Provisionsbasis. Das lief gut, deshalb wollte ich mehr, durfte Objekte projektieren. Nach vier, fünf Jahren hab ich meine Eigenständigkeit als Unternehmer begonnen. Mein Ziel war es, Häuser zu bauen, die Dinge von Beginn an wachsen zu sehen. Ich war 25, mein Sohn war drei Jahre alt. Da war schon keine Zeit mehr für ihn. Ich war erfolgreich und habe das Geschäft immer weiter ausgebaut, neue Firmen gegründet, weil ich alles machen wollte im Immobilienbereich. Grundstücke kaufen und verkaufen, Häuser projektieren, bauen, vermieten und verwalten, weiterverkaufen. Das steigerte sich, irgendwann war es mein Ehrgeiz, 20 Wohnungen als Eigentum zu besitzen. Das waren natürlich Wohnungen, die ich zum Verkaufen gebaut hatte. Ich habe sie dann länger festgehalten als nötig, einfach damit ich sagen konnte, die gehören mir. Es ist selbstverständlich, daß der Firma das nicht guttat. Mir tat es gut, das war wesentlich. Später mußte es ein Haus in exponierter Lage sein, war ganz wichtig für mich. Dazu brauchte ich natürlich ein ganz bestimmtes, bekanntes Architekturbüro. Das ist ein ungeheueres Glücksgefühl, das Projekt wird in den Medien präsentiert, zur Einweihung kommt die Stadtprominenz, der wirtschaftliche Erfolg spielt in dem Moment keine Rolle. Aber du bekommst von außen Beachtung, bist ein wichtiger Mann. Das sind permanente Glücksmomente. Jede Idee, jede Grundsteinlegung, jedes Richtfest, jede Objektübergabe ist ein rauschhafter Glücksmoment. Ja, du suchst den Rausch. Ich war nur noch beschäftigt, nur auf Achse, immer in Unruhe.

Zu der Zeit fing mein Arbeitstag morgens um 5 Uhr an mit Jogging. Dann habe ich gerade noch ein paar Minuten Zeit gehabt für das Frühstück, bin zur Arbeit gehetzt, von dort habe ich die Kinder oder meine Frau angerufen. Hallo, wie geht's, natürlich nicht richtig zugehört. Dann ging's morgens nach Hamburg, nachmittags war ich in München, abends hatte ich wieder in Köln Termine. Oder abends mußte ich bis um zwölf, eins arbeiten, zu Hause ausgepowert ins Bett, und morgens ging das gleiche wieder los. Am Wochenende war ich völlig leer, konnte nichts denken, sondern war einfach nur leer. Trotzdem hab ich, wenn's möglich war, Arbeit mit nach Hause genommen, sogar mit ins Bett, und jede freie Minute konnte ich einfach nur an Arbeit denken. Projekte immer wieder durchgesehen, nachgerechnet, telefoniert, alles doppelt und dreifach nachgefragt, Baufirmen, Termine, Preise, Vermarktungskonzepte. Immer präsent sein war das allerwichtigste. Das verschafft auch unheimlich Anerkennung in der Firma, die sehen, der Chef hat am Wochenende wieder gearbeitet. Dazu kommt, ich war selten zufrieden mit meinen Mitarbeitern. Jeder Vorgang mußte über meinen Schreibtisch gehen, selbst wenn es ein Konzept war, das vorher ganz genau besprochen war. Du schreibst das jetzt, meinetwegen die Finanzierung für einen Neubau, kleines Objekt mit zwölf Eigentumswohnungen. Das Grundstück ist von der Gemeinde erschlossen, mit der Bank Kalkulation, Termine und so weiter, alles geklärt. Es geht nur noch darum, das aufzuschreiben, damit dein Kredit, acht Millionen, formal bewilligt wird, der längst klar ist. Der Mitarbeiter setzt sich daran, Termin ist Montag bei der Bank, also mußte das am Freitag bei mir sein, Sonnabend oder Sonntag bin ich rangegangen und hab natürlich verändert. Immer verändert. Das ging so weit, wenn ein Mitarbeiter kam mit einer Frage, hab ich gesagt, gib her, ich mach das weiter, oder ich hab ihm genau vorgeschrieben – bis ins Detail, bis in die Formulierungen hinein –, wie er's zu machen hat. Das führte dazu, daß ich meine Liste mit den Arbeitsaufgaben für den Tag dann nicht geschafft hab. Und dann war ich todunglücklich. Hatte ich gleich Überhang für den nächsten Tag. Die Liste hab ich mir grundsätzlich selbst aufgestellt. Konnte ja kein anderer machen, wie sollte der wissen, was bei mir anlag. Alle Kleinigkeiten kamen da rauf. Als erstes Vorlage Terminkalender von der Sekretärin. Dazu dann alles, was tagsüber aufgelaufen war und nicht gleich erledigt werden konnte. Also, ich telefoniere mit einer Baufirma wegen eines Termins, die sind nicht so weit gekommen wie verabredet, die Wohnungen sind aber zum Ersten des Folgemonats bezugsfertig verkauft. Muß ich also am nächsten Tag früh nach Münster fahren, zur Baustelle. Bei dem Telefongespräch erfahre ich zufällig, daß in Ostfriesland, von da ist die Baufirma, ein Mietshaus verkauft werden soll. Muß ich am nächsten Tag hin, mir das Haus ansehen. Gut, bei solchen Außenterminen halte ich meine Liste ein. Hab höchstens zu knapp kalkuliert und komme erst um 2 Uhr nachts zurück. Schwieriger ist es, wenn ich den Tag über nur Bürotermine hab. Dann kommt eben der Mitarbeiter oder ein Anruf, und gleich ist meine ganze schöne Liste umgeworfen. Telefon war natürlich ungeheuer wichtig. Im Auto hatte ich zwei Stück, eines, damit ich telefonieren konnte, und eines, damit ich gleichzeitig erreichbar war. Wenn ich telefoniert hab und das andere klingelte, hab ich sofort entschieden, was ist im Moment wichtiger, das andere Gespräch beendet, gesagt, ich ruf zurück, damit immer eine Leitung frei war. Nur so. Heute hab ich gar kein Telefon mehr im Auto. Ich denke, nichts ist so dringend, daß ich immer und überall erreichbar sein muß.

Ich hab wieder eine Firma, eine kleine, in der gleichen Branche. Es war nicht leicht zu akzeptieren, daß es mir nicht gegeben ist, eine große Firma mit vielen Mitarbeitern zu führen. Ohne therapeutische Hilfe wäre ich kaum so weit gekommen. Heute plane ich mit mehr Luft, und ich merke, daß ich oft Dinge, für die ich früher zwei Tage brauchte, in fünf, sechs Stunden erledigen kann. Einfach weil ich viel gelassener an die Arbeit herangehe. Es gibt Situationen, wo es mal eng wird, klar. Die äußeren Bedingungen sind ja nicht wesentlich verändert, Abhängigkeit von Partnern, Konkurrenz, da mußt du schnell sein. Und ich will ja auch das verkaufen, was ich fürs Verkaufen gebaut habe. Aber ich sage mir immer, ich bin kein Arzt, von meiner Arbeit hängt kein Menschenleben ab. Auch die Existenzangst ist ja immer ein Argument bei Selbständigen. Ich denke, das sind alles vorgeschobene Gründe. Durch den Konkurs hab ich erfahren, daß meine ganze Arbeit von heute auf morgen ergebnislos war. Ergebnislos für mich, rein wirtschaftlich, und auch von der Bestätigungsseite her. Und das Leben ging trotzdem weiter.

Früher hab ich immer zu meinen Mitarbeitern gesagt, wenn dir was nicht paßt, mach keine Faust in der Tasche, sondern sag es mir. Ich glaube aber, mein Verhalten war so, die konnten es mir gar nicht sagen. Heute versuche ich, die Leute so zu respektieren, wie sie sind, ihnen nicht mit Gewalt zu begegnen.

Wenn ich sage, gib her, ich mach das, dann ist das eindeutig Gewalt. Ich versuche herauszufinden, wo die Fähigkeiten des anderen liegen, und die zu fördern, aber auch Schwächen klar zu benennen und zu sehen, wie ich helfen kann, wie wir uns wechselseitig befruchten können, um Dinge, die unzureichend sind, zu verändern. Ich wünsche mir die Kraft, da immer fair, objektiv und ehrlich zu sein. Das gelingt nicht immer, aber ich glaube schon, recht häufig. Ich sage klar, was ich erwarte, was nicht passieren darf, wo die Grenzen sind. Aber ich kann mich heute, wenn ich selber Grenzen überschritten habe, entschuldigen. Dazu gehört, ich erzähle von meinen Schwächen, von meinen Stimmungslagen, von Mißerfolgen, frage auch den anderen nach seinen Befindlichkeiten. Früher hab ich gedacht, das nutzt sofort jemand aus gegen dich. Heute merke ich, ich arbeite dadurch viel freier, viel produktiver. Wenn ich zum Beispiel ein bestimmtes Grundstück kaufen wollte, und ein anderer hat's mir weggeschnappt. Früher hab ich Geschichten erfunden, die das begründeten, immer so, daß ich auf keinen Fall der Verlierer war. Da war ich im Kopf unheimlich damit beschäftigt, glaubwürdige Erklärungen zu suchen, mir vor allem die Details zu merken, ich durfte mir ja nicht widersprechen. Mit dem Kopf war ich noch bei der Sache, die längst abgehakt war. Die Konzentration fehlte natürlich bei der neuen Arbeit. Ich merke jetzt auch, wie viele Dinge ich nicht brauche. Zur Zeit lebe ich allein, in einer kleinen Wohnung. Das war früher unvorstellbar, Immobilienfirma und kein eigenes Haus. Geht alles.

Das klingt jetzt sehr abgeklärt. Natürlich hab ich Rückfälle. Dann werde ich hektisch, habe Angst, ein Geschäft könnte schiefgehen. So eine kleine Firma kann ja schon an einer falschen Kalkulation scheitern. Für diese Geschichten hab ich dann meinen Sponsor. Den rufe ich an und sage, wir müssen reden, ich hab ein Problem. Der Sponsor ist ein Mensch, den ich mir selbst suche in der Gruppe, kann auch außerhalb sein, das ist dann eher ein Coach. Mit dem treffe ich die Verabredung, daß ich ihn anrufe, wenn ich ein Problem habe. Wir setzen uns zusammen, und ich erzähle ganz einfach, wie es mir im Moment geht, meine Befindlichkeit. Nun kennt der mich aus der Gruppe, weiß ganz genau, an welchen Punkten ich besonders gefährdet bin, wieder in das alte Suchtverhalten zu gleiten. Wichtig ist, der muß meine berufliche und private Situation so gut kennen, daß er mich einfach durch Fragen so weit führt, daß ich wieder in der Lage bin, zu sortieren, Prioritäten zu setzen. Oftmals erkenne ich schon in dem Moment, wo ich erzähle, was mir angst macht und was ich tun kann, um diese Angst loszuwerden. Ich habe auch gelernt, daß es im Leben nur selten zwei Dinge gibt, die in einem Moment genau die gleiche Wichtigkeit besitzen. Meist glaube ich nur, daß sie gleich wichtig sind, oder ich wage nicht, eine Entscheidung zu treffen, einfach wegen der Angst, sie könnte falsch sein. Damit verbessere ich die Situation natürlich nicht, nur mache ich mir das in dem Moment nicht klar. Also, ich hab ein Objekt gebaut, Lückenbebauung, zehn Wohnungen, unten Geschäftsräume. Die stehen seit Monaten leer, weil der Computerfilialist, der da reinwollte, erst abwartet. Er hat Filialen eines in Konkurs gegangenen Wettbewerbers übernommen und braucht vielleicht nicht noch eine neue. Jetzt erfahre ich, die Citibank will eine neue Filiale eröffnen. So wie der Markt derzeit ist, können die auf Angebotspräsentationen warten. Ich muß also ganz schnell mein Angebot ausarbeiten, notfalls mit Umbau, Kalkulation, Preis und allem, was dazugehört. Gleichzeitig bin ich an einem Büroprojekt in den neuen Bundesländern dran, das Ding ist seit drei Jahren fertig, 90 Prozent unvermietet, der Eigentümer will das abstoßen. Ich habe Interesse dran, muß aber genau prüfen, welche Fördermittel sind da drin, welche Umnutzung verbieten die, gibt es andere Kaufinteressenten und welche, wie groß ist der Verhandlungsspielraum, beziehungsweise wie dringend muß der verkaufen, und alles möglichst bis morgen. Jetzt komme ich in ungeheuren Streß, versuche beides parallel zu machen, merke, ich konzentriere mich auf keines richtig, sitze am Wochenende bis in die Nacht. Das Gefährliche daran ist jetzt nicht, daß ich beides nicht schaffen kann und mich übernehme, sondern daß ich erstens denke, du mußt beides schaffen, dann kannst du das nächste Projekt mit einer größeren Gelassenheit angehen, und zweitens falle ich wieder in alte Denk- und Arbeitsmuster. Das heißt, in meinem Kopf laufen wieder eingefahrene Geschichten ab: Du schaffst beides, wenn du besser bist als die anderen. Du bist besser, wenn du gründlicher vorbereitet bist, und jetzt willst du dir und den anderen beweisen, daß du dazu in der Lage bist. Bin ich dann mitten in dieser Geschichte drin, ist es ganz schwer, auf die Bremse zu treten. Da liegt meine Gefährdung: Nicht mehr das, was um mich rum ist, bestimmt mein Denken und Tun, sondern meine Projektionen. Zum Beispiel, ich habe im Kopf das Bild von einer Beziehung, wie ich sie gern hätte. Nach drei gescheiterten Beziehungen denke ich, du willst nichts erzwingen, laß die Beziehung einfach wachsen, halte Abstand, nicht gleich wieder alles wollen. Meine jetzige Partnerin hat aber auch eine ganz schlimme Erfahrung hinter sich mit Trennung, Kinder dazu, die bei ihr sind. Und sie sucht ganz dringend Nähe. Das macht mich aggressiv, das Bild in meinem Kopf von einer Beziehung, wie ich sie will, ist ein anderes. Ich reagiere gar nicht mehr auf sie, auch nicht auf mich selbst, sondern auf meine Projektion. Das Ergebnis ist, wir gehen aufeinander los wie die Hyänen, nehmen uns gegenseitig den Raum und die Luft, die wir brauchen. In der Arbeit geht es mir ähnlich, nur kann ich damit inzwischen sehr viel besser umgehen als in meiner Beziehung. Weil, in der Arbeit schaffe ich mir meine Zwänge letzten Endes alle selbst, in der Beziehung begeben wir uns in gegenseitige Abhängigkeiten.

Kennengelernt hab ich meine Partnerin in der Selbsthilfegruppe. Das ist gut, jeder kennt dadurch die Problematik des anderen von vornherein. Andererseits gefährden sich zwei Süchtige natürlich permanent gegenseitig, da entsteht eine Co-Abhängigkeit. Deshalb hab ich für mich entschieden, ich ziehe mich erst einmal zurück. Das habe ich ihr mitgeteilt, gleichzeitig macht es mich sehr traurig, weil ich die Beziehung ja will. Vielleicht müssen wir in der Distanz jeder für sich klären, was wir ganz konkret vom anderen wollen. Das ist genau das, was mein Sponsor mit mir erarbeitet, wenn ich in mein süchtiges Arbeitsverhalten verfalle. Was erwartest du von der einen Arbeit, was von der anderen? Dann sortiert sich das, und ich bekomme Klarheit in mein Denken. Danach kann ich die Dinge in Ruhe angehen. Heute nachmittag hab ich das erstemal einem Kollegen von meinem Problem erzählt, nicht in meiner Branche, aber auch Unternehmer. Der hat gar nicht darauf reagiert, es war kein Zuhören, sondern er hat es als Angriff genommen. Dann lief genau die Spule ab, die ich kenne. Meine Frau sagt, ich hab keine Zeit. Die versteht mich nicht, ich muß schließlich arbeiten, ist ja so wichtig. Ja, warum denn? frag ich. Ist doch notwendig, meine Mitarbeiter, für die hab ich Verantwortung, und das Objekt ist so wichtig, ich hab das angefangen, da kann ich jetzt nicht aufhören, außerdem hab ich Probleme ... Eine unendliche Kette fängt an. Und ich denke, ich höre mich da selber vor vielen Jahren reden, und bin froh, daß das vorbei ist.«

Körpereigene Drogen

»Die Männer der ›Technostruktur‹ stellen die moderne Form einer weltweit tätigen Priesterschaft dar. Ihre Religion heißt geschäftlicher Erfolg; die Bewährung ihrer Tugend zeigt sich in Wachstum und Profit. Ihre Bibel ist das, was der Computer ausdruckt; ihre Kommunikationsbank ist der Sitzungsraum. Die Handelsvertreter verkünden ihre Botschaft aller Welt, und zwar ganz im Interesse der Umsatzsteigerung. Alkohol als Rauschmittel ist verpönt, aber gern gesehen zur Lockerung der Kommunikation und als sanfte Überzeugungshilfe. Die Erholung dient der Wiederherstellung der Arbeitskraft und der Erweiterung der Geschäftsbeziehungen. Sex steht im Dienste eines besseren Schlafes. Die Jesuiten dieses strengen Glaubens sind Absolventen der Harvard Business School und vieler ähnlicher Schulen.«

Winfried M. Bauer

Die Palette der modernen Süchte, dazu zählen vor allem die stoffungebundenen Süchte, steht bei einem weiten Teil der Bevölkerung im Ansehen einer Modeerscheinung. Die Zeit, da jeder Amerikaner, der etwas auf sich hielt, seinen Psychotherapeuten hatte, war dieser Betrachtungsweise förderlich. Sicher ist es auch kein Zufall, daß die Suchtforschung in dem Moment an Bedeutung zunahm, als breite Bevölkerungskreise der westlichen Industrienationen nicht mehr mit der Sicherung ihrer Lebensgrundlagen, sondern mit der Mehrung ihres Wohlstandes beschäftigt waren. Die entscheidende Grundlage für die heutigen Suchttheorien war aber der Nachweis körpereigener Drogen im Jahre 1975.

Daß der menschliche Organismus als Reaktion auf Streß Adrenalin produziert, ist weithin bekannt. Menschen, die sehr viel und engagiert arbeiten, produzieren außergewöhnlich viel Adrenalin. Biochemische Untersuchungen haben ergeben, daß dieses blutdrucksteigernde Hormon in hoher Konzentration eine stark erregende Wirkung erzeugt, ähnlich wie Amphetamine und andere stimulierende Kreislaufmittel, die zum Beispiel Tablettenabhängige einnehmen. Weniger bekannt ist die Komplexität des sogenannten körpereigenen »Belohnungssystems«. Es ist ein Teil des zentralen Nervensystems, das nach heutigen Erkenntnissen mindestens drei verschiedene Zentren hat, die miteinander in Verbindung stehen. Dieses Belohnungssystem ist verantwortlich für die Produktion der körpereigenen Drogen.

1. Das Zentrum für elementare Lebensfunktionen. Hier laufen die Nervenbahnen zusammen, die Gefühlsregungen der lebensnotwendigen Aktivitäten transportieren – Essen, Trinken, Stoffwechsel, Sexualität. Das körpereigene Opiat Beta-Endorphin wird bei diesen Aktivitäten produziert und löst angenehme Gefühle aus, die Vitaleuphorie.

2. Das Zentrum für Sinneswahrnehmungen, die der Körper durch Auge, Nase, Mund, Haut und Ohr aufnimmt. Die Rezeption von Sonnenschein und Finsternis, Süß und Bitter, Wärme und Kälte, Preßlufthammer und Sinfonieorchester wird hier verarbeitet und veranlaßt die Produktion unterschiedlicher Enkephaline, die ebenfalls den Opiaten zugerechnet werden.

3. Das Zentrum für Hochleistungsfunktionen steuert die Produktion von Dopamin und Cholecystokinin als Reaktion auf körperliche wie geistige Anspannung gleichermaßen. Hier liegt die Erklärung dafür, weshalb ein Leistungssportler nach seinem Sieg ein ähnliches Glückserlebnis empfinden kann wie der Mathematiker nach der Entdeckung einer neuen Formel.

Die körpereigenen Drogen bewirken, ähnlich wie Morphium, daß übermäßige Schmerz- und Erschöpfungszustände nicht mehr wahrgenommen werden. Kein Weltrekord im Marathonlauf wäre möglich, kein 48stündiges Durcharbeiten, kein Überleben auf dem Rettungsfloß, wenn es diese Stoffe nicht gäbe. Andererseits sind sie dafür verantwortlich, daß der Mensch sich selbst in einen Rauschzustand versetzen kann, der dem durch körperfremde Drogen erzeugten sehr ähnlich ist. Ob die Überproduktion der körpereigenen Drogen durch waghalsige Autorennen, Bungeejumping, Marathon-Dance, Outdoor-Training, Glücksspiel, Rockkonzert oder Arbeit erreicht wird, ist relativ nebensächlich. Entscheidend ist der Kick, den sie alle erleben. Der Arbeitssüchtige erlebt dieses

Glücksgefühl immer dann, wenn er die Arbeit trotz aller Hindernisse rechtzeitig geschafft hat. Er ist besessen von dem Verlangen, dieses Glücksgefühl ständig neu zu erleben. Er inszeniert unbewußt kleine Katastrophen, die seinen Zeitdruck erhöhen: der ewig verlegte Autoschlüssel, die gelöschte Computerdatei, das aufgeschobene Telefongespräch, das jetzt unbedingt noch erledigt werden muß. Erst, wenn eigentlich nichts mehr geht, die Arbeit nicht zu schaffen, der Termin nicht zu halten ist, dann beginnt die Herausforderung für den Süchtigen. Ist das Unmögliche geschafft, dann erlebt er das ersehnte Hochgefühl des Glücks, die Entspannung, die der Heroinabhängige nach dem Schuß erfährt.

Der Glaube, unersetzbar zu sein

Was liegt näher, als die Erfahrungen meiner Gesprächspartner mit eigenen Verhaltensweisen zu vergleichen. Nicht etwa, weil ich mich als arbeitssuchtgefährdet sehe. Es ist die berufsbedingte Neugier, die den Blick auf eigene »Arbeitsmacken« lenkt. Vielleicht läßt sich die eine oder andere abstellen. Ein Luxus, für den im Alltag kein Platz vorgesehen ist.

Ich bin auf dem Weg zum nächsten Gespräch. Die Autobahn Hannover – Berlin ist wie üblich dicht befahren. Irgendwann wird der Verkehr »zähflüssig«, bald geht es im »stop and go« an einer Baustelle vorbei. Ich hätte es wissen müssen. Starker Druck in der Magengegend breitet sich aus, ein häufig erlebtes Gefühl. Es ist die Angst, nicht rechtzeitig am vereinbarten Ort zu sein. Eine Art Berufskrankheit, tröste ich mich. Immer noch besser, als jeden Morgen den gleichen, genau getimeten Tagesbeginn zu erdulden: 7 Uhr aufstehen, Frühstück um 7.35 Uhr, anschließend zehn Minuten Zeitungslektüre, die Straßenbahn um 8.16 Uhr, pünktlich um 8.58 Uhr Eintritt ins Büro, 9 Uhr Arbeitsbeginn am Schreibtisch. – So leicht ist es, sich mit ungeliebten Umständen abzufinden. Ein Vergleich unsinniger Art, und schon sind unangenehme Empfindungen ins Abseits geschoben. Es geht nicht darum, ob ich diesen Termin besser mit der Bahn hätte wahrnehmen sollen. Damit hätte ich den Druck heute mildern können, gut. Das grundsätzliche Problem wäre nicht gelöst. Es bleiben viele Arbeiten, die ich ohne Auto schlecht erledigen kann. Es geht darum, daß bei der Wahrnehmung eines Unbehagens als erstes die Abwehrreaktion eintritt. Das Nachdenken über mögliche Veränderungen ist unbequemer, anstrengender als die Verteidigung der gewohnten Verhaltensweise.

Eine weitere Beobachtung. Es ist mühsam, mit einigen meiner Gesprächspartner ein Treffen zu vereinbaren. Kein Wunder, was wäre ein Arbeitssüchtiger ohne prallgefüllten Terminkalender? Jeder stellt die Frage, wie lange wir brauchen werden. Bei den Gesprächen dann immer wieder die gleiche Erfahrung: Egal, ob wir zwei Stunden miteinander reden oder fünf – plötzlich spielt Zeit keine Rolle. Eine zweite Verabredung – kein Problem. Mag sein, daß der eine oder andere die »verplauderte« Zeit am nächsten Tag durch ein erhöhtes Arbeitspensum ausgleichen muß. Aus eigener Erfahrung nehme ich eher an, daß bereits morgen keiner mehr das Gefühl haben wird, die Zeit unseres Gespräches fehle nun. Fragt mich ein Freund oder ein Kollege, wann ich Zeit habe für eine Verabredung außerhalb meiner Arbeit, dann finde ich selten eine freie Stunde. Kommt er dagegen überraschend ins Büro geschneit, schnell ist eine halbe Stunde Arbeitsunterbrechung möglich. Die Pause ist durch größere Effektivität im Anschluß schnell wieder aufgeholt. Oder ich plane heute, bis mindestens 21 Uhr am Schreibtisch zu sitzen. Nicht zum Spaß, sondern weil es unbedingt nötig ist, versteht sich. Um 20 Uhr läutet das Telefon, ein Kollege lädt mich auf ein Bier in die Kneipe ein. In einer halben Stunde treffen wir uns. Siehe da, es ist machbar. Nur wenn es vorher geplant wäre oder etwa ein freier Abend nur für mich, das wäre undenkbar.

Trotz Stau und Magendrücken, ich habe es auf die Minute zum verabredeten Zeitpunkt geschafft. Meine Gesprächspartnerin erwartet mich in ihrem Arbeitszimmer. Die harmonische Atmosphäre assoziiert alles andere als Arbeitssucht: Die hellen, stoffbezogenen Schwingsessel mit Holzgestell, pastellfarbene Gardinen ohne Muster, hellbrauner Teppich, ein ordentlich aufgeräumter Schreibtisch. **Beate (46)**, langer, weiter Rock in Dunkeloliv, leger sitzender, beigefarbener Pulli, lange Haare, eine warme und ruhige Stimme. Ihre einzige Unsicherheit verrät sie mir, noch bevor wir uns setzen: Sie weiß nicht, ob sie das Gespräch als Arbeit oder als Freizeit betrachten soll. Ist das wichtig?

Vielleicht ist ihr Entschluß, den Schreibtisch zu verlassen und in einem Sessel Platz zu nehmen, eine unbewußte Vorentscheidung.

»Mit Arbeitsproblemen beschäftigte ich mich seit langem. Als Psychologin gehört das zu meinem täglich Brot. Über Sucht sollte man ja auch ein wenig wissen, das fand ich spannend. Nun gibt es eine Berufskrankheit, man beginnt, sich selbst auf Macken hin zu analysieren. Man registriert Verhaltensweisen, mit denen man selbst Probleme hat. Wenn irgendwas nicht lief wie geplant, bin ich ganz schnell in Hektik verfallen. Sofort war ein Druck da beim Arbeiten. Andererseits habe ich Arbeiten zu Hause vor mir hergeschoben, von denen ich aus irgendwelchen Gründen glaubte, sie könnten unangenehm sein. Das Ergebnis war, daß die Hürde immer höher wurde. Um mich zu beruhigen, hab ich mich auf meinen Beruf geschmissen. Abends bin ich zu Arbeitsgruppen gerannt, immer nach dem Motto, du kannst viel für dich mitnehmen. Die Wochenenden waren vollgestopft mit Fortbildungsveranstaltungen. Es gab die Möglichkeit einer berufsbegleitenden Weiterbildung zur Therapeutin. Das hat keiner von mir verlangt, ich wollte das einfach, mich hat das interessiert. Das bedeutete, bis Freitag nachmittag gearbeitet, ins Auto rein und irgendwohin zu einem Seminar. Das ging bis Sonntag nachmittag, wieder ins Auto, abends völlig kaputt ins Bett und am nächsten Morgen zur Arbeit. Ich konnte mich an manchen Tagen in ein regelrechtes High reinarbeiten. Also hier was machen, da was machen, es ganz toll finden, daß ich in der Lage bin, so viele Sachen zu gleicher Zeit und so im Schwung zu erledigen. Das würde ich heute als einen Rauschzustand bezeichnen. Und irgendwann tauchte in einer abgelegenen Ecke des Kopfes die Frage auf, ja, bin ich nun arbeitssüchtig oder nicht? Der Knackpunkt war, die Arbeit, mit der ich Geld verdient habe, die habe ich nie so exzessiv betrieben, wie andere Leute das tun, die 60 bis 70 Stunden arbeiten. Deshalb hab ich gesagt, nee, arbeitssüchtig bin ich nicht. Das hatte ich erst mal für mich entschieden. Nur hat das keinerlei Veränderungen gebracht, die Probleme blieben die gleichen. Ich dachte mir, wenn du deine Arbeitszeit reduzierst, das schafft neue Bedingungen. Damals war das relativ unkompliziert möglich, ich bin auf eine dreiviertel Stelle gegangen. Die Erfahrung, daß man dadurch nicht automatisch weniger arbeitet, haben aber sehr viele gemacht. Das klappte also nicht so, da dachte ich, du mußt dir deine Arbeit halt anders organisieren. Ist mir nur nicht geglückt, denn das eine ist der Vorsatz, das andere die Fähigkeit, Dinge wirklich besser zu strukturieren. Heute bin ich wieder auf einer dreiviertel Stelle. Der Unterschied besteht darin, daß ich jetzt nicht automatisch davon die Veränderung erwarte, sondern weiß, ich muß aktiv daran arbeiten, mir zusätzliche Freiräume zu schaffen. Das heißt zum Beispiel, wenn eine Arbeit erledigt werden muß, ganz bewußt zu sagen, jetzt hab ich Feierabend, das muß eben warten. Das ist schon hart, denn wer da warten muß, das sind Menschen, die meine Hilfe brauchen. Das ist ja kein Postschalter, Schild rein, ›geschlossen‹, das war's. Es entsteht auch immer so ein Rechtfertigungsdruck. Ich muß ständig sagen, ich habe ja nur eine dreiviertel Stelle. Heute gehe ich damit gelassener um. Mitunter muß man seine Erfahrungen richtig auswerten, das kann sehr hilfreich sein. Zum Beispiel wenn früher ein Brandanruf kam, jemand brauchte unbedingt sofort einen Termin. Ich hab mir einen ungeheuren Kopf gemacht, hab den irgendwo zwischengequetscht oder hinten rangehängt, und dann kam der nicht. Oder der kam und hatte zwar ein Problem, das hätte aber wirklich ein paar Tage Zeit gehabt. Man darf sich selbst einfach nicht zu wichtig nehmen und für unersetzbar halten. Am Anfang ist das unheimlich schwer, ich hab das in vielen Jahren lernen müssen. Jedenfalls gab es dann ein Seminar mit Diane Fassel, das hieß »Wir arbeiten uns noch zu Tode«. Da bin ich natürlich hin, die Möglichkeit bekommst du nicht alle Tage. Das war die entscheidende Begegnung für mich. Diane Fassel meinte, daß der Begriff Arbeitssucht etwas irreführend wäre. Es ginge eher um eine Sucht, ständig beschäftigt zu sein oder ständig aktiv zu sein. Das hat für mich sehr viel besser gepaßt. Darin konnte ich mich total wiederfinden. Ja, ich bin nach Hause gefahren, das war ganz verrückt. Ich hatte für mich die Entscheidung getroffen, ich bin arbeitssüchtig, und ich war erleichtert. Jetzt wußte ich, woran ich bin, dafür, oder besser dagegen, gibt es ein klares Konzept, damit muß ich beginnen. Seitdem hab ich angefangen, meine 12 Schritte zu arbeiten.

Wahrscheinlich ist das eines meiner Grundprobleme. Ich brauche ein festes Gerüst, an dem ich mich orientieren kann. In der Kindheit war das so, mein Vater war viel unterwegs, dann kam er nach Hause, irgendwas war nicht erledigt, sofort hieß es: Du bist stinkend faul. Dieser Satz hat mich als Jugendliche richtig verfolgt. Vor allem hatte ich keine Orientierung, wieviel muß ich denn tun, damit ich nicht faul bin? Hab ich irgendwann genug getan? Das heißt, wann darf ich mich zurücklehnen und sagen, so, nun ist's gut für heute. Von meiner Mutter kamen bei jeder Klassenarbeit Sprüche. Selbst bei einer Zwei gab es etwas auszusetzen, so in dem Stil, hättest du diesen Fehler nicht gemacht, wäre es eine Eins gewesen. Ich habe dagegen nie richtig rebelliert. Es war völlig klar, daß ich aufs Gymnasium gehen und studieren werde. Und ich hab immer versucht, diesen Vorgaben zu folgen, ich kann mich nicht erinnern, daß ich mal etwas Eigenes dagegengehalten hätte. Ich wußte nicht einmal, was ich studieren sollte. Es kam vieles in Frage, und ich denke, meine Entscheidung für Psychologie war ein ganzes Stück Zufall. Ich stellte mir das interessant vor, und unsere Hausärztin hat mich darin bestärkt. Das hat den Ausschlag gegeben, daß meine Eltern nichts dagegen hatten. Das war keineswegs selbstverständlich, denn Psychologie galt als brotlose Kunst. Mein Großvater sagte zum Beispiel, daß wär ›son overspönde Kram‹, was seine Enkelin da studieren würde. Das war schon ein bißchen suspekt. Ich glaube auch nicht, daß meine Eltern geglaubt haben, daß ich mit diesem Beruf jemals meinen Lebensunterhalt verdienen könnte.

Das Psychologiestudium ist kein anstrengendes Studium. Ich habe es mir anstrengend gemacht und es als eine Belastung empfunden. Gerade die Freiräume, dieses Gefühl, eigentlich nie fertig zu sein. Man kann hier noch ein Fach belegen, man kann da noch was mitnehmen, das hat mir sehr zu schaffen gemacht. Ich war während des ganzen Studiums unsicher, hab ich die richtigen Fächer gewählt, was könnte noch fehlen. Nur um diese Unsicherheit loszuwerden, wollte ich das Studium möglichst schnell hinter mich bringen. Zum Glück wußte ich ja, wieviel Scheine ich brauche, die hab ich regelrecht gesammelt und war nach elf Semestern fertig. Das galt damals als unheimlich schnell. Danach war die erste Arbeitsstelle eine richtige Erleichterung. Das war eine Erziehungsberatungsstelle. Es gab einen eindeutigen Rahmen, der hieß, 40 Stunden mußt du arbeiten, damit konnte ich gut umgehen. Bis ich sehr schnell das Gefühl bekam, im Studium gar nicht dafür ausgebildet worden zu sein, mit Menschen zu arbeiten. Das war der Anstoß dafür, diese berufsbegleitenden Qualifizierungen zu beginnen, und die mache ich heute noch. Ich kann nicht mal sagen, daß ich heute noch Druck verspüre, daran teilzunehmen. Als Leiterin einer Beratungsstelle zwingt mich keiner dazu. Ich halte das für eine der Legenden, die immer herhalten müssen als Begründung für dieses Übermaß an Arbeit. Natürlich kann ich nur aus meiner Erfahrung heraus sprechen, aber ich glaube, es gibt auch in Leitungspositionen sehr viel mehr Möglichkeiten, von sich aus eine Grenze zu ziehen, als Mann oder Frau gemeinhin denken. Sicher, ich hab lange hin und her überlegt, geht das mit der verkürzten Arbeitszeit, was sagen die Kolleginnen, was sagen die Vorgesetzten? Wenn man selber total überzeugt ist, dann trägt man ja vorher einen Dialog aus: Welche Gründe hast du dafür? Ist das nur ein Vorwand? Was steckt dahinter und so weiter. Meine Erfahrung ist, wenn ich die Sache sehr ernsthaft und überzeugt vorbringe, daß ich offene Ohren gefunden habe. Ich habe mir sogar als Leiterin ein halbes Jahr Sonderurlaub genommen, obwohl ich keine Mutter zu pflegen hatte, oder was es so für Gründe gibt. Sondern, ich wollte einfach mal ein halbes Jahr lang aufhören zu arbeiten. Diese Erfahrung hatte ich noch nie im Leben gemacht und brauchte sie einfach für mich. Ich hab's da sicher einfacher, weil ich nur für mich verantwortlich bin. Ich lebe zwar in einer Beziehung, aber jeder hat seine Arbeit und ist absolut selbständig.

Das eigentliche Problem ist, wir sind beide arbeitssüchtig. Unser Hauptthema, über das wir reden, ist Arbeit. Nun arbeiten wir in bestimmten Fällen zusammen. Da müssen wir unheimlich aufpassen, daß unsere Arbeit nicht zum einzigen Inhalt wird, worüber wir uns austauschen. Und das müssen wir verändern. Leider ist meine Arbeit immer noch das, worüber ich am besten reden kann. Dort fühle ich mich sicher, während alle anderen Gesprächsthemen ein unsicheres Terrain sind. Mir fällt das einfach unheimlich schwer, über einen Film zu sprechen. Da muß ich nachdenken, wie kann ich mich ausdrücken, hab ich das überhaupt richtig verstanden? Wir nehmen uns inzwischen regelrecht vor, heute abend sprechen wir nicht über einen Klienten. Da achtet einer auf den anderen, sowie der anfängt, wird gesagt: Wir wollten heute nicht über Arbeit sprechen, und dann ist das Thema beendet. Ich sage immer, jetzt scheuchen wir die Schatten aus dem Zimmer. Ja, und dann muß man gucken, was bleibt übrig in einer Beziehung. Das kann sehr ernüchternd sein.

Mit Freizeit habe ich heute noch große Probleme. Das wird nach außen gar nicht so sichtbar. Ich setze mich schon mal in ein Café oder gehe mit einer Freundin bummeln. Nur läuft im

Hinterkopf eine Spule ab: Eigentlich müßtest du jetzt zu Hause die Wäsche machen, die Fotos sind immer noch nicht sortiert, da liegen mindestens fünf Briefe, die beantwortet werden müssen. Ich blättere zum Beispiel in einer Zeitschrift, plötzlich merke ich, ich weiß gar nicht, was ich da anschaue, weil ich in Gedanken bei einem Klienten oder meinem unaufgeräumten Schrank bin. Ich genehmige mir Freizeit, habe aber ein schlechtes Gewissen dabei oder eben diese Unruhe. Ich genieße sie nicht. Ich weiß aber, ich brauche freie Zeit, und die steht mir auch zu, dafür muß ich mich bei niemandem entschuldigen. Seit einiger Zeit hab ich mir eine regelrechte Grenzlinie gezogen. Pro Tag nicht mehr als neun Stunden Arbeit. Da halte ich mich auch dran, mit Rückfällen zwar, aber das hilft mir, mit gutem Gewissen zu sagen, gut, drüber hinaus muß ich nichts tun. Und mehr will ich auch nicht arbeiten. Das heißt ganz klar Berufsarbeit, mit der ich Geld verdiene. Das ist ja so eine Geschichte, Haushalt ist letztlich für mich auch Arbeit. Nur ist das immer noch ein ungeklärtes Feld, da bin ich seit Jahren in Auseinandersetzung mit mir selbst. Eine andere Grenzlinie ist, wenn ich nach Hause komme von der Arbeit, nicht sofort weiterzuarbeiten, sondern zwischendurch erst mal eine Pause einzulegen. Zeitung lesen zum Beispiel. Ohne diese klaren Abgrenzungen und Regelungen würde ich ständig einbrechen. Das ist eine meiner wichtigsten Erfahrungen: Ich brauche klare Vorgaben, und wenn die nicht da sind, muß ich sie mir selber schaffen. Das betrifft auch Aufputschmittel. Seit drei Jahren trinke ich keinen Kaffee und keinen schwarzen Tee mehr. So lange ist es ungefähr her, daß die Geschichte mit der Arbeitssucht für mich klar war. Kaffee habe ich mehrmals am Tag nur getrunken, um mich wach zu halten. Ich saß hier in Gesprächen und hab das Gefühl gehabt, ich schlafe im nächsten Moment ein, was mir entsetzlich peinlich war. Allein der Gedanke daran. Abgesehen von der unmittelbaren Situation, ich werde meinem Gegenüber ja wirklich nicht gerecht, wenn ich nicht mehr zuhören kann. In der nächsten Pause hab ich mir Kaffee reingeschüttet, um mich hochzuputschen. Meine Erfahrung ist, diese abgrundtiefen Müdigkeitsphasen, die ich damit versucht habe zu bekämpfen, die hab ich nicht mehr, seit ich sie nicht mehr mit Kaffee bekämpfe. Ich werde natürlich ab und zu mal müde, aber nicht mehr so wie vorher, wo ich das Gefühl hatte, ich könnte auf der Stelle einschlafen.

Früher lief auch ständig nebenher das Radio. In der Küche, im Bad, beim Zeitunglesen. Es war auch egal, was da lief. Das sind alles Gewohnheiten, die man normalerweise nicht befragt. Das Radio hatte sicher eine ähnliche Aufgabe wie der Kaffee. Ich hatte so eine undefinierbare Angst, wenn ich mich jetzt fallenlasse, komme ich überhaupt nicht mehr in Gang. Und dieses ›du bist stinkend faul‹ schwang immer mit. Ich genieße heute die Ruhe, gebe da meinen Gedanken mehr Raum. Ich bezeichne mich ja als eine Arbeitssüchtige auf dem Weg in die Genesung.

Ganz auffällig ist auch, daß ich seit ein, zwei Jahren viel weniger Erkältungskrankheiten habe und nicht mehr diese nervösen Magenbeschwerden. Man kann das ja nicht nachweisen, aber ich denke schon, daß es da einen Zusammenhang gibt mit den Veränderungen, die ich bewußt in meinem Leben vorgenommen habe. Also mir eben eine Ruhepause gönne, bevor der Körper sie sich erzwingt.

Ohne die Gruppe wäre ich sicher nicht soweit. Mir hilft es unheimlich, wenn ich erzähle, wie es mir in der letzten Woche ergangen ist, wo ich wieder hektisch geworden bin oder wo ich Fortschritte feststellen konnte. Das Meeting ist einfach so ein Punkt, ein fester Termin im Wochenplan, da nehme ich mir Zeit, über mich nachzudenken. In dem Moment, wo ich darüber rede, muß ich mir selber viel konkreter Rechenschaft geben, als wenn ich das für mich im Kämmerlein tue. Abgesehen davon, daß so ein Meeting mit mir selbst natürlich nicht regelmäßig stattfinden würde. Oder ich spreche darüber, was auf mich zukommt. Zum Jahresende zum Beispiel oder vor der Urlaubszeit, da fällt eine Menge zusätzlicher Verwaltungskram an, oder die Terminplanung wird halt eng. Schon werde ich hippelig und versuche, mehrere Dinge gleichzeitig zu erledigen. Spreche ich meine Angst aus, nehme ich das Problem bewußt wahr, dann kann ich mich anders verhalten, als wenn ich da reinschlittere. Das ist wie eine Welle, die auf mich zukommt. Ich kann sagen, die hat mich jedesmal umgeschubst, dann zittere ich und warte nur darauf, daß sie mich erneut mitnimmt. Oder ich sage, ich hab diese Erfahrung gemacht, jetzt versuche ich mal, mich zu ducken, vielleicht rollt sie dann über mich hinweg. Konkret ist das zum Beispiel die Erfahrung, daß die Welt nicht zusammenbricht, wenn ich diese Abrechnungen erst im Januar fertig habe. Eine andere Erfahrung ist, seit ich in der Gruppe von mir erzähle, fällt es mir leichter, auch anderen Leuten gegenüber offen von meinen Problemen zu sprechen. Das hat etwas unheimlich Befreiendes, einfach dieses Gefühl, du hast ein Problem und mußt es nicht verstecken. Es ist ja nicht üblich, über solche Dinge zu reden. Ja, in dem Moment, wo du offen bist, fangen andere plötzlich auch an zu reden. Du merkst, Mensch, du bist nicht irgendwie verrückt, du findest Menschen, die haben einen ungeheuren Druck. Natürlich scheuen die meisten vor dem Begriff Sucht zurück, also außerhalb der Gruppe, und fast alle verstehen unter Arbeitssucht auch nur diese 70-und-mehr-Stunden-Typen. Aber einfach das Erkennen, wie viele Leute Probleme haben, über die nur keiner spricht, finde ich unheimlich wichtig. Auch mal eine Schwäche zugeben können, das lernt man ja eigentlich nicht. Überall heißt es, du mußt stark sein, du mußt Schwächen verbergen. Für viel Geld kannst du sogar lernen, deine Schwächen zu überspielen, in Seminaren und Kursen, und was es da alles gibt. Und dann brauchen die Leute ihren Therapeuten oder die Beratungsstelle.

In meinem Leben hat sich viel verändert, seit ich meine Arbeitssucht akzeptiert habe. Es gibt Rückfälle, selbstverständlich. Wenn plötzlich drei Mitarbeiterinnen krank sind, sofort steigt der Druck, die Sicherheit ist weg, ich werde ungerecht. Als Leiterin liegt die Verantwortung in Notsituationen bei mir, und wenn dann jemand so arbeitet wie immer, als wäre nichts, da bin ich schnell gereizt, und es kommt zu einer Auseinandersetzung. Ich denke, mein Gott, können die Leute denn nicht mal ein bißchen schneller machen? In solchen Situationen beurteile ich die Leute plötzlich, ich stelle mich irgendwie über sie, ich werte sie ab. Das passiert mir sonst nie. Manchmal bekommt das außer mir gar keiner mit, aber es passiert auch, daß ich unwirsch und unfreundlich bin. Dann erwarte ich, daß die anderen die Arbeiten so erledigen, wie ich das tun würde, vor allem im gleichen Tempo, und daß sie selbständig mitdenken. Ist die Lage wieder entspannter, stelle ich mir schon die Frage: Mit welchem Recht gehst du davon aus, daß dein Tempo das richtige ist? Oder: Warum hast du daraus eine solche Katastrophe gemacht? War die eigene Panik nicht das viel größere Problem? Von diesen Geschichten spreche ich in der Gruppe, und zumindest mache ich mir im Kopf klar, wie ich das nächstemal in einer ähnlichen Situation reagieren will. Also ganz klar zu sagen, ich hätte diese Sache jetzt gern so erledigt, in einer bestimmten Zeit, und dann muß ich loslassen, und der Mitarbeiter muß allein entscheiden, wie er damit umgeht. Theoretisch bin ich aus dieser Erfahrung jedenfalls ein bißchen klüger geworden. Ob mir die Umsetzung in der Praxis beim nächstenmal gelingt, ist eine andere Frage. Aber irgendwann klappt es, da bin ich ganz sicher.«

Arbeitssucht und Freizeit

»Arbeit ist alles, was keinen Spaß macht.«
Bertolt Brecht

Laut einer Untersuchung des BAT-Freizeit-Forschungsinstituts in Hamburg sucht jeder zweite Berufstätige seine Selbstverwirklichung in der Freizeit.[8]

Die gewachsene Bedeutung der Freizeit steht außer Frage. In Frage zu stellen ist die Schlußfolgerung, die das BAT-Freizeitinstitut daraus zieht: daß die Arbeit im Leben vieler Berufstätigen einen geringeren Stellenwert einnimmt als die Freizeit. Gerade weil die von der Erwerbstätigkeit freie Zeit heute längst nicht als rein private Lebenszeit, als Mußezeit genutzt wird, scheint der Begriff allein wenig geeignet, die Bedeutung von Arbeit für den einzelnen zu bestimmen. Außerdem ist die Aussage von Beschäftigten insofern zu relativieren, weil sie möglicherweise eine Arbeit haben, die ihnen nicht ausreichend Raum zur Selbstverwirklichung bietet. Statt dessen suchen sie die Selbstverwirklichung in der Freizeit. Soweit ist alles richtig. Was aber wäre, wenn diese Menschen ihren Arbeitsplatz verlieren würden? Könnten sie – vorausgesetzt, es besteht keine finanzielle Not – die gewonnene freie Zeit als zusätzliche Chance sehen? Oder würde nicht vielmehr der Wunsch oder die Suche nach einer bezahlten Arbeit ihr Leben sehr wesentlich bestimmen? Die relevante Frage ist aber, wie betreiben diese Menschen ihre Selbstverwirklichung in der Freizeit? Suchen sie Entspannung im Sinne eines Ausgleichs zur Arbeit? Suchen sie Räume für Kreativität, die Fähigkeiten zum Tragen bringt, die innerhalb der Arbeit nicht gefragt sind? Oder suchen sie Anerkennung, weil die ihnen im Kollegenkreis versagt bleibt? Suchen sie feste Strukturen, die ihnen den Umgang mit der freien Zeit erleichtern und ihnen zugleich Zwänge auferlegen? Das Stichwort »ehrenamtliche Kommunalpolitik« sei hier stellvertretend für viele Bereiche genannt. Andere arbeiten sich an ihrem Hobby ab. Der penibel gepflegte Garten bietet dazu

8 BAT-Freizeit-Forschungsinstitut: Freizeit aktuell: Ausverkauf der Arbeitslust? Hamburg 1996

Möglichkeiten genauso wie die Mitgliedschaft im Sportverein. Kennzeichnend für den zwanghaften Arbeiter ist die Angst vor unstrukturierter, freier Zeit. Deshalb ist jede freie Minute verplant, die Angst vor sinnlos vertaner Zeit treibt ihn an. Unverplante Zeit, das könnte bedeuten, eigene Gefühle zu entdecken und ihnen hilflos ausgesetzt zu sein. Unverplante Zeit könnte die Begegnung mit Menschen bringen, deren Gedanken und Gefühle verunsichern, die eigene Verhaltensweisen in Frage stellen könnten und so weiter. Die geplante Beschäftigung, womit auch immer, bietet davor den sichersten Schutz.

Wer zuviel arbeitet, der hat in der Regel ein gestörtes Verhältnis zur Sexualität. Das behaupten die amerikanischen Sexualforscher William Masters und Virginia Johnson. Sie haben es so pointiert beschrieben, daß sich jede weitere Erörterung erübrigt: »Krankhaft Arbeitssüchtige haben oft eine falsche Einstellung zur Sexualität. Entweder steht bei ihnen die Arbeit an erster und Sex an letzter Stelle. Oder sie gehen an Sex genauso heran wie an ihre Arbeit. Sie sind diszipliniert, starr, planen, schreiben ›Sex‹ in ihren Terminkalender, als ob er eine Sache sei, die so schnell wie möglich erledigt werden muß. Anderen geht es nur darum, öfter sexuell aktiv zu sein als andere. Wieder andere verdrängen sexuelle Wünsche, weil sie die Arbeit beeinträchtigen könnten. Deshalb ist Sex für Arbeitssüchtige oft keine Entspannung, Erholung oder Freude.«[9]

Charakteristisch für den zwanghaften Arbeitstyp ist auch sein Streben, ständig einen ausreichenden Vorrat an Beschäftigung gesichert zu haben. Ruhe wird als Bedrohung empfunden, als Ungewißheit über einen Verlauf und ein Ziel, das man nicht unter Kontrolle hat. Aktivität schafft scheinbare Sicherheit, die Bewegung auf ein Ziel hin vermittelt ein Gefühl von Sinn. Die tatsächliche Sinnhaftigkeit des Zieles ist dabei sekundär. Da diese Beschäftigung ja keineswegs an die eigentliche Berufstätigkeit gebunden sein muß, spricht die Psychologin Diane Fassel von Beschäftigungssucht. Die von dem Philosophen André Gorz beschworene »Kolonisierung der freien Zeit durch die Freizeitindustrie« beschreibt darüber hinaus einen Vorgang, der das Individuum in einen suchtartigen

9 Vgl. Machlowitz, Marilyn, a.a.O., S. 85f.

Sog zieht, welcher mit der Begriffserweiterung von Diane Fassel im Sinne der Beschäftigung korrespondiert, ohne – wohlgemerkt – identisch zu sein. Das von Gorz beschriebene Suchtverhalten wäre konkret eher als Vergnügungs-, Unterhaltungssucht oder ähnliches zu bestimmen.

1996 machen laut BAT-Studie vier Millionen berufstätige Deutsche ihre Freizeit zur Arbeitszeit. Nach Feierabend schuften sie in einem Zweitjob oder in Schwarzarbeit. Das sind 14 Prozent der erwerbstätigen Bevölkerung. Die Zahl derer, die unbezahlte Arbeit in Vereinen und Verbänden leisten, wird nicht erfaßt. Ebensowenig die Zahl derjenigen, die aus einem einfachen Grund keiner zusätzlichen Arbeit nachgehen können: Ihr Tagesablauf weist außerhalb ihres Berufes und der lebensnotwendigen Verrichtungen inklusive Schlaf keinerlei Freiräume auf.

Nicht alle diese Personen sind arbeitssüchtig. Sie sind gefährdet, in den Sog der Sucht zu geraten. Wer seine Freizeit wie Arbeit betreibt, der ist möglicherweise irgendwann nicht mehr in der Lage, freie Zeit als das zu nutzen, was der Begriff meint: frei gestaltete Zeit, frei von Zwängen, frei von unmittelbaren Nützlichkeitserwägungen.

Flucht vor Enttäuschungen

Was unterscheidet Arbeitssucht von anderen Süchten? Die Psychologin Elisabeth Wienemann hatte mir eine Antwort gegeben, die sicher keine wissenschaftliche Definition ist: Egal, ob Drogen-, Alkohol-, Spiel- oder Eßsucht, dahinter steht ein Protest gegen bestehende Normen, ein Mangel an Anpassungsfähigkeit und Anpassungsbereitschaft. Wer arbeitssüchtig wird, der ist in der Regel sehr anpassungsfähig, lebt in Übereinstimmung mit Zielen, die in der Gesellschaft hoch angesehen sind. Vielleicht werden einige Workaholics diese Feststellung empört von sich weisen. Die Erfahrung aus meinen Gesprächen bestätigt jedoch die Aussage.

Nach den Interviews fragten mich einige meiner Gesprächspartner, ob ich sie für arbeitssüchtig halte oder nicht. Statt einer Schnelldiagnose habe ich beschrieben, welche Symptome ich wahrgenommen habe. Die Antwort muß sich jeder selbst geben. Im Gespräch mit **Robert (40)**, der sich nicht für arbeitssüchtig hält, bin ich dabei auf eine besondere Variante gestoßen: Es ist sein erklärtes Ziel, die Mitarbeiter vor überdurchschnittlichen Arbeitsanforderungen zu schützen. Sich selbst zu schützen vor zuviel Arbeit, dazu ist er nicht in der Lage. Wem er letzten Endes mehr damit schadet, sich selbst oder seinem Arbeitgeber, das wird sich in einigen Jahren erweisen. Es sei denn, ihm gelingt die Umkehr.

Wir waren nach Dienstschluß verabredet. Obwohl ich zwei Stunden verspätet in seinem Büro erscheine, muß ich warten. Er sitzt am Computer, redigiert einen Text und telefoniert dabei. Als wir endlich zu reden beginnen, ist er unruhig und spürbar verärgert: Seine Planung ist durcheinandergewirbelt. Es dauert fast eine Stunde, bis er sich auf unser Gespräch einläßt und die Zeit vergißt.

»Im Moment schrecke ich davor zurück, eine Beziehung einzugehen. Dafür ist in meinem Alltag kein Platz. Ich kann mir überhaupt nicht vorstellen, daß jemand akzeptiert, daß ich abends so spät nach Hause komme und jedes Wochenende weg bin. Da würde ich mir vermutlich nur unglaublichen Streß zusätzlich schaffen. Das macht doch keiner mit. Obwohl ich durchaus das Bedürfnis nach einer Beziehung habe. Aber schon am Anfang einer Geschichte, du kannst ja nicht sagen, nächste Woche hab ich vielleicht am Donnerstag um Mitternacht Zeit und dann erst wieder irgendwann zwei Wochen später. Das funktioniert doch nicht. Ich brauchte jetzt sozusagen eine zu meiner Arbeit total kompatible Beziehung. Schon wenn ich das sage, merke ich, das ist einfach Unsinn. Sicher spielt dabei eine Rolle, daß ich auch Angst vor dem Scheitern einer neuen Beziehung habe. Vor der Wiederholung einer schlimmen Erfahrung. Und vielleicht paart sich das ganz gut mit den Vorbehalten, überhaupt eine feste Beziehung einzugehen. Du wirst ja nachdenklich, wenn du dich nach einigen Jahren Zusammenleben trennst. Was war der Sand im Getriebe, oder mußte das so laufen? Nicht, daß du einen falschen Eindruck bekommst: Unsere Trennung hatte nichts mit meiner Arbeit zu tun, sie fiel nur zufällig in die gleiche Zeit wie mein Jobwechsel. Ich hab vorher im Wissenschaftszentrum als Soziologe an Forschungsprojekten gearbeitet, auch sehr viel, aber nicht vergleichbar mit der jetzigen Stelle. Vielleicht gibt es einen Zusammenhang im Unterbewußten – dieses Scheitern einerseits und dann dieses Vielarbeiten hier. Andererseits denke ich, ich würde meinen Job besser machen können, wenn ich eine Beziehung hätte. Das Leben ist für mich schwer zu organisieren. Es geht mit dem Einkaufen los. Ich gehe oft abends einfach essen, weil der Kühlschrank leer ist. Manchmal kaufe ich Samstag vormittag ein, aber wenn ich sechs Wochenenden hintereinander Veranstaltungen habe, soviel Vorräte kann ich gar nicht ranschleppen. Abgesehen davon, daß 80 Prozent vergammeln würden. Und wenn ich eine Beziehung hätte, würde ich vielleicht abends doch manchmal ein bißchen früher Feierabend machen. Auch nicht all die vielen Funktionen wahrnehmen, die ich jetzt habe. Aber ich kann leider nicht nein sagen. Obwohl ich jetzt den Vorsatz gefaßt habe, eine neue Funktion nur zu übernehmen, wenn dafür eine andere wegfällt. Aber ob das gelingt? Vor allem, wenn es Aufgaben sind, von denen du denkst, die könntest du ganz gut machen. Und da hast du auch wieder ein bißchen mehr Einfluß auf bestimmte Dinge, und du weißt, im Moment ist niemand da, der das besser kann, die Personaldecke ist überhaupt recht schmal hier, das kitzelt mich dann halt auch. Und schon hast du einen Posten mehr am Hals.

Manchmal nervt es mich, daß ich nicht mehr arbeiten kann. Ich hab viele Ideen, was man für Dinge tun müßte und könnte. Und zehn Stunden sind einfach so verdammt schnell vorbei. Dazu drei Stunden Fahrzeit täglich. Aber das ist nicht zu ändern. Erstens ist klar, daß ich diesen Job nicht ewig machen kann und werde, und zweitens, wenn ich hierher ziehen würde, bliebe außer der Arbeit gar nichts. So ist klar, irgendwann fährt die letzte S-Bahn, und die muß ich kriegen. Außerdem gibt's in Berlin einfach mehr kulturelle Angebote, und da sind auch meine Freunde. Obwohl ich leider für beides sehr wenig Zeit habe, seit ich hier Landesgeschäftsführer bin. Vor allem, weil ich daneben Funktionen übernommen habe, die vom Wesen her ehrenamtlich sind, aber sich in meinem Falle oft vermischen. Hier im Landesverband bin ich Sprecher der Landesarbeitsgemeinschaft Gesundheits- und Sozialpolitik, ich bin Sprecher der Bundesarbeitsgemeinschaft Schwulenpolitik und bin Mitglied im Länderrat. Das ist das beschlußfassende Gremium zwischen den Bundesparteitagen, und ich bin im Präsidium des Ostländerrates, wo ich versuche, die Arbeit zwischen den Ostlandesverbänden zu organisieren, um sie ein bißchen präsenter zu machen in der Öffentlichkeit und auch ein bißchen mehr Einfluß zu nehmen auf die politische Entwicklung der Gesamtpartei. Das sind die Parteiämter, daneben bin ich Vorstandsmitglied im deutsch-togolesischen Kreis für entwicklungspolitische Initiativen, wo wir eine Reihe von Veranstaltungen organisieren auf Bundesebene. Da ist zum Beispiel zur Zeit eine Anhörung zu organisieren in Bonn zur Menschenrechtssituation in Togo, und wir wollen jetzt auch beginnen mit entwicklungspolitischen Projekten in Togo. Hinter all diesen Funktionen verbirgt sich ein Unmenge von Kleinarbeit, mal irgendwo eine flammende Rede halten, Organisieren von Sitzungen, Geld besorgen, Beschlußvorlagen formulieren, und immer getrieben von der Angst, nicht alles bedacht zu haben.

Auf dem Posten als Landesgeschäftsführer bin ich unersetzbar. Im Moment wenigstens, irgendwann muß jeder ersetzt werden. Käme jetzt ein anderer hierher, das wäre schon problematisch für den Landesverband. Du brauchst zwei Jahre, um dich einzuarbeiten, in der Zeit mußt du unheimlich viel lernen. Politik besteht ja zum großen Teil aus Psychologie. Du mußt die Leute kennenlernen, du mußt wissen, wie du mit ihnen umgehst, wie du sie einbindest, wo du eher vorsichtig sein mußt. Während auf dich natürlich keiner Rücksicht nimmt. Manchmal bist du im Streß, und dann kommen Leute und wollen sofort etwas von dir. Da könntest du an die Decke springen. Oder du merkst, wie du innerlich richtig am Zusammensacken bist und denkst, nee, geht nicht, du mußt das jetzt zu Ende bringen, du arbeitest bis zum Geht-nicht-mehr. Zum Dank dafür treten sie dir noch in den Arsch. Gerade, wenn es Streit gibt innerhalb der Partei. Solche Situationen können sehr hart sein. Du bist sowieso schon den ganzen Tag zerrissen, hast ständig tausend Kleinigkeiten zu erledigen und zu bedenken, und dann gehst du mit einem Ergebnis zu einer Sitzung, und das Zerreißen geht weiter. Mein Job besteht ja aus sehr unterschiedlichen Tätigkeiten. Unter anderem die Vorbereitung von Sitzungen, wenn der Landesvorstand tagt oder die Landesarbeitsgemeinschaften, oder es gibt ja eine Reihe von Gremien in so einer Partei, für die alle bin ich auch organisatorisch zuständig. Wir sind ein kleiner Landesverband mit nur drei hauptamtlichen Mitarbeitern, da gibt es kaum etwas, was nicht über meinen Tisch geht. Angefangen von der gesamten Post, die ich durchsehen muß, dann meldet sich ein Kreisverband mit einer Bitte um Unterstützung. Das hat Folgen, du guckst, wen kannst du dort hinschicken oder machst du es selber, ist denen mit Geld zu helfen, das mußt du beantragen, oder du hängst dich erst mal ans Telefon, weil aus dem Brief nicht klar hervorgeht, was meinen die eigentlich. Oder du brauchst zusätzliche Informationen zu dem Vorgang. Damit geht im Prinzip der Vormittag vorüber. Jeder Wahlkampf oder zum Beispiel die Kampagne für ein Volksbegehren, die gerade läuft, das muß ja alles koordiniert werden. Jede Presseerklärung muß abgestimmt werden, ehe sie hier rausgeht. Sonst verkünden wir etwas, was morgen in jeder Zeitung steht, und der Landesverband trägt das nicht. Dafür ist letztlich auch der Geschäftsführer verantwortlich, selbst wenn es einen Pressesprecher gibt. Grundsätzlich übernehme ich alle wichtigen Arbeiten selbst. Egal, ob das jetzt aus politischer Verantwortung ist oder einfach, weil es um Dinge geht, die mir persönlich wichtig sind. Die gebe ich nie ab, weil ich denke, vielleicht wird es dann nicht so gut, wie es sein müßte. Man kann auch nicht immer erst andere Leute fragen, weil das dann wieder Zeit kostet, die man nicht hat. Also denke ich dann, die Sache ist schneller erledigt, wenn ich sie selbst mache. Für den innerparteilichen Frieden ist es nicht immer die beste Lösung. Da wäre man manchmal gut beraten, sich mehr Zeit für Abstimmungsprozesse zu nehmen. Aber Theorie und Praxis klaffen in der politischen Praxis oft auseinander.

Die Gremiensitzungen oder Kreisverbandstagungen finden natürlich alle abends oder am Wochenende statt. In einer kleinen Partei machen die Leute die politische Arbeit ja neben ihrem Beruf. Das heißt, vor 23 Uhr bin ich nie zu Hause, oft wird es Mitternacht oder 1 Uhr. Dann trinke ich noch meine zwei Bier zum Abdämmern. Wenn morgens der Wecker klingelt, dann brauche ich jeden Tag erst mal eine halbe Stunde, in der ich mich selbst zum Aufstehen überreden muß. Morgens merke ich ziemlich oft, daß ich ausgepowert bin. Noch stärker spüre ich das allerdings an freien Wochenenden, die mir überhaupt nicht gut bekommen. Du hast dich ewig darauf gefreut, weil du wochenlang keinen freien Tag hattest. Und dann bist du völlig überfordert, denn an diesem freien Tag wolltest du so viele Dinge tun. Du wolltest die Wohnung in Ordnung bringen, den Schreibtisch aufräumen, Wäsche waschen und bügeln und ins Kino gehen oder ins Theater, Freunde treffen und 107 Sachen. Dann weißt du gar nicht, womit fängst du an? Dann sitzt du da und gerätst in depressive Zustände. An solchen freien Wochenenden oder Tagen merke ich ganz extrem, wie erschöpft ich bin. Am liebsten würde ich ausschlafen. Das nehme ich mir sehr oft vor, tue ich dann aber nicht, weil ich denke, das geht jetzt nicht. Du kannst jetzt nicht ausschlafen, du mußt so viele Dinge erledigen, zu denen du nie kommst. Das ist so ein Wechsel zwischen Lethargie und Druck, den freien Tag zu nutzen, denn so lang ist der nicht. Sobald ich wieder arbeite, sind alle Depressionen, oder diese Kraftlosigkeit, weg. Dann bin ich so angespannt und hab dann auch ein gutes Gefühl, also ich arbeite einfach gerne.

Die Grundorientierung für soziales Engagement hab ich aus meinem kommunistischen Elternhaus mitbekommen. Meine

Eltern waren beide Funktionäre, Mutter bei der Partei, Vater bei der Gewerkschaft. Sie waren viel unterwegs, auch an Wochenenden und Abenden, hatten wenig Zeit für die Kinder. Ein Wert war – meine Eltern hätten das wahrscheinlich in ihrer Terminologie so genannt – gesellschaftlich aktiv zu sein. Eben dieser Einsatz für die Gemeinschaft oder soziale Verantwortung übernehmen, das kam schon rüber. Deshalb denke ich, mein Politikfeld, die Gesundheits- und Sozialpolitik, soziale Gerechtigkeit, Solidarität, das ist durch meine Erziehung mitgeprägt. Das sind Dinge, die mich bewegen, wo ich eine sehr große Motivation habe, etwas zu tun und auch zu erreichen. Ich glaube, das ist das wichtigste. Meine Eltern haben immer gearbeitet. Wobei ich das nicht so faszinierend fand, daß ich das jetzt nachmache. Nur vielleicht etwas von diesem Anspruch, tätig zu sein für eine gute Sache, das hab ich sicher übernommen.

Meine Eltern kamen beide aus bescheidenen Verhältnissen, und als sie dann Funktionäre waren, auf Kleinstadt- und Kreisebene, da haben sie ja nicht etwa viel verdient. Sie waren schon wer, aber ich hab das einfach als sehr kleinbürgerlich und beengt empfunden, ich wollte mein eigenes Leben leben. Wichtig war mir, ich wollte einen Job haben, der was mit Verantwortung zu hat und mit viel Arbeit. Und einen gewissen Einfluß auf bestimmte Dinge wollte ich nehmen. Damals hab ich nicht daran gedacht, in die Politik zu gehen. Das gehörte in der DDR nicht zu den Karrieren, die man sich einfach so vornehmen konnte. Aber irgendwie hab ich daran gedacht, Leiter von irgendeiner Einrichtung zu werden. Im Betrieb oder in irgendwelchen Verwaltungen, das schwebte mir damals vor. Einen gewissen Ehrgeiz hatte ich schon, sogar in der Schule. Zunächst galt ich eher als Versager, alle dachten, wollen wir mal froh sein, wenn er die achte Klasse schafft. Verändert hat sich das, als meine Mutter noch ein Hochschulstudium machte und mich mitnahm. Da hatte ich auf einmal eine Motivation, vielleicht weil meine Mutter studiert hat, oder weil es einfach andere Zusammenhänge waren, ich weiß es nicht. Ich hab ja im Internat zum ersten Mal Leute erlebt, die sich um mich kümmerten. Das war wie ein Knick in meiner Entwicklung, ich wollte plötzlich das Abi machen. Das haben mir meine Eltern irgendwie ermöglicht, durch ihren Einfluß,

Abitur mit Berufsausbildung. Mich packte mit einemmal der Ehrgeiz, ich hab dann auch so ein Konkurrenzverhalten mit einem anderen Jungen gehabt, da kann ich mich noch sehr gut dran erinnern. Das war ein halbes Jahr vor den Abiturprüfungen. Da wurde gesagt, daß er der einzige sei, der die Chance hat, das Abitur mit Auszeichnung abzuschließen, das heißt alles Einsen auf dem Zeugnis, eine Zwei konnte man haben. Da dachte ich, die spinnen doch wohl, was der kann, kann ich schon lange. Ich habe mich da so reingekniet, daß ich in Sport eine Zwei hatte und sonst nur Einsen und auch mit Auszeichnung abschloß.

Nach der Armeezeit hatte ich angefangen, Arbeitswissenschaften zu studieren. Das fand ich aber nicht so erregend, da hab ich nicht allzuviel investiert. Dann hab ich damals einen Freund kennengelernt, mit dem ich zusammenzog. Der war Philosoph und weckte in mir den Wunsch, doch ein bißchen was Anspruchsvolleres zu studieren. Das haben wir auch gemeinsam durchgezogen: Soziologie. Was ja nicht so einfach war in der DDR, in eine andere Fachrichtung zu wechseln. Nach dem Studium mußte ich nach Leipzig gehen. Ich wäre lieber in Berlin geblieben, ging aber nicht. Und weil ich nicht in die Partei wollte, war da auch kaum eine andere Möglichkeit. Dann kam irgendwann diese Zeit mit Gorbatschow, da bin ich schließlich doch in die Partei eingetreten. Dabei spielten zwei Motivationen eine Rolle: Erstens dachte ich, mit Gorbatschow kann man das halbwegs vor sich selber legitimieren. Und zweitens wollte ich irgendwann wieder aus Leipzig weg. Es war klar, in Berlin kriege ich keinen Job, wenn ich nicht Mitglied bin in der SED. Nach dem Diplom haben die mir eine Dissertation angeboten, und weil mich die Wissenschaft interessierte, hab ich angenommen. Wir haben techniksoziologische Untersuchungen gemacht über die Einführung neuer Technologien und deren Auswirkungen auf die Arbeitswelt. Das hat mir Spaß gemacht. Irgendwann ergab sich die Möglichkeit, an die Humboldt-Uni zu wechseln. Dort wurde gerade angefangen, auch im empirischen Bereich zu arbeiten. Am Anfang gab's noch viele Widerstände, und hinterher war das ganz witzig, da hat es selbst den alten Genossen auf einmal Spaß gemacht. Wo sie anfingen, die Wirklichkeit wahrzunehmen. Das war natürlich schon zu spät, 1987/88.

Aber ich hab da eine eigene Forschungsgruppe gründen können, die betriebssoziologische Untersuchungen durchgeführt hat. Und von daher hab ich nach der Wende den Sprung geschafft, an dieses Wissenschaftszentrum in Westberlin zu kommen. Nach ein paar Jahren war mir das zu theoretisch. Deshalb bin ich jetzt hier. Allerdings kämpfe ich zur Zeit mit mir selbst, ob ich mich auf der Bundesebene ernsthaft einmischen sollte. Dann müßte ich mich hier verabschieden, das wäre auch wieder schade. Aber die Vorstellung besitzt schon eine gewisse Attraktivität. Ich denke, die Arbeit im Bundesvorstand wäre nicht so schlimm. Dieser Job hier ist einfach durch die Heterogenität der Aufgaben so anstrengend, das hast du dort nicht. Du hast deinen politischen Verantwortungsbereich, für den du zuständig bist. Da ist sicherlich viel zu tun, auch zehn Stunden lang, das kann ich mir vorstellen. Aber du bist nicht permanent mit so unterschiedlichen Dingen konfrontiert. Und mit soviel Verantwortlichkeiten, die an dir festgemacht werden. In diesem Job hier stehst du eben permanent unter Strom. Und das geht nur eine begrenzte Zeit gut. Für mich ist auch zu 95 Prozent klar, daß ich diesen Job nur bis 1999 mache. Dann bin ich sechs Jahre dabei, länger als sieben Jahre hat das noch keiner durchgehalten. Auch unter diesem Aspekt steht für mich die Frage mit Bonn, oder ich werfe mich hier voll in die programmatische Arbeit für die nächsten Landtagswahlen. Auf jeden Fall denke ich, daß ich nicht immer soviel arbeiten werde wie jetzt. Gegenwärtig wäre es mein größter Wunsch, einmal die Woche wenigstens in ein Sportstudio zu gehen und für meinen Körper etwas zu tun. Gar nicht, um den Körper wirklich auf Vordermann zu bringen, sondern einfach, um das positive Gefühl zu haben, was getan zu haben für mich selbst. Und es stellt sich dann immer mal das Bewußtsein her, was alles nicht geht bei dieser Art zu leben und zu arbeiten und wieviele Dinge ich nur für später aufheben kann. Ja, nach dem Arbeitsleben. Wenn es so was gibt. Einen Abschied von der politischen Arbeit kann ich mir einfach nicht vorstellen. Höchstens in dem Sinne, daß ich in einem anderen Projekt arbeite. Klar hab ich gelegentlich die Vorstellung, mein Gott, 'nen Job, acht Stunden, und dann gehst du nach Hause. Ich kann mich an Abende erinnern, wo ich früher zu Hause saß und überlegt hab, was mache ich denn nun heute oder wie verbringe ich das Wochenende? Das kenne ich leider gar nicht mehr.

Andererseits kann ich mir kein Leben vorstellen, wo ich jeden Abend freihabe. Dazu weiß ich zu viele Dinge, die ich Scheiße finde, wo ich will, daß was geändert wird. Da gibt es reichlich zu tun, irgendeine Bürgerinitiative oder Stadtteilgruppe, Menschenrechtsgruppen oder etwas Ähnliches. Einen geregelten Arbeitstag kann ich mir vorstellen, nur nicht, daß ich die freie Zeit dann ausschließlich für mich nutzen würde.«

Gesellschaftliche Dimensionen der Arbeitssucht

»Wer Arbeit kennt und sich nicht drückt, der ist verrückt.«
Realsozialistische Volksweisheit

Was würden Sie zu einem Bundeskanzler sagen, der am Donnerstagabend, punkt 18 Uhr, die Bundestagssitzung verläßt mit der Erklärung, er habe seine 40 Wochenarbeitsstunden absolviert und gehe nun in sein wohlverdientes Wochenende? Was zu einem Polizeibeamten, der die Aufnahme des Unfallprotokolls abbricht und Ihnen korrekt mitteilt, daß soeben seine Dienstzeit zu Ende gegangen sei? Oder gar zum Zahnarzt, der Sie am Freitag um 13 Uhr mit aufgebohrtem Zahn nach Hause schickt, weil seine Arbeitszeit beendet ist? Ob Position, moralische Verpflichtung oder Bezahlung, eine plausible Begründung für Ihre Empörung wäre schnell gefunden. Wir erwarten von Menschen in bestimmten Berufen oder Ämtern einfach eine Arbeitszeit, die über das durchschnittliche Maß hinausgeht. Wer in der Wirtschaft Karriere machen will, der muß zu überdurchschnittlichem Einsatz bereit sein. Wer in ein politisches Amt gewählt werden will, der weiß, daß es keine 40-Stunden-Woche für ihn geben wird. Wer sich auf das Schlachtfeld beruflicher Selbständigkeit begibt, der wird sein Lebenskonzept auf die Sechs-Tage-Woche mit mindestens 50 Arbeitsstunden einstellen müssen. Wer viel arbeitet in dieser Gesellschaft, genießt hohes Sozialprestige. Fleiß und Strebsamkeit materieller und beruflicher Erfolg, das sind allgemein anerkannte Werte. Sich selbst durch Arbeit definieren ist Voraussetzung für Anerkennung und Erfolg in unserer Arbeitsgesellschaft. Es ist nicht modern, nach dem Sinn der Arbeit zu fragen. Effizienz ist das Schlagwort der Zeit, moderne Wirtschaftspolitik wird gemessen an Zahlen, der Mensch ist eine davon. Eine Rechengröße, nicht mehr.

Wer legt fest, welches Maß an Arbeit gesund, normal oder angemessen ist? Gerade an der Diskussion um die Herauf- oder Herabsetzung des Rentenalters wird deutlich, wie relativ der Begriff davon ist, wieviel Arbeit ein Mensch in seinem Leben leisten sollte. Wäre es nicht gesünder, wenn der einzelne viel unabhängiger von der gesellschaftlichen Norm das Maß seiner Arbeit bestimmen könnte? Diese Überlegungen scheinen losgelöst von einer Realität, in welcher der Mehrheit genau vorgeschrieben wird, wieviel sie zu arbeiten hat. Natürlich war es nicht der einzelne VW-Mitarbeiter, der bestimmen konnte, ob die 30-Stunden-Woche in seinem Sinne ist oder nicht. Das Verdienst des Modells liegt weniger in einer ökonomischen Zukunftsträchtigkeit (denn was soll geschehen, wenn in wenigen Jahren nur noch halb so viele Arbeitsstunden für die Produktion der gleichen Stückzahlen benötigt werden?), als vielmehr darin, daß ein etabliertes Denkmuster aufgebrochen wurde: Weniger Arbeit in Verbindung mit weniger Konsum muß nicht nur als Verlust gesehen werden, sondern kann einen Gewinn an Lebensqualität bedeuten. In den Jahrzehnten des Wachstums war bereits der Gedanke an eine solche Möglichkeit verwerflich. Ob dieser Gewinn an Lebensqualität tatsächlich eintritt, das liegt in der Verantwortung des einzelnen Mitarbeiters. Bei Recherchen zu einem anderen Thema in Amerika habe ich zwei Familien kennengelernt, die jahrzehntelang bis zum Umfallen geschuftet haben, ohne jemals in den Urlaub zu fahren. Die eine Familie verkaufte ihr Unternehmen, als der Mann 50 Jahre alt war. Seitdem lebt sie vom Erlös des Verkaufs und reist durch die Welt. Die andere Familie hofft, in sieben Jahren genügend Geld verdient zu haben, um sich zur Ruhe setzen zu können. Beide Ehepartner sind heute 39 Jahre alt.

Suchen Sie in Deutschland nach ähnlichen Lebensentwürfen. Während der Recherchen für dieses Buch habe ich einen Rechtsanwalt getroffen, der heute 70 Stunden in der Woche arbeitet. Auch er hat den Traum, mit 50 Jahren, vielleicht mit 55, sein Arbeitsleben zu beenden. Er wird diesen Traum mit Sicherheit nicht verwirklichen. An dieser Stelle will ich nicht über Sinn oder Unsinn der erwähnten amerikanischen Arbeitsbiographien richten. Sicher ist nur, daß die beschriebenen Ehepaare nicht arbeitssüchtig sind und daß sie es leichter hatten beziehungsweise haben, ihren Traum vom erfüllten Leben zu realisieren. Auch wenn die Wertorientierungen der amerikanischen Gesellschaft sich nur unwesentlich von den deutschen unterscheiden, die gesellschaftliche Norm gewährt dem einzelnen traditionell andere Freiräume.

Die ungleiche Verteilung von Arbeit – entweder hast du zuviel oder gar keine – ist stillschweigender Konsens der deutschen Hochleistungsgesellschaft. Wer ihn in Frage stellt, steht schnell in der Ecke der Faulpelze und Leistungsverweigerer. Die sogenannten Leistungsträger bestimmen über die Verteilung der Arbeit und ihren gesellschaftlichen Stellenwert.

»Freizeitpark Deutschland«: Mit wütenden Protesten reagierten Gewerkschaften und Verbände auf Helmut Kohls polemische Äußerung zur Arbeitsmoral und -motivation der Deutschen. Das Geschrei ist überflüssig und scheinheilig. Es verweist nur darauf, daß es eine Definitionsfrage ist, wer viel arbeitet und wer wenig arbeitet. Die Definition allein ändert jedoch nichts. Wichtig wäre ein gesellschaftlicher Diskurs über den Stellenwert der Arbeit, die eine Gesellschaft ihr im Leben des einzelnen zumißt. Der Spruch des Ex-Bundeskanzlers weist die Richtung, in der die Mehrzahl der politisch Verantwortlichen in Deutschland den Ausweg aus der Krise der Arbeitsgesellschaft sucht. Der Einbruch in die Freizeitreservate soll die Rezession vertreiben. Eine Rückkehr zu längeren Arbeitszeiten schafft gesunde Unternehmen, und gesunde Unternehmen schaffen Arbeit für alle. Daß die Arbeitszeit selbst heute kaum noch Aspekte von Muße enthält, wie das noch vor 20 Jahren der Fall war, daß die Belastung des einzelnen, der Arbeit hat, heute ungleich höher ist als vor 20 Jahren, das spielt bei diesen Überlegungen keine Rolle. Viel fataler allerdings ist, daß das Geschrei der anderen Seite die gleiche, veraltete Sichtweise offenbart: Die Arbeitszeit des einzelnen soll verkürzt werden, das schaffe mehr Beschäftigung und zugleich Gerechtigkeit. Vielleicht. Doch weil die Preise nicht fallen wollen, ist Lohnausgleich erforderlich. Woher nehmen? Dahinter verbirgt sich das gleiche wachstumsorientierte Denken der traditionellen Arbeitsgesellschaft. Der Diskurs über eine neue Sinngebung, aus der ein veränderter Arbeitsbegriff erwachsen könnte, der soziale Strukturen und Aufgaben der bisherigen Arbeitswelt auf andere Felder verweist, findet nicht statt.

Nachbemerkung

Arbeit gibt es, solange die Menschheit existiert. Arbeitssucht ist in diesem Kontext eine Erscheinung, die erst in allerjüngster Vergangenheit entdeckt wurde. Das sagt nichts darüber aus, seit wann Menschen unter der Krankheit leiden. Unbestreitbar trägt die Effektivitätshysterie der modernen Arbeitsgesellschaft dazu bei, auch die letzten Anteile von Muße aus dem Arbeitsprozeß zu eliminieren. Es kann für jeden Menschen, der übermäßig viel arbeitet, sehr hilfreich sein, über den Zusammenhang von Effektivität und Muße in seinem eigenen Arbeitsbereich einmal nachzudenken. In Österreich hat sich ein »Verein zur Verzögerung der Zeit« gegründet, der genau diese Frage thematisiert und ins Zentrum seiner theoretischen Überlegungen stellt. Es ist sicher kein Zufall, daß dieser Verein nicht in unserer bundesdeutschen Hochleistungsgesellschaft gegründet wurde, sondern in der etwas gemütlicheren Alpenrepublik. Wünschenswert ist, daß der Diskurs Ausstrahlungskraft gewinnt bis weit hinauf ins norddeutsche Flachland.

Auch wenn die Gesellschaft, so wie sie von uns allen getragen, geduldet oder eingerichtet ist, nicht unwesentlich für die Ausbreitung der Arbeitssucht verantwortlich ist, so enthebt das den Betroffenen und sein soziales Umfeld, die Familie, Freunde und Kollegen nicht von der individuellen Verantwortung für den Gesundungsprozeß. Wer sich bereits im fortgeschrittenen Stadium des Suchtprozesses befindet, wird ohne professionelle Hilfe nur schwerlich den Ausstieg aus seiner Sucht schaffen. Wer frühzeitig bemerkt, daß seine Arbeitsweise ungesund ist oder durch andere darauf hingewiesen wird, der sollte die Signale ernst nehmen. Die Einsicht in das problematische Arbeitsverhalten ist unabdingbare Voraussetzung für eine Kurskorrektur.

Eine nachhaltig wirksame Veränderung seiner zwanghaften Arbeitsweise wird nur derjenige erreichen, der erkennt, welche ungelösten Konflikte durch die Arbeit überdeckt werden sollen. Die gilt es im einzelnen zu bearbeiten. Insofern gibt es keine für jeden gültigen Therapiekonzepte, die wie eine

Grippetablette in der Hausapotheke griffbereit für den Notfall parat liegen. Was es gibt, sind einige Ratschläge, die den Umgang mit der Sucht erleichtern. Sie können ein Halteseil auf einem schwankendem Steg sein, vor dem Absturz bewahren und im besten Fall den Weg weisen. Nicht mehr, aber auch nicht weniger. Einige Ratschläge finden sich in den Geschichten der Menschen, die in diesem Buch über ihre »süchtigen Karrieren« erzählen. Familienangehörige oder Freunde könnten »ihren« Workaholics für den Weg der Genesung noch weiteres zu bedenken geben:

– Oft führt eine Beförderung zu einer Überforderung. Während Sie die Arbeit zuvor mit Spaß erledigt haben, bringen die neuen Arbeitsaufgaben Sie unter Druck. Stellen Sie die Frage: Bin ich bei meiner Arbeit wirklich am richtigen Platz? Im Zweifelsfall verzichten Sie lieber auf etwas Geld und Sozialprestige und kehren zu der Tätigkeit zurück, die Sie ohne ein Übermaß an Anstrengungen zur eigenen Zufriedenheit und der ihrer Mitarbeiter beziehungsweise Vorgesetzten erledigt haben.

– Machen Sie sich bewußt, daß Sie und Ihre Familie ein Recht auf ein gemeinsames Wochenende und einen Urlaub ohne Arbeit haben. Stellen Sie sich die Frage, wer von Ihnen Arbeit in Ihrer Freizeit erwartet. Sind Sie es selbst, dann können Sie das nur selbst ändern. Ist es ein Vorgesetzter oder eine andere Person, dann fragen Sie, mit welchem Recht derjenige diese Forderung an Sie stellt. Weisen Sie unberechtigte Forderungen zurück. Es gibt meist mehr Entscheidungsspielräume, als Sie glauben. Denken Sie daran, daß es nur wenige Dinge gibt, die wirklich wichtiger sind als Ihre Gesundheit und ein intaktes Sozialgefüge.

– Schieben sie unangenehme Arbeiten nicht vor sich her, sondern erledigen sie diese als erste. Eine angenehme Arbeit auf den nächsten Tag zu verschieben, weil Sie nicht alles geschafft haben, bietet weniger Anlaß für ein schlechtes Gewissen, und Sie können besser abschalten.

– Planen Sie in Ihren täglichen oder wöchentlichen Arbeitsablauf bewußt offene Zeit ein, in der Sie unerledigte Aufgaben abarbeiten können. Am besten machen Sie Ihren Plan schriftlich. Seien Sie ehrlich bei der Planung und schreiben Sie auch scheinbar unaufwendige Arbeiten auf. Wenn Sie selbst Zweifel haben, ob das Pensum realistisch geplant ist, sprechen Sie den Plan mit einem Mitarbeiter oder Familienangehörigen durch.

– Überlegen Sie, welche Arbeiten Sie problemlos delegieren können. Nehmen Sie sich genug Zeit bei der Auswahl von Mitarbeitern und Partnern, die gegen Bezahlung Arbeiten für Sie ausführen. Sie sparen diese Zeit schnell wieder ein, wenn Sie sich anschließend auf deren Qualität und Zuverlässigkeit stützen können.

– Prüfen Sie, ob Sie Handy und Laptop für Ihre Arbeit brauchen oder für Ihr Selbstwertgefühl. Viele vergessen, daß man ein Handy auch ausschalten kann.

– Denken Sie daran: Mahlzeiten sind Pausenzeiten, keine Arbeitszeit mit Nahrungsaufnahme.

– Suchen Sie sich eine Vertrauensperson, die Ihre Arbeitsprobleme kennt und bereit ist, Sie bei Ihrem privaten »Ausstiegsprogramm« zu unterstützen. Wenden Sie sich an diese Person, wenn Sie bemerken, daß Sie allein mit einer Situation nicht zurechtkommen.

– Pflegen Sie Ihre Freundschaften und sozialen Kontakte selbst. Warten Sie nicht darauf, daß andere aktiv werden.

Noch einmal: Jeder Suchtgefährdete wird, je nach den individuellen Ursachen und Voraussetzungen, seine eigene Strategie auf dem Weg zu einem gesunden Arbeitsverhalten finden müssen. Die genannten Methoden allein können keinem dauerhaft helfen. Sie können Hilfmittel sein in einem Prozeß der Gesundung. Lassen Sie sich von Rückschlägen nicht entmutigen, sondern gestehen Sie sich diese ein und sprechen darüber mit Ihrer Vertrauensperson. Versuchen Sie nicht, Ihren Ausstieg so effektiv und zielstrebig zu gestalten wie Ihre Arbeit. Dann sind Sie auf dem Weg in die falsche Richtung. Erfolg bedeutet nicht, sein Ziel so schnell wie möglich zu erreichen. Nehmen Sie sich soviel Zeit, wie Sie brauchen, um auf dem Weg immer wieder in sich selbst hineinzuhorchen. Versuchen Sie, Ihre Gefühle, Ihren Verstand und Ihr körperliches Wohlergehen in ein Gleichgewicht zu bekommen, das Ihnen die nötige Stabilität verleiht, um den Gefährdungen einer suchtfördernden oder süchtigen Umgebung zu widerstehen.

Literaturverzeichnis

Arendt, Hannah: Vita Activa oder Vom tätigen Leben. München 1967

BAT-Freizeit-Forschungsinstitut: Freizeit aktuell, Ausgabe 130, 17. Jahrgang, Hamburg 1996

Berger, Peter: Psychotherapie von Karriereleiden. Unveröffentlichtes Vortragsmanuskript der BdP-Tagung »Karrieren in der Krise«, Februar 1996 in Berlin

Dietz, Hermann: Anfangs sieht alles so harmlos aus. Wenn Arbeit allmählich zur Sucht und Krankheit wird. In: Lutherische Monatshefte, Heft 6 1982

Fassel, Diane: Wir arbeiten uns noch zu Tode. Die vielen Gesichter der Arbeitssucht. München 1991

Gorz, André: Die Arbeitsgesellschaft ist faktisch tot. In: die tageszeitung, 10. 3. 1994

Gross, Werner: Sucht ohne Drogen. Arbeiten, Spielen, Essen, Lieben. Frankfurt/M. 1990

Gross, Werner: Hinter jeder Sucht ist eine Sehnsucht. Hilfen für den Umgang mit unseren Alltagsdrogen: Essen, Fernsehen, Musikhören, Arbeiten. Freiburg 1985

Hank, Rainer: Arbeit – die Religion des 20. Jahrhunderts. Frankfurt/M. 1995

Machlowitz, Marilyn: Arbeitssucht und wie man damit leben kann. Landsberg/Lech 1986

Mentzel, Gerhard: Über die Arbeitssucht. In: Zeitschrift für psychosomatische Medizin und Psychoanalyse, 25. Jahrgang 1979

Orthaus, Jürgen; Knaak, Almut; Sanders, Katrin: Schöner schuften. Wege aus der Arbeitssucht. Köln 1993

Rentrop, Sabine: Arbeitssucht. Hamburg 1989

Rohrlich, Jay B.: Arbeit und Liebe. Auf der Suche nach dem Gleichgewicht. Frankfurt/M. 1984

Schaef, Anne Wilson: Im Zeitalter der Sucht. Hamburg 1989

Scheerer, Sebastian: Sucht. Reinbek bei Hamburg 1995

Wacker, Ali: Economic Animals – Zur Psychologie der Arbeitssucht. In: *Störfaktor* 2, Heft 2, 1. Jahrgang 1987

Kontaktadressen

Hardtwaldklinik II
Klinik für psychogene Erkrankungen
34596 Bad Zwesten
Tel.: 05626-88-0
Ansprechpartner: Dipl.-Psych. Peter Berger

Oberbergklinik
Brede 29
32699 Extertal
Tel.: 05754-87-0
Ansprechpartner: Prof. Dr. Gottschaldt

Klinik Bad Herrenalb
Psychosomatische Klinik
Kurpromenade 42
76332 Bad Herrenalb
Tel.: 07083-509-0.
Ansprechpartner: Dr. Manfred Best

Klinik für psychosomatische Medizin
Seb.-Kneipp-Allee 4
87730 Grönenbach/Allgäu
Tel.: 08334-981-0
Ansprechpartner: Dr. Konrad Strauss

Auskunft über Selbsthilfegruppen im gesamten Bundesgebiet sowie in Österreich erteilt auf schriftliche Anfrage:

AAS
Kreuzstraße 13
76133 Karlsruhe

Danksagung

Mein Dank gilt allen, die zur Entstehung dieses Buches beigetragen haben: den Menschen, die mir ihre Geschichten erzählten, dem Psychotherapeuten Peter Berger für seine Beratung und Unterstützung, der Soziologin Elisabeth Wienemann von der Universität Hannover für sachkundige und hilfreiche Tips bei der Recherche, meiner Frau Heide für den ständigen Gedankenaustausch während der Arbeit sowie Christoph und Edda, ohne deren Interesse und Mithilfe dieses Buch nicht hätte entstehen können.

Ruth Martin

ZEITRAFFER

Der geplünderte Mensch

Band 12950

Viele Menschen haben das Gefühl, nicht selbst zu leben, sondern gelebt zu werden. Die Hektik unserer Zeit verführt dazu, blindlings zu funktionieren. Was die meisten zu ihrer Überbetriebsamkeit antreibt, ist die Angst, sich mit sich selbst auseinanderzusetzen, die Angst vor der inneren Leere und die Angst, etwas zu versäumen. Dadurch entsteht der Prozeß der Selbstentfremdung. Das Gefühl für die eigenen Bedürfnisse geht verloren, so daß wir zu Opfern der modernen ›Zeitraffer‹ werden. Der Leistungswahn, die Jagd nach Statussymbolen, das ständige Bemühen ›in‹ zu sein, der Jugendkult und viele weitere ›Zeitraffer‹ stehlen den Menschen unersetzliche Lebenszeit. Diese Zeitverschwendung muß nicht sein!
Zielsetzung der Autorin ist es, vor der ›Plünderung des Menschen‹ durch die Ausbeutung seiner psychosozialen Ressourcen zu warnen. Sie analysiert die gesellschaftlichen Strukturen, die zu dem Teufelskreis ›Ich habe keine Zeit‹ führen und zeigt Wege auf, wie es gelingen kann, mit seinem Zeitbudget sinnvoll umzugehen.

Fischer Taschenbuch Verlag

fi 1594 / 2